Saint-Pétersbourg

l'architecture des tsars

ISBN : 2-8562-0369-8
Dépôt légal : novembre 1995

Alexandre Orloff / Dimitri Chvidkovski

Traduit et adapté du russe par Brigitte de Montclos

Saint-Pétersbourg

l'architecture des tsars

MENGÈS

À la mémoire de Svetlana
qui nous a tant donné.
Alexandre Orloff

Préface

ÉMERGEANT DE SA LONGUE HIBERNATION, la Russie se tourne une fois de plus vers l'Ouest. Pratiquement délaissée pendant près de trois quarts de siècle, Saint-Pétersbourg, la ville dont Pierre le Grand voulait faire le principal port de la Russie et sa « fenêtre sur l'Europe », veut renaître. L'ancienne capitale impériale est en train de renouer les liens historiques, économiques et culturels qui ont fait d'elle la plus européenne des villes russes.

Le centre historique de Saint-Pétersbourg et les palais des environs ont été inscrits il y a cinq ans sur la Liste du patrimoine mondial de l'UNESCO, ce qui confirme la réapparition de la ville sur la scène mondiale, où elle est considérée à sa juste valeur. Cette cité, la plus vaste inscrite sur la Liste de l'UNESCO, est aujourd'hui en quête de la solidarité internationale pour sa sauvegarde.

« Fenêtres sur l'Europe », la cité impériale devint aussi une ville-lumière. Les héritiers de Pierre le Grand poursuivirent en effet l'œuvre entreprise, engageant les éléments les plus brillants des écoles européennes d'art et d'architecture, depuis le baroque italien jusqu'au classicisme, au néo-gothique et à l'Art nouveau. Ils transformèrent le delta marécageux de la Néva en cet ensemble architectural remarquablement harmonieux qu'on nomme souvent la « Venise du Nord ».

La cité glorieuse devint bientôt le symbole de la culture russe, admirée des esprits éclairés. Dans son *Essai sur les mœurs*, Voltaire s'émerveille de la vision de Pierre le Grand et de sa réalisation, et souligne la rapidité avec laquelle les arts et les lettres s'épanouissent à Saint-Pétersbourg ; pour lui, la « marche de la Russie vers la civilisation » est l'un des événements majeurs de son siècle. Ne conclut-il pas en évoquant une civilisation européenne allant de Saint-Pétersbourg à Madrid ?

Tous les arts russes – littérature, musique, théâtre, ballet – furent et restent encore aujourd'hui inextricablement liés à Saint-Pétersbourg, véritable cœur culturel de la Russie. Sous le seul règne de Catherine II, les acquisitions de la collection impériale de l'Ermitage furent plus nombreuses que celles du Louvre sur plusieurs siècles. Les trésors ainsi réunis à l'Ermitage, reconnu comme l'un des plus grands musées du monde, sont si précieux que l'UNESCO s'est engagée à contribuer à leur sauvegarde.

Pendant la plus grande partie du XXe siècle, Saint-Pétersbourg a été en « état de siège ». Endommagé par la guerre, saccagé par toutes sortes d'actes de vandalisme, dénaturé, laissé à l'abandon, son patrimoine culturel ne compte plus qu'une poignée de défenseurs qui, malgré les pires difficultés, continuent un combat inégal. Miraculeusement, la vision souveraine de Pierre le Grand est toujours présente. Grâce à des restaurations et à des reconstitutions remarquables, l'héritage impérial retrouve quelques lustre, témoignant de la vitalité de cette ville et de son attachement à son glorieux passé. Ni les guerres ni les révolutions n'ont réussi à couper ses racines culturelles. À présent, une nouvelle génération de défenseurs doit prendre le relais.

Saint-Pétersbourg, malmenée mais vivante, se trouve à la croisée des chemins. Dans cette nouvelle période troublée, c'est le mouvement même vers l'Europe, voulu par son fondateur il y a plus de trois siècles, qui est lourd de périls cachés. Beaucoup de jeunes, en effet, n'ont pas conscience de l'importance de la culture comme continuité historique, comme mémoire collective. Aliénés par un sombre passé, aveuglés par les aspects les plus superficiels de la modernité, séduits par la loi du marché, ils se précipitent vers un avenir dénué de références. Or il n'y a pas d'avenir sans racines identitaires. Le monde a constaté à de multiples reprises les graves conséquences que pouvait avoir la rupture de la continuité culturelle. Il faut donc expliquer, montrer, toucher, mobiliser.

Inscrite sur la Liste du patrimoine mondial, Saint-Pétersbourg fait partie de la mémoire de l'humanité et sa sauvegarde relève de notre responsabilité collective. Son intégrité culturelle doit être préservée pour les générations futures. Cet ouvrage nous aidera grandement à prendre conscience de cette nécessité.

Federico Mayor
Directeur général de l'UNESCO

Sommaire

Sur la droite, le quai des Anglais avec en arrière-plan la cathédrale Saint-Isaac.
Sur la gauche, le quai de l'Université de l'île Vassili.

Ensemble de la pointe de l'île Vassili avec, de gauche à droite, l'Académie des Sciences, la Kunstkamera, la Bourse maritime et la Douane des mers, ainsi que les deux colonnes rostrales.

Pierre le Grand par Jean-Marc Nattier, 1717.

Saint-Pétersbourg
ville de la culture impériale

La Russie a fait partie de l'Europe pendant deux siècles et quatorze ans : de 1703 à 1917, de l'époque de la fondation de Pétersbourg à la victoire des bolcheviks. Avant le XVIIIe siècle, le destin historique de la Russie était autre. Il était lié à la steppe et à Byzance plus qu'à l'Europe. Le pays était ouvert au sud, au nord, et à l'est plutôt qu'à l'ouest. Après la révolution de 1917, à maints égards, la Russie s'est tournée vers son passé, le temps d'avant les réformes de Pierre le Grand. À maints égards aussi, elle a vécu, pendant les années de communisme, une anomalie, une erreur et dont peut-être la plus grande, la plus étrange, la plus absurde qu'ait connue l'histoire de l'humanité et dont aujourd'hui elle ne peut se défaire. Ses deux cent quatorze années européennes restent à jamais inscrites dans l'histoire du pays. Dramatiques parfois, il est vrai, mais d'abord heureuses, triomphales et victorieuses. Pétersbourg en est le principal témoin, le « monument ». Pétersbourg est la ville de la culture impériale, la ville capitale, la ville de la Cour, Rome et Versailles à la fois, réunies dans le paysage d'une Amsterdam baltique ou d'une Venise finnoise. La « Palmyre du Nord », comme aimaient à l'appeler les poètes. Les appellations anciennes sont heureuses. De fait, Pétersbourg a toujours été une ville classique, quelle qu'ait été la forme de son classicisme : baroque, ou des Lumières, romantique ou décadent. Ce caractère est gravé profondément dans son architecture.

Ce livre est consacré à l'évolution de Pétersbourg au cours de ces deux siècles.

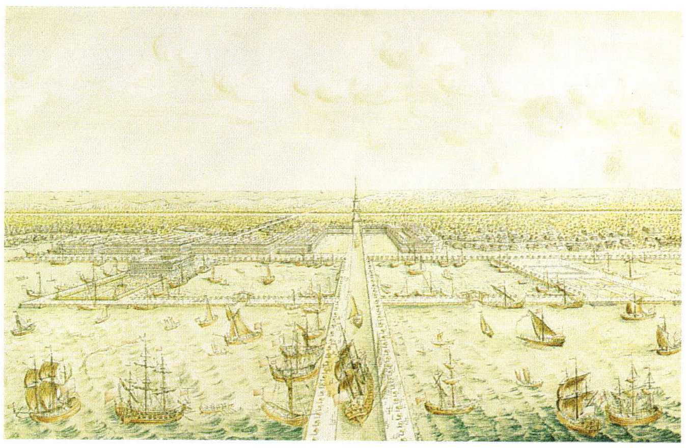

Vue en perspective du chantier naval de Kronstadt, vers 1720. Aquarelle de I. F. Braunstein.

La Fontanka près du jardin d'été et la grotte. Eau-forte de Katchalov, 1753.

On découvrira donc, l'une après l'autre, toutes les époques de la vie de Pétersbourg, à travers ses monuments historiques. Nous avons divisé l'histoire de son architecture en fonction des différents règnes. En revanche, sur le plan iconographique, nous avons parfois choisi de suivre un ordre géographique pour respecter la conception des ensembles architecturaux Dans la Russie du XVIIIe et du XIXe siècle, le changement de pouvoir s'accompagnait, comme en France, d'un changement de style. À nouvel empereur, nouveau style. C'est presque une loi de l'évolution de l'art et c'est sur ce principe que le grand spécialiste Igor Grabar a construit, au début du XXe siècle, son histoire de l'art russe. Aussi, nous nous efforcerons de restaurer la tradition de Grabar, qui répond à la vérité historique.

Cependant, le Pétersbourg des XVIIIe et XIXe siècles ne peut se concevoir sans ses environs, comme on ne peut concevoir Londres sans ses parcs ou Paris sans Versailles. Les grands événements de l'histoire de l'architecture russe de cette époque se sont souvent passés, en effet, à Tsarskoïe Selo, Oranienbaum, Gatchina, Pavlovsk, Peterhof, qui constituent avec Pétersbourg même un pays immense et superbe, unique, entier, saturé de monuments historiques.

Ces monuments sont si nombreux et si différents qu'il sera difficile de consacrer à chacun un long descriptif. Mais on tentera de replacer dans l'histoire de l'empire de Russie le rôle de leur architecture.

Chapitre premier

Pierre-le-Grand
le choix de la culture

« Cette grande ombre du tsar Pierre vous poursuit sans cesse à Pétersbourg ; elle se pose sur tous les monuments et se promène sur tous les quais et sur toutes les places. Un grand monarque ne quitte jamais son peuple et ses États. »

Paul de Julvécourt
Autour du monde, Paris, 1834

Forteresse Pierre-et-Paul vue de la Néva.

La fondation de Saint-Pétersbourg

Saint-Pétersbourg a été fondée le 27 mai 1703. Le prince Vladimir Odoïevski, l'un des écrivains romantiques les plus connus du début du XIXe siècle, décrivait ainsi la fondation de Pétersbourg par Pierre le Grand : *On avait commencé à construire la ville, mais le marais absorbait la pierre; on avait déjà entassé beaucoup de pierres, rocher après rocher, bille après bille, mais le marais prenait tout et il ne restait à la surface que la boue. Sur ces entrefaites, le tsar [...] fit un tour : il regarda, ce n'était pas encore sa ville. « Vous ne savez rien faire », dit-il à ses gens et sur ces mots il commença à soulever rocher après rocher et à assembler les blocs en l'air. C'est ainsi qu'il a construit la ville entière et qu'il l'a laissée tomber toute faite sur la terre.*[1]

Il y a du vrai dans cette légende fantastique, héritée d'un vieux conte oriental de la mythologie pétersbourgeoise. La nouvelle capitale impériale de la Russie a surgi aux confins nord-ouest du pays d'une manière tellement inattendue, elle est devenue une grande ville si rapidement qu'on la dirait, en effet, « tombée du ciel » sur les îles marécageuses et étroites de l'embouchure de la Néva.

Les chercheurs ont depuis longtemps reconstitué l'histoire de la ville avant sa fondation. Le premier chroniqueur russe, Nestor, dit que de son temps, la route qui reliait le pays des Varègues à la Grèce allait de la Scandinavie à Byzance en passant par la Néva, le lac Ladoga puis en descendant les rivières de Russie[2]. C'est par là que passa aux IXe, X^e^ et XIe siècles l'un des nerfs vitaux de l'histoire médiévale européenne. C'est le long de cette route, qui traversait l'emplacement du futur Pétersbourg, que s'est formée la structure de l'État russe et c'est par cette route que la Russie se trouvait liée à l'Europe. Pétersbourg aurait bien pu surgir alors à cet emplacement, mais cela ne s'est pas produit. À dire vrai, nous ne sommes pas sûrs qu'à cette époque l'emplacement même de la future ville existait, car, il n'y a pas longtemps encore, le delta de la Néva changeait vite et ses îles n'avaient pas leur forme actuelle. On sait que les Normands se sont installés au IXe siècle dans un village situé à une centaine de

1. ODOIEVSKI V. F., *Œuvres*,. t. II, Moscou, 1981, p. 146.
2. ANTSIFÉROV N. A., « Récit des années passées » in *Histoire vraie et mythe de Pétersbourg*, Petrograd, 1924, p. 12.

Plan de Saint-Pétersbourg en 1717.

Vue aérienne de la forteresse Pierre-et-Paul. Au-delà du canal, la fortification, le Kronwerk.

Forteresse Pierre-et-Paul. Porte saint Pierre par Domenico Trezzini, 1717-1718.

Forteresse Pierre-et-Paul. Porte de la Néva qui conduit à l'embarcadère, par Nicolas Lvov, 1782-1789.

kilomètres du lac (Ladoga), avant de pénétrer plus au sud, dans la Rouss profonde plus proche de Byzance : à Novgorod et à Kiev.

Au milieu du XIIIe siècle, l'invasion tatare coupa la route fluviale qui allait de Scandinavie à Byzance. Elle n'a pas contrarié pour autant l'ambition qu'avaient les Scandinaves et les Russes de se fixer dans le delta de la Néva. Pendant tout le Moyen Âge, la Néva appartint à la république marchande du Grand Novgorod. Les Suédois essayèrent en vain de la conquérir. Le grand-prince, Alexandre Iaroslavitch y battit l'armée suédoise en 1240, ce qui le fit entrer dans l'histoire russe sous le nom d'Alexandre Nevski, c'est-à-dire Alexandre de la Néva. C'est de lui que descendent les grands-princes et les tsars de la Moscovie. La forteresse de Landskron (la « couronne de terre ») y fut construite en 1300 par un prétendu ingénieur italien arrivé avec les armées suédoises ; les Russes la détruisirent bientôt, mais la terre en conserva longtemps le souvenir. Au début du XVIIe siècle, les Suédois édifièrent, à peu près au même endroit, une nouvelle forteresse qu'ils appelèrent Nienchantz (« fortification sur la Néva »).

Après l'accord de 1617, tout le littoral nord-est de la mer Baltique revint ainsi à la Suède. Elle resta maître de ce territoire jusqu'au début du XVIIIe siècle, jusqu'à la guerre du Nord, à laquelle participèrent la Russie, la Suède, la Pologne, le Danemark, la Saxe et quelques autres principautés allemandes. La guerre du Nord entraîna une modification des rapports de force dans cette partie de l'Europe au profit de la Russie. Jusqu'alors, l'histoire du Pétersbourg virtuel avait été l'histoire de terres frontalières pauvres et peu peuplées. Tout changea.

La guerre du Nord commença mal pour la Russie. Les armées de Pierre le Grand pénétrèrent sur le territoire suédois par le littoral sud de la mer Baltique. Elles furent cruellement battues par le roi de Suède, le jeune Charles XII. Charles s'empara rapidement de la Pologne, chassa du trône polonais Auguste le Fort, électeur de Saxe, allié de la Russie et installa à sa place Stanislas Leckzinski, futur beau-père de Louis XV. Pendant ce temps, Pierre le Grand organisait l'armée russe sur le modèle européen. Profitant de l'absence de Charles XII sur la Baltique, il passa à l'offensive. Au milieu de l'année 1702 ses armées se dirigèrent vers la Néva. Le 1er mai, les Russes emportèrent la forteresse de Nienchantz et occupèrent le territoire de l'actuel Pétersbourg. Trois semaines plus tard, Pierre y fonda une forteresse qu'il appela – en l'honneur de son saint patron – la ville de saint Pierre. Ce qui donne en hollandais transcrit en cyrillique : « Sankt-Piterburch. »

Forteresse Pierre-et-Paul. Cathédrale Saint-Pierre et Saint-Paul construite par Trezzini de 1712 à 1733. A gauche, la « maison du bateau » construite en 1762 pour abriter le légendaire petit bateau que Pierre Ier, jeune, se serait lui-même fabriqué à partir d'un bateau ancien.

Dans le numéro du mois d'août 1703 du premier journal russe, *Le Bulletin*, on dit que *Sa Majesté tsarienne [...] a ordonné de construire au bord de la mer une ville et une forteresse afin que toutes les marchandises qui arrivaient [dans les ports de la Baltique]... aient ici un port, de même que les marchandises de Perse et de Chine.*[3] Ces mots ne sont pas équivoques. Il est clair que, d'emblée, la ville a été conçue pour être le carrefour des relations entre l'Europe et l'Asie, le point d'intersection entre le commerce d'Orient et celui d'Occident. Sa création était vitale pour la Russie et le tsar l'a bien compris. Mais avait-il compté avec la réalité ?

Le terrain sur lequel fut fondée Pétersbourg était un littoral plat, marécageux, couvert d'une végétation rabougrie, divisé en une multitude d'îles par les bras de la Néva. De plus, il était, et reste, soumis à de fréquentes inondations. Dans beaucoup d'endroits, le sol n'était pas constructible. Il fut nécessaire d'assécher les marais et de consolider la terre par des milliers – des millions peut-être – de pilotis : personne ne les a jamais comptés. Les difficultés, au regard d'un homme sage, auraient paru insurmontables. Mais Pierre le Grand ne se distinguait pas particulièrement par la pondération : son tempérament fougueux, son obstination, sa soif d'activité frisaient la démence. Et la vie des hommes, en tout cas, ne le troublait pas.Il est devenu, dans la mémoire populaire, un héros d'essence divine : le personnage principal de la mythologie pétersbourgeoise, toujours vivant, deux siècles plus tard.

Quel regard fallait-il sur l'avenir de la Russie pour exiger tant de forces extraordinaires ? La ville où avait été élevé Pierre – énorme, ancienne, luxueuse, pittoresque, la lente Moscou, quintessence du caractère national et de la culture du Moyen Âge russe – ne pouvait en aucune manière susciter l'idée de bâtir une capitale nouvelle. En outre, le tsar voulait vivre dans une ville maritime, la passion pour la mer le possédait. La culture de Moscou s'appuyait sur l'héritage byzantin assimilé par la Russie. Pierre le Grand aspirait à établir dans le pays, et surtout dans la nouvelle capitale, le modèle de vie occidental. Quand il parvint à cette conviction, il ne s'était pas encore rendu en Occident. Il ne pouvait connaître ce mode de vie que par ouï-dire et par quelques livres. Pourtant, il aimait la mer et cette vie autre d'une manière effrénée, jusqu'à l'aveuglement.

L'histoire a voulu que Pierre le Grand soit arrivé au moment où les traditions séculaires étaient taries, au moment précis où il fallait choisir une culture nouvelle. Une situation de ce type s'est répétée au cours du développement de la Russie. Au Xe siècle le grand-prince Vladimir s'est trouvé devant un choix semblable. Il a refusé la culture catholique, la culture de l'islam, la culture juive et il a décidé d'entrer dans le monde orthodoxe de Byzance. Pour Pierre le Grand qui se trouvait confronté à un défi historique analogue, le choix fut celui du modèle occidental. Il a donc abandonné Moscou et, dès 1704, il a commencé à appeler « capitale » la ville qu'il avait fondée. Ainsi, en 1712, Pétersbourg est devenue officiellement la première ville de Russie.

3. *Bulletin du temps de Pierre le Grand,* fasc. I, 1703-1707, Moscou, 1903, pp. 73-74 ; LOUPPOV S. P., *Histoire de la construction de Pétersbourg dans le premier quart du XVIIIe siècle,* Moscou et Leningrad, 1957, pp. 16-17.

Le tracé initial de Pétersbourg

C'est la nature elle-même qui a défini la structure de la ville. Avant de se jeter dans le golfe de Finlande, la Néva se divise en aval en plusieurs bras qui forment de nombreuses îles. Il y en avait plus de cent au XVIIIe siècle ; avec le temps, il y en eut de moins en moins parce que les canaux qui les séparaient se comblaient. Aujourd'hui, on en compte quarante-quatre. Le lit principal de la rivière forme deux bras qui longent de part et d'autre la vaste île Vassili tandis que le côté ouest de l'île est tourné vers la mer. Au nord, on trouve quelques îles de dimensions moindres, les îles Elaguine, Kamenny, Krestovski, etc. En amont, sur la rive droite de la Néva, se trouve l'île Zaïatchi sur laquelle fut bâtie la forteresse Pierre-et-Paul. Derrière, c'est la grande île Gorod. La rive gauche de la Néva, où fut construite l'Amirauté, est découpée par les rivières Moïka et Fontanka qui coulent presque parallèlement et se séparent au même endroit du lit principal de la Néva au niveau du jardin d'Été. Ce qui fait de cette partie une autre grande île. On l'appelle parfois « île de l'Amirauté ».

La construction sur un espace désert d'une ville régulière d'une échelle aussi gigantesque n'était tout de même pas quelque chose d'ordinaire – non seulement en Russie, mais dans toute l'Europe du début du XVIIIe siècle. On ne lui trouve aucun équivalent dans l'urbanisme occidental de cette époque. L'idée première de la fondation de Pétersbourg était liée à des considérations militaires puisque l'issue de la guerre avec la Suède était encore inconnue. Pendant l'été de 1703, on construisit donc, sur l'île Zaïatchi, sur la rive droite de la Néva, la forteresse hexagonale Pierre-et-Paul. On aménagea sous sa protection un faubourg avec quelques rues rectilignes et une place carrée. On y édifia en bois la cathédrale de la Trinité, le *Gostiny dvor* (galeries marchandes) ainsi que des maisons pour les fonctionnaires et les artisans. La ville elle-même était protégée par la forteresse Pierre-et-Paul. Les constructions défensives de l'île Kotline, aujourd'hui forteresse de Kronstadt, fermaient les accès maritimes. Tout était conforme aux dernières exigences de la science mili-

Palais d'Été.
Façade sur la Fontanka.

Palais d'Été. Relief. Les reliefs, qui figurent des allégories marines, ont été déssinés et placés sur la façade par l'architecte A. Schlüter en 1714.

taire européenne de l'époque. Le tsar suivait la construction des fortifications. Fréquemment, il en dessinait lui-même les plans, collationnant les traités de fortification hollandais, français et allemands.

En fait, la question fondamentale qui détermina l'existence même de Pétersbourg, juste après la construction de la forteresse, fut la création de la flotte et l'aménagement de la partie « maritime » de la ville. Face à l'île Zaïatchi, sur l'autre rive de la Néva, on commença à construire l'Amirauté, principal chantier naval de la jeune flotte russe de la Baltique, à l'automne de 1704. Après l'attaque inattendue des Suédois en 1705, elle fut renforcée par des bastions. Des colonies d'artisans commencèrent à s'installer sous sa protection. Elles s'étendirent le long de la Néva.

Mais Pierre était possédé par l'idée de bâtir sa capitale sur une île, ouverte sur la mer. En 1709 naquit donc l'idée de « construire une capitale sur l'île Kotline », dans le golfe de Finlande, à une vingtaine de kilomètres de la rive. L'île longue et étroite était couverte sur toute son étendue de bandes de canaux et de rues courtes se coupant à angle droit. Un long canal principal la traversait sur toute sa longueur. Toutes les parcelles destinées à la construction étaient identiques. Le plan témoignait de la naissance d'un ordre systématique. Dans une telle ville, les sujets du tsar étaient tous égaux devant cet ordre tout-puissant. Le 16 janvier 1712, Pierre émit un oukase pour que mille familles nobles, mille familles de marchands et mille familles d'artisans émigrassent des vieilles villes de Russie dans la nouvelle capitale. Le tsar exigea que seuls les meilleurs puissent s'y installer. C'est peut-être le témoignage le plus probant sur le genre de ville que voulait son fondateur.

En 1715, l'architecte Domenico Trezzini établit à la demande du tsar un projet de ville sur l'île Vassili. On choisissait de nouveau un emplacement près de la mer. Les rives de l'île furent étayées. Tout le territoire fut divisé en un réseau de canaux perpendiculaires les uns aux autres. On les doubla par des rues. Tout était tracé à la règle. Les rues s'appelaient même des lignes. Elles ont conservé, aujourd'hui encore, cette dénomination. Il faut préciser qu'il était strictement interdit aux habitants de construire dans la nouvelle ville la maison de leur choix. Seul l'art « officiel » était reconnu en architecture. La ville devait se composer de bâtiments semblables. Quatre modèles d'habitations furent conçus : les maisons pour « classes inférieures », pour « classe aisée », pour « notables » – trois catégories sociales – et un modèle « pour les constructions sises le long des rivières, où l'on est supposé élever les villas les plus fastueuses ». Les projets furent gravés et distribués à ceux qui recevaient une parcelle et avaient l'intention de construire. L'île Vassili conserve encore aujourd'hui des marques du tracé de cette époque.

Pour Pierre le Grand, le plan régulier était moins un principe esthétique qu'un moyen d'organiser la vie. Le tsar

Palais d'Été.
Le salon vert.

Palais d'Été.
Un miroir suspendu au mur à la façon d'un tableau. En effet, à l'époque, les miroirs étaient considérés comme des œuvres d'art plus importantes que les peintures.

avait mis en vigueur la « Table des rangs » qui obligeait tous les nobles à servir l'État et divisait le « premier ordre » en quatorze catégories selon le rang dans la hiérarchie des fonctionnaires, civils ou militaires indifféremment. Le grade permettait à l'individu le plus obscur d'entrer dans la Table des rangs et, après une carrière réussie, de devenir noble. Des droits rigoureusement définis étaient octroyés à chaque catégorie. Ils déterminaient la vie dans la nouvelle ville : la parcelle à construire, le nombre de chevaux, la place de la femme de chaque fonctionnaire à l'église. Il faut ajouter les oukases concernant l'habillement et la coiffure et les obligations d'assister aux divertissements publics dont l'un consistait à boire des boissons fortes tous ensemble. Ces mesures concernaient tous les habitants de Pétersbourg : soldats, marchands, courtisans, mais plus on était proche du monarque, plus les exigences étaient rigoureuses. Si le tsar organisait une mascarade, il incombait à tous de se divertir, y compris les femmes enceintes qui devaient boire comme tout le monde – ce qui pouvait entraîner la mort ou simplement l'avortement. Arriver en retard aux réunions quotidiennes auxquelles participait le tsar était excessivement dangereux. Le retardataire recevait pour amende l'obligation de boire la « coupe du grand aigle », c'est-à-dire plus d'un litre de vodka d'un seul coup. Les débuts de cette ville infiniment belle composent à vrai dire un tableau bien effrayant et expliquent, en partie aussi, l'histoire de la Russie moderne.

Mais la Russie ne serait pas la Russie si les décisions gouvernementales, même à l'époque d'un empereur aussi cruel, avaient toutes été mises à exécution ; c'était incompatible avec le caractère russe. Pétersbourg, bien que Pierre le Grand ait suivi pas à pas la construction de la nouvelle ville, s'est donc développée selon les exigences de la vie et non pas comme le voulait le monarque.

À la mort du tsar, en 1725, la ville se composait encore de parties mal raccordées entre elles. La forteresse Pierre-et-Paul était achevée et les quartiers situés au nord continuaient à se développer. L'île Vassili n'était pas devenue la partie importante de la ville. On était censé y construire 3 500 maisons d'habitation et, en 1725, il n'y en avait que 500, bien qu'on ait précisément installé le centre administratif sur la pointe nord de l'île Vassili : l'édifice des Douze Collèges – comme on appelait sous Pierre le Grand les ministères –, le premier musée de Russie – la Kounstkamera – et le palais de Menchikov, résidence du gouverneur de la capitale.

Le véritable cœur de Pétersbourg, où vivait la majeure partie de la population, était le quartier de l'Amirauté, sur la rive gauche de la Néva. Les habitants s'y étaient installés, attirés par les entreprises industrielles : le chantier naval de l'Amirauté, la corderie et la ramerie, où l'on fabriquait tout ce qui était indispensable à la flotte. On y édifia le premier palais d'Hiver de Pierre le Grand. Et c'est sur ce même emplacement que se succédèrent, les uns après les autres, les palais impériaux jusqu'à celui qui s'y trouve aujourd'hui. En amont de la Néva, on aménagea le jardin d'Été, puis à côté le palais d'Été. Un peu en arrière de ce quartier, les premières villas suburbaines apparurent sur les bords de la Fontanka dès le premier quart du XVIIIe siècle.

Sur cette même rive gauche de la Néva, deux routes devinrent rapidement des rues qui fixèrent la structure de Pétersbourg. L'une d'elles partait de l'Amirauté vers les palais du bord de mer : Peterhof, Strelna, Oranienbaum. C'est la future « perspective Vozniessenski ». L'autre reliait le monastère de la laure Alexandre-Nevski, fondée par l'empereur, au centre de la ville. Elle va devenir la fameuse « perspective Nevski ». Entre ces deux routes, de grandes étendues vides subsistèrent, où une population d'artisans s'installa, tantôt de manière régulière, tantôt de façon plus « spontanée ». Tel est donc le premier tracé de Pétersbourg, à l'époque de Pierre le Grand. La ville est une énorme ébauche. On construisait partout. Rien n'était achevé.

Les architectes de Pierre le Grand

Le plus important historien de l'art russe, Igor Grabar, écrivait au début du XXe siècle : *L'aspect architectural de Pétersbourg, le jour de la mort de son fondateur, était exclusivement*

Palais d'Été.
Elément du décor du salon vert.

Palais d'Été.
Tapisserie de la chambre
à coucher de la tsarine.

Palais d'Été. Chambre de Pierre le Grand.

Le palais d'Été.
Construit au confluent de la Fontanka et de la Néva par D. Trezzini à partir de 1710, il a été agrandi par A. Schlüter en 1714.

Aquarelle du palais d'Été de Pierre le Grand et son jardin. Anonyme.

Jardin d'Été.
Groupe sculpté d'Amour et Psyché (XVIIe siècle).

Jardin d'Été.
Maison du café, construite
par Carlo Rossi en 1826.

Jardin d'Été.
Pierre le Grand peupla son jardin de sculptures. Ici groupe figurant la Paix de Niesdtadt, qui célèbre la victoire définitive de la Russie sur la Suède en 1721.

le fait des architectes étrangers… Il n'y avait alors pas un maître russe capable d'exercer une influence sur le style de la ville… Les Italiens, les Allemands, les Français, les Hollandais arrivèrent tous à la fois à Pétersbourg… Bien souvent les projets appartenaient à un Italien, c'est un Allemand qui commençait la construction, un Français qui la continuait, ensuite autre Italien qui la menait, puis apparaissait un autre Allemand, et c'est encore un autre Hollandais qui s'en mêlait. On peut facilement se représenter quelle unité architecturale pouvait résulter d'une œuvre collective aussi originale.[4] Il n'en reste pas moins qu'une « unité architecturale » était née et qu'un style pétersbourgeois avait été élaboré sous Pierre le Grand.

Le premier architecte apparu à Pétersbourg tout de suite après la fondation de la ville en 1703 était Domenico Trezzini. Il arrivait du Danemark bien que né en Suisse, dans le canton du Tessin. Élevé à Lugano, il était naturellement proche de la tradition artistique italienne, mais, comme beaucoup de ses compatriotes, il travailla dans le nord de l'Europe et, quand il se rendit en Russie, il avait déjà assimilé le baroque italien d'Allemagne et du Danemark. Un groupe de maîtres italiens : Giovanni Mario Fontana, Galeazzo Quadro, Carlo Ferrara et Domenico Ruto, arriva en même temps que Trezzini. Ni les architectes ni les sculpteurs italiens ne bénéficiaient d'une quelconque liberté : ils avaient ordre de construire « à la manière prussienne » et d'élever une foule de bâtiments selon la technique du pan de bois, ce qui n'est absolument pas habituel chez les Italiens. En fait, c'est parce que l'empereur connaissait bien le système de construction allemand et hollandais qu'il ordonna de l'adopter.

Jusqu'en 1713, Domenico Trezzini resta l'autorité directrice en matière d'architecture à Pétersbourg. Cette année-là, le célèbre architecte Andreas Schlüter, « Baudirektor » du roi de Prusse, arriva de Berlin. Pierre le Grand se réjouit beaucoup de l'arrivée de ce spécialiste connu et le logea dans son palais pour l'avoir toujours sous la main. Mais le mode de vie de l'empereur était si excessif qu'il s'agisse du travail ou du plaisir, que ce voisinage se termina tristement. Les contemporains s'en souvenaient bien : *Schlüter était de naissance un homme… maladif, et là on le surchargea en permanence d'affaires, ce dont il mourut rapidement, ayant au total passé une seule année à Pétersbourg.*[5]

Néanmoins, les projets de Schlüter associèrent fortement la nouvelle architecture russe au baroque allemand du Nord. Les autres architectes venus d'Allemagne, Georg Johann Mattarnovi, Johann Christian Ferster, Johann Braunstein, maintinrent cette tendance stylistique. Ces deux derniers étaient des élèves de Schlüter. Braunstein construisit beaucoup en Russie et son rôle dans la diffusion du style de son maître fut essentiel. C'est de Prusse également, mais après la mort de Schlüter en 1715, qu'arriva Théodore Schwertfeger, proche du baroque somptueux de l'Allemagne du Sud. Nikolaus Härbel vint de Bâle et Gottfried Schädel de Hambourg. Mais, après la mort de Schlüter, tous ces Allemands tombèrent sous la coupe d'un Français. Au début du mois de juin, alors que le tsar se trouvait à l'étranger à Pirmont, où il prenait les eaux, on lui présenta un architecte français, Jean-Baptiste-Alexandre Leblond. Il produisit une telle impression sur le monarque russe que celui-ci le qualifia, dans une lettre à l'un des ses favoris, de « franche curiosité » et décida que l'architecte lui était envoyé par la Providence. Leblond était à Pétersbourg dès le 7 août 1716 ; le gouverneur de la capitale réunit alors tous les architectes et leur expliqua que ce Français avait été nommé architecte général. D'emblée, Leblond critiqua terriblement tout ce qui avait été fait dans la ville. Il établit un nouveau plan. C'était une remarquable et complexe composition inscrite dans une gigantesque enceinte fortifiée en forme d'ellipse. Il plaça le cœur de la ville sur l'île Vassili et proposa d'élever le palais impérial au centre, d'où, tracées selon les

4. Grabar I. E., *Histoire de l'art russe*, t. III, Moscou, 1903, p. 27.

5. Bruce H., *Memoirs*, vol. IV, Londres, 1784, p. 42.

Grille du jardin d'Été sur le quai des Français. Réalisée par I. Velten entre 1770 et 1784, elle était célèbre dans toute l'Europe pour sa beauté.

diagonales d'un carré, des rues droites auraient mené aux quatre places principales dotées, chacune, d'une cathédrale. Le projet de Leblond était l'un des projets de ville idéale les plus magnifiques et les plus élaborés qui fût au début du XVIIIe siècle. S'il ne fut pas réalisé, c'est que Pierre le Grand s'était formé une image de Pétersbourg différente, qui se distinguait par son extrême simplicité. C'est aussi que la proposition de Leblond lui apparut d'un coût trop élevé. On envoya alors l'architecte français travailler dans les palais suburbains afin de ne pas « être en retard » sur Versailles. Le succès des entreprises de Leblond aux environs de Pétersbourg fut évident mais il mourut de la petite vérole en février 1719.

Peu de temps avant sa mort, les envoyés du tsar à l'étranger invitèrent à Pétersbourg deux Italiens. Niccolo Michetti fut embauché à Rome ; il avait été l'élève du célèbre architecte Carlo Fontana et du décorateur fameux pour ses dessins en perspective, Andrea Pozzo. Michetti apporta à Pétersbourg l'esprit « pittoresque » du baroque romain de la fin du XVIIe et du début du XVIIIe siècle. Gaetano Chiaveri, né à Rome, arriva à la même époque. Il fut ensuite connu en Saxe comme l'un des meilleurs architectes baroques grâce aux ouvrages qu'il construisit à Dresde. Les architectes hollandais vinrent en dernier, en dépit de toute la passion de l'empereur pour Amsterdam. Ce n'est qu'en 1720 qu'arrivent Stephen Van Switten et François de Waal. Mais il est vrai que les ingénieurs hollandais travaillaient depuis longtemps pour le souverain : parmi eux, Hermann von Bolius avait été invité à servir en Russie dès 1711.

Ces architectes apportaient dans leurs bagages toutes les variétés du baroque de Rome, de l'Allemagne du Sud et du Nord, de Suède ou du Danemark, et toutes les variantes françaises et hollandaises du classicisme du XVIIe siècle auxquelles venaient s'ajouter tous les motifs stylistiques possibles du maniérisme tardif au rococo.

La coopération étroite entre les architectes obligea des maîtres de nationalités différentes à construire un langage artistique commun, à élaborer peu à peu une synthèse de toutes ces influences diverses qui forma finalement le « style pétersbourgeois » type.

La forteresse Pierre-et-Paul

Première fondation de Pétersbourg, la forteresse continue, de nos jours encore, à régner sur la ville. Elle dresse avec assurance sa silhouette de granit au-dessus de la Néva et pointe vers le ciel la flèche dorée de sa cathédrale.

La forteresse garde la mémoire de son fondateur. Elle était déjà, du vivant du premier empereur, la principale prison d'État et elle l'est restée jusqu'à la Révolution. Ici est mort, sous la torture, le fils mal-aimé de Pierre le

Palais Menchikov. Façade sur la Néva. Le palais fut commencé par Mario Fontana en 1710. Tous les architectes présents à Pétersbourg à partir de cette date y travaillèrent. Trois niveaux de pilastres plats rythment la façade. Des sculptures en rondebosse terminaient l'attique.

Kunstkamera. Façade sur la Néva. Premier musée russe, fondé par Pierre le Grand, commencé par G. J. Mattarnovi en 1718, terminé par M. Zemtsov en 1734, il fut entièrement restauré en 1948. La tour se terminait par un observatoire.

Palais Menchikov. Vestibule à trois vaisseaux.

Grand, son unique héritier légitime, le tsarévitch Alexis, qui avait fui son père au-delà des frontières et fut ramené sur de fausses promesses. C'est aussi dans la forteresse que périt la fameuse usurpatrice qui se prétendait la petite-fille du premier empereur : la princesse Tarakanova. Les décabristes (ou « décembristes »), ces conjurés de la révolte de l'aristocratie en 1825, furent enfermés dans ses casemates. Après eux, on vit se succéder toutes sortes de révolutionnaires.

À l'origine, la forteresse Pierre-et-Paul était en terre. En 1706, trois ans après sa fondation, on décida de la reconstruire en pierre. L'empereur lui-même fit le premier projet. La forteresse avait alors six bastions. On les réunit par des courtines droites. Domenico Trezzini dirigea les travaux avec la collaboration de son élève Mikhaïl Zemtsov. La construction des puissants ouvrages – les murs atteignent vingt mètres d'épaisseur – s'éternisa. Ils ne furent achevés qu'au bout d'un quart de siècle, en 1730, après la mort de Pierre le Grand, et en grande partie grâce aux efforts d'un remarquable ingénieur militaire, le feld-maréchal Münich.

Trezzini éleva, de 1714 à 1718, la principale porte de la forteresse, la porte Pierre. C'est un arc de triomphe de style baroque. Elle est décorée d'un bas-relief de Konrad Osner, célébrant par une allégorie inspirée de la Bible la victoire de Pierre le Grand sur Charles XII. La composition est intitulée *Le Renversement de Simon le Magicien par l'apôtre Pierre.* Par « Simon le Magicien », on sous-entendait le roi de Suède.

En 1712, Trezzini entreprit la cathédrale Saint-Pierre-et-Saint-Paul. Elle fut terminée en 1733. C'est une basilique à trois nefs, de plan rectangulaire. L'intérieur est proche des productions du baroque nordique. On n'y retrouve pas cet art qu'ont les Italiens de synthétiser et d'organiser l'espace. Le clocher et sa flèche jouent un grand rôle dans la composition parce qu'ils rappellent le goût de l'architecture russe pour la verticalité des clochers hauts à plusieurs étages.

Pierre le Grand entendait précisément le symbole de la nouvelle ville dans cette partie de la construction. Pour répondre à son souhait, la tour atteignit cent six mètres de hauteur, puis, de son vivant même, on lui donna dix mètres supplémentaires. En 1756, la flèche fut incendiée par la foudre et détruite. Le reste de la cathédrale en souffrit mais tout fut restauré. À l'intérieur, on installa une remarquable iconostase, en bois sculpté et doré, œuvre du célèbre maître ukrainien Ivan Zaroudy, connu pour ses travaux à Moscou. On a également conservé des panneaux illustrant des thèmes de l'Évangile, œuvres d'artistes du premier tiers du XVIIIe siècle. Pendant les XVIIIe et XIXe siècles, la cathédrale servit de sépulture à la maison du tsar ; on y conserve les tombeaux de tous les empereurs et de

Palais Menchikov. Rez-de-chaussée. Salle du corps de garde

Palais Menchikov.
Salon du premier étage transformé au milieu du XVIIIe siècle.

Palais Menchikov. Cabinet de noyer. Ce cabinet, situé dans l'angle de l'aile est, doit son nom au décor constitué de panneaux de bois de noyer probablement dessiné par l'équipe de Français arrivée en 1716 avec Leblond. Sa dénomination est attestée par un document relatant la visite de Pierre Ier *en 1720.*

tous les membres de la famille impériale russe, décédés à Saint-Pétersbourg.

Parmi les constructions du milieu du XVIIIe siècle, il faut signaler aussi la maison de l'*Oberkommandant* et la maison des ingénieurs, la *gaouptvachta*. La porte de la Néva, orientée vers le fleuve, fut élevée par le célèbre architecte classique Nicolas Lvov en 1784-1787. Les bâtiments de la Monnaie de l'époque de Pierre le Grand furent reconstruits entre 1798 et 1806.

Derrière la forteresse, de l'autre côté du canal qui la sépare de l'île Zaïatchi, une autre fortification – le Kronwerk – fut aménagée et remaniée de nombreuses fois. L'édifice actuel fut intégralement reconstruit en 1850-1860 dans l'esprit néo-gothique pour abriter l'arsenal d'artillerie. Il a été transformé en musée de l'Artillerie en 1872.

Les palais de Pierre le Grand

La demeure du premier empereur de Russie ne se distinguait pas particulièrement par son luxe. Elle correspondait bien à son genre de vie. Un étranger visitant Saint-Pétersbourg en 1713 décrivait ainsi un jour ordinaire de Pierre le Grand : *Sa Majesté se lève très tôt […], réunit son conseil secret à trois heures du matin. Il va ensuite au chantier naval où il surveille la construction des bateaux et il y travaille lui-même […]. À neuf heures, il fait de la menuiserie où il est si habile que décidément il ne le cède à aucun maître […]. À onze heures, il mange mais il n'aime pas s'attarder à table et, ayant pris un peu de repos après le déjeuner selon l'habitude russe, il retourne voir quelque construction […]. Le soir, il va en visite ou bien il soupe […]. Le tsar n'aime aucun jeu pas plus que la chasse […]. Son plus grand plaisir est d'être sur l'eau. L'eau constitue son véritable élément […]. Une fois, alors que la Néva était presque gelée et qu'il ne restait pas plus de cent pas d'eau non gelée, il n'a eu de cesse de faire la navette dans une sorte de petit bateau.*[6] Il n'est pas étonnant qu'avec de telles singularités tous les palais de Pierre aient été bâtis sur les bords de la Néva et qu'ils n'aient pas été grands. Le premier d'entre eux n'est même pas un palais.

6. « Pétersbourg en 1720. Récit d'un témoin polonais », in *Rousskaïa Starina*, juin 1879, p. 261.

C'est la « maisonnette de Pierre » élevée sur la rive droite de la Néva en 1703. Cette modeste construction en bois répondait aux goûts du tsar qui aimait les petites pièces et les plafonds bas. L'entrée, au centre de l'édifice, donne accès au vestibule sur lequel ouvrent le cabinet, la salle à manger et la chambre. À l'origine, les murs étaient ornés d'un décor végétal sur fond noir, peint sur toile. À l'extérieur, la maison en rondins était protégée par des planches et peinte « façon briques ». De l'autre côté de la Néva, on construisit en 1711 le premier palais d'Hiver. Huit ans plus tard, G. Mattarnovi conçut un autre palais qui fut élevé en 1721 sur le quai de la Néva, là où se trouve aujourd'hui le théâtre de l'Ermitage. Aucun d'eux n'a été conservé mais les archéologues ont récemment mis au jour la partie inférieure du second palais d'Hiver dans les sous-sols du théâtre. On peut la voir aujourd'hui. Pour autant qu'on puisse en juger, cet édifice devait être proche, par son style architectural, du palais d'Été conservé en aval de la Néva.

Le palais du jardin d'Été fut construit de 1710 à 1714 à la lisière de la Néva. Petit édifice de plan rectangulaire, à deux niveaux et au décor discret attribué à l'architecte Domenico Trezzini, il traduit parfaitement le caractère de la première architecture pétersbourgeoise, un caractère européen qui se distingue des vieux palais de l'ancienne Russie. Les travaux étaient déjà terminés, lorsque le monarque ordonna de plaquer sur les façades vingt-neuf bas-reliefs réalisés d'après les dessins d'Andreas Schlüter. De contenu allégorique, toutes ces compositions étaient consacrées aux victoires de la Russie pendant la guerre du Nord. Elles apportèrent à l'architecture discrète du palais une dimension solennelle. Les pièces du palais d'Été, intégralement restaurées, donnent au visiteur une bonne idée de la vie quotidienne de la famille impériale dans le premier quart du XVIIIe siècle. Les murs étaient tendus de toile, les parquets étaient à dessins géométriques, les poêles décorés de carreaux de faïence hollandais, et les portes, en chêne, superbes. Le décor architectural du cabinet vert est plus complexe : des pilastres avec des chapiteaux dessinés sur les murs, des piédestaux en bas, des décors peints enchâssés, des grotesques sur les panneaux entre les pilastres et des médaillons circulaires.

Le jardin d'Été faisait la fierté de Pierre le Grand. Il en ébaucha lui-même le dessin en 1704 et, toute sa vie, il se préoccupa de ses plantations, de son décor sculpté, de ses grottes, de ses pavillons et de ses fontaines. C'est à sa demande que l'on y introduisit des arbres et des fleurs venus des différentes parties de l'empire et même de l'étranger. Du nord de la Russie, il fit venir des cèdres, de Suède des pommiers résistant au froid, de Hollande des fleurs, d'Estonie des tilleuls et des lis blancs. En 1720, l'empereur déclara à des voyageurs étrangers que, s'il avait encore trois années à vivre, il aurait un jardin plus beau que celui de Versailles. Le propos montre bien le modèle que le tsar avait présent à l'esprit : un jardin à la française.

Lorsque, dans la seconde moitié du XVIIIe siècle, la Russie se prit de passion pour les parcs paysagers, on cessa de tailler les arbres du jardin d'Été. Au XIXe siècle, l'endroit était renommé pour ses allées ombragées. Le jardin, jadis réservé aux fêtes de la Cour, était devenu un parc où les habitants de Pétersbourg venaient se promener. Les allées touffues cachaient alors le palais d'Été et la grotte reconstruite par Carlo Rossi en 1826. La galerie baroque, sur le quai de la Néva, avait disparu. La célèbre clôture fut élevée de 1771 à 1784, d'après le projet de Georg Velten, le représentant du premier classicisme pétersbourgeois : c'est une grille en fonte ajourée, avec des encadrements dorés, renforcée tous les trente-six éléments par des piles rondes en granit rouge poli. C'est, incontestablement, la plus belle grille de parc de toute la Russie. En 1855, Piotr Klodt érigea dans le jardin un monument à la gloire d'Ivan Krylov, « La Fontaine russe ».

Palais Menchikov. Chambre à coucher de Varvara Arsenieva.

Palais Menchikov. Appartement de Varvara Arsenieva. Mur ouest. Buffet début XVIIIe siècle, vase de Delft, faïence à glacis bleu, premier quart XVIIIe siècle.

Détail des carreaux de faïence de la chambre à coucher. Chacun est illustré d'un motif différent.

Les monuments de l'époque de Pierre le Grand sur l'île Vassili

Outre le tracé, qui a gardé beaucoup de traits du projet de Domenico Trezzini, c'est ici que l'on a conservé les monuments les plus significatifs du Pétersbourg de l'époque de Pierre le Grand.

C'est en effet ici que devaient se situer le centre de la ville et les principales administrations gouvernementales de la Russie. On commença à construire l'édifice des « Douze Collèges » en 1722, toujours sur les plans de Domenico Trezzini. Il comportait douze bâtiments correspondant aux douze principaux services administratifs de l'empire. Un corridor desservait l'édifice d'une longueur inhabituelle. Au milieu, on aménagea la salle de séance du Sénat. Le projet de la façade fut élaboré par Théodore Schwertfeger en 1724. Les fenêtres des trois niveaux sont encadrées par des chambranles décorés, entre lesquels les pilastres établissent un rythme régulier tandis que douze ressauts semblables forment saillie. Pour être honnête, la composition, assez ennuyeuse, ne vaut que par son ampleur. En 1819, on y installa l'université de Pétersbourg.

La Kounstkamera, non loin de là, est bien plus curieuse. C'est là que se trouvaient les collections et la bibliothèque de Pierre le Grand, le théâtre anatomique et le premier observatoire de Russie. Le projet de l'édifice fut établi par Georg Mattarnovi en 1718 mais la construction à laquelle participèrent successivement Nikolaus Härbel, Gaetano Chiaveri et Mikhaïl Zemtsov se prolongea jusqu'en 1734. Savva Tchevakinski la reconstruisit au milieu du XVIIIe siècle après un incendie. Deux corps semblables sont réunis par une tour à cinq étages, située au centre. La complexité des volumes et la richesse du décor font de cette Kounstkamera l'édifice le plus baroque du Pétersbourg de l'époque pétrovienne.

De tous les palais que le voyageur pouvait voir, le plus luxueux et le plus spacieux se trouvait sur le même quai que la Kounstkamera : c'était la résidence du favori de Pierre le Grand, le prince Alexandre Menchikov, gouverneur de la capitale. Le palais est situé sur la rive de la Néva, comme tous les édifices ostentatoires de cette époque. Devant, on aménagea un embarcadère somptueux. Derrière le palais, composé de trois corps de logis à trois niveaux, on traça un grand jardin régulier, ceint d'une haute clôture avec des tourelles. Il y avait là une grotte, une orangerie, des fontaines, des sculptures, comme dans le jardin d'Été de l'empereur. Comme le palais était beaucoup plus grand et beaucoup plus somptueux que la modeste habitation de Pierre, c'est dans la maison du favori que le monarque recevait les ambassades étrangères.

Entre 1720 et 1727, on agrandit l'édifice principal en le flanquant de deux corps de bâtiments qui s'étiraient le long de la Néva. En 1727, on construisit sur ce domaine le petit palais de Pierre II, le tout jeune petit-fils de Pierre le Grand, l'héritier que Menchikov installa auprès de lui mais qui pourtant ne lui permit pas de conserver le pouvoir. La Cour de Pierre II, en effet, abandonna la nouvelle capitale pour retourner à Moscou.

L'édifice tel qu'il apparaît depuis la dernière opération de restauration réunit toutes les particularités du « style pétersbourgeois » du premier quart du XVIIIe siècle. Giovanni Mario Fontana en a commencé la construction, Gottfrid Schädel lui succéda. L'Italien et l'Allemand sont les représentants de deux traditions fondamentales qui ont influencé l'architecture des palais du Pétersbourg de cette époque. À l'intérieur, ont été conservés le vestibule avec l'escalier d'apparat et le cabinet de noyer avec un plafond de facture russe représentant Pierre le Grand en vainqueur. Les autres appartements ont été reconstitués.

Palais Menchikov. Décor du plafond de la chambre à coucher de Varvara Arsenieva, nièce de Menchikov. Il est composé de carreaux des faïence dans un cadre de moulures caractéristique du premier quart du XVIIIe siècle. Chaque carreau est décoré d'une image se rapportant à la mer : poissons, dauphins, baleines, morses, chevaux marins. Ce thème est populaire dans le décor russe du XVIIe siècle. Le plafond a été exécuté entre 1716 et 1720.

Chapitre deux

Anna Ivanovna & Élisabeth Petrovna

l'éclat du baroque

« Saint-Pétersbourg s'est successivement embelli sous les successeurs de Pierre le Grand, surtout sous Élisabeth et Catherine II. De belles maisons construites en briques, et posées sur un socle de granit, étalent toutes les richesses de l'architecture ancienne et moderne ; de magnifiques palais et de superbes hôtels se sont élevés de toutes part. Les quais de la Newa, ceux des canaux de la Moïka, de Catherine, de Saint-Nicolas et de la Fontanka, tous revêtus en granit, avec des trottoirs pour les gens de pied, forment un ensemble dont le tableau doit faire passer Saint-Pétersbourg pour une des plus belles villes de l'univers. »

Abbé Georgel
Voyage à Saint-Pétersbourg en 1799-1800, Paris, 1818

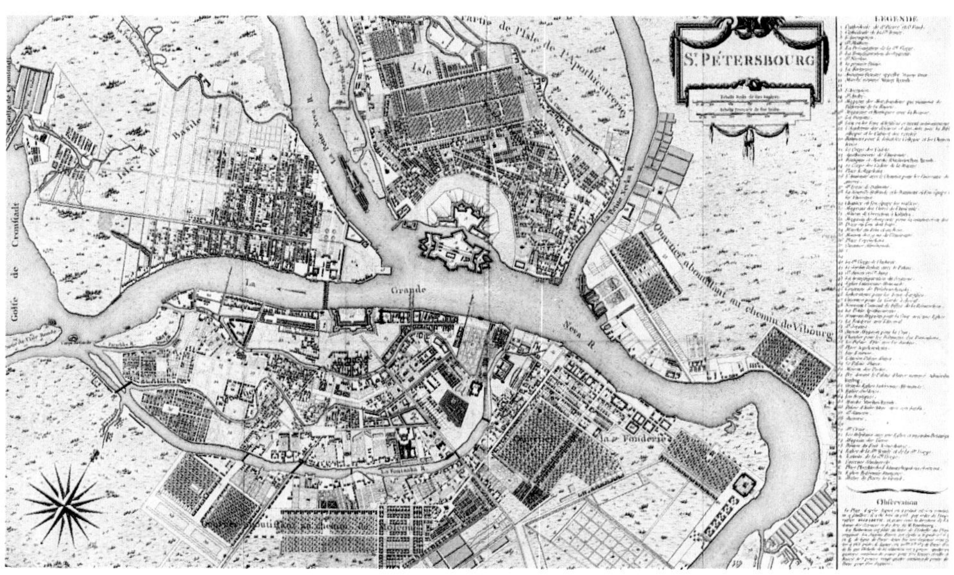

Saint-Pétersbourg à l'époque d'Élisabeth Ire. Gravure de P. F. Tardieu, d'après le célèbre plan de M. Makhaiev, 1786.

Palais d'été, côté nord, d'Élisabeth Ire. Eau-forte de Grekov.

Cathédrale Saint-Nicolas-des-Marins dite Nikolski. Vue du canal Catherine.

Anna Ivanovna : la seconde naissance de la ville

L'un des plus remarquables édifices pétersbourgeois de style baroque ne dura que trois mois, autant que le gel. Quand arriva le printemps, il avait fondu. Le célèbre palais de Glace avait été construit durant l'hiver 1740. Le pouvoir était alors aux mains de l'impératrice Anna Ivanovna, la nièce de Pierre le Grand. Elle aimait les divertissements à grande échelle sans pour autant négliger les occupations de l'État. Mais ces préoccupations, tout comme la vie quotidienne, entraînaient chez elle un tel état de nervosité et de contrariété qu'elle avait constamment besoin de diversions. Elle avait toujours des bouffons auprès d'elle : des femmes simples, capables de parler sans arrêt des journées entières, qu'on était allé chercher spécialement, dans différentes villes de l'empire, mais aussi des personnages de marque qui répondaient par leurs qualités à la fonction de bouffon et d'autres, qui n'y répondaient pas, mais qui étaient obligés de tenir ce rôle. On décida ainsi, pour l'amusement de la tsarine, de marier l'un des bouffons, le prince Galitsyne, lequel n'était plus très jeune, à une femme kalmouke, véritable curiosité parce qu'elle représentait un peuple nouvellement intégré dans les frontières de la Russie. On construisit pour les « jeunes mariés » une maison entre le palais impérial et l'Amirauté et on la meubla. Le gel ayant été particulièrement rigoureux cette année-là, on put tout bâtir avec de la glace.

On découpait la glace la plus pure, on l'ornait d'un décor d'architecture, on mesurait au compas et à la règle, on montait avec des leviers les dalles de glace l'une au-dessus de l'autre et on arrosait chaque rangée avec de l'eau qui gelait immédiatement et qui tenait lieu de solide ciment. C'est ainsi qu'un membre de l'Académie des sciences de Saint-Pétersbourg, Georg Kraft, qui fut témoin des faits, raconte la construction du palais de Glace[1].

La maison avait plus de seize mètres de longueur. La profusion des détails décoratifs répondait au goût du baroque russe. En bas, une balustrade faisait le tour du palais. Le haut toit était couronné d'une galerie de statues, posées sur des colonnes ; les fenêtres avaient des chambranles, les murs extérieurs étaient ornés de pilastres teints façon marbre. Le visiteur pouvait voir, à l'intérieur, la chambre à coucher et le lit en glace, la table de toilette, la cheminée dans laquelle étaient placées des bûches en glace, la salle à manger où se trouvaient une pendule avec un mécanisme exécuté en glace et, juste à côté, une armoire avec toute la vaisselle possible en glace. La nuit, on allumait des chandelles et le palais de Glace brillait de l'intérieur. Dehors, à côté du palais, il y avait des canons,

1. KRAFT G., *Description authentique et circonstanciée de la maison de glace construite à Sankt Peterburg*, Saint-Pétersbourg, 1743, p. 3.

Cathédrale Saint-Nicolas-des-Marins. Construite de 1753 à 1761 par Savva Tchevakinski, un disciple de Rastrelli, elle présente de nombreuses similitudes avec la cathédrale du monastère Smolny (voir page 103). On y retrouve la même composition monumentale, la même abondance de détails décoratifs, le même badigeon de couleur vive. On y trouve aussi les mêmes références aux églises orthodoxes traditionnelles : un plan centré en croix grecque inscrite et cinq bulbes.

Clocher isolé de la Cathédrale Saint-Nicolas-des-Marins. Vue du canal Catherine.

Cathédrale Saint-Nicolas-des-Marins.
Iconostase de l'église haute, 1755-1760.

Cathédrale Saint-Nicolas-des-Marins. Vue intérieure de l'église haute.

Le pont des Lions. Contemporain du pont de la Banque, il fut lui aussi conçu comme un pont pour piétons et construit en 1825-1826.

en glace eux aussi, si robustes qu'on les faisait fonctionner pour l'amusement du peuple. À proximité des canons, on plaça des dauphins et un éléphant, en glace également, d'où jaillissaient des fontaines le jour et du pétrole enflammé la nuit. En outre, d'après les souvenirs de Kraft, cet éléphant pouvait *crier comme un éléphant vivant, grâce à la voix qu'un homme caché à l'intérieur produisait à l'aide d'une trompe.*[2]

Le plus stupéfiant dans tout cela fut le mariage lui-même ! On fit venir à Pétersbourg des hommes et des femmes appartenant à chacun des nombreux peuples de l'Empire russe et vêtus de leur costume national. Ils participèrent au festin et à la cavalcade qui conduisit les jeunes mariés au palais de Glace où ils durent passer leur nuit de noces. Le plus étonnant, c'est que, d'après la légende, le mariage fut heureux. On a peine à le croire. Ce qui est certain en revanche, c'est que la fête fut organisée par le grand-veneur Artemi Volynski et qu'elle plut beaucoup à l'impératrice Anna. Apparemment, cette fête devait l'aider dans sa carrière et peut-être même éloigner du trône les autres favoris. Mais le succès du palais de Glace suscita une telle jalousie parmi les courtisans que Volynski fut accusé de complot. Il fut exécuté après des interrogatoires accompagnés de tortures. En même temps que lui périt celui qu'il faut appeler le véritable auteur de la « seconde naissance » de Pétersbourg : l'architecte Piotr Eropkine.

Mais nous avions interrompu l'histoire de la ville et de son architecture au moment où, après la mort de Pierre le Grand et la disparition de sa veuve, l'impératrice Catherine Ire, Pierre II fut porté sur le trône. La Cour et les institutions gouvernementales revinrent à Moscou en février 1728. La capitale, fondée un quart de siècle auparavant, courait à la mort. Pierre II, à la différence de son illustre grand-père, n'était pas entouré de personnalités nouvelles portées aux nues par les réformes, comme l'avait été Menchikov. Au contraire, les représentants de la vieille aristocratie russe, au premier rang desquels les princes Dolgorouki, étaient étroitement liés à Moscou. Ils aidèrent le souverain à se défaire de Menchikov. Arrivée dans la vieille capitale pour le couronnement du nouvel empereur, la Cour ne demanda pas à revenir à Pétersbourg. Les divertissements propres à Moscou, et fort prisés des tsars précédents, reprirent : les chasses au faucon, les chasses aux loups, la marche à l'ours séduisirent à l'extrême le jeune monarque. Au cours d'une de ces expéditions, il eut un malaise, revint à Moscou malade et mourut avant d'avoir atteint sa majorité. La question de la succession se posait donc à nouveau. Elle était étroitement liée aux rapports entre Moscou et Pétersbourg et mettait en jeu le sort de la nouvelle capitale.

Le pouvoir tomba entre les mains du Haut Conseil secret, qui était composé principalement de membres des vieilles familles de notables moscovites opposés à la poursuite des réformes radicales qui craignaient, pour cette raison, de placer sur le trône un descendant de Pierre le Grand, avant tout sa fille Élisabeth. C'est donc Anna Ivanovna, la fille d'Ivan, frère de Pierre le Grand, qui fut choisie. On l'obligea à signer une sorte de constitution, qui accordait une influence illimitée à l'ancienne aristocratie. Le parti de Moscou semblait avoir gagné. Mais les membres du Haut Conseil secret avaient négligé de prendre en compte la classe des fonctionnaires et des officiers pénétrés de l'« esprit de Pétersbourg ». En s'appuyant sur eux, Anna sut liquider ceux qui tentaient de limiter le pouvoir impérial. Le système de gouvernement et le mode de vie instaurés par le premier empereur, Pierre le Grand, exigeaient un nouvel entourage et l'éloignement des partisans de l'ancien pouvoir. En décidant de cette voie, Anna Ivanovna choisissait à nouveau Pétersbourg comme symbole des réformes et de l'orientation à l'Ouest. Elle ramena la Cour dans la nouvelle capitale.

Le gouvernement d'Anna Ivanovna ne fut pas des plus aisés. L'économie était ruinée par les innovations

2. *Id.*, p. 4.

Le canal Catherine, l'hiver.

Théâtre Mariinski. Fondé en 1783 et consacré au seul art lyrique à partir de 1803, il a été plusieurs fois reconstruit. L'édifice actuel est le fruit des remaniements successifs du théâtre construit par Kavos en 1859. Ils ont été exécutés par V. A. Schroedter entre 1883 et 1896 et ils ont abouti à une totale reconstruction.

*Théâtre Marinski.
La loge du tsar.*

Théâtre Marinski.
La grande salle.

trop rapides et par les énormes dépenses consacrées à la réforme de l'armée, à la création de la flotte et à la construction de Pétersbourg. Anna avait été mariée au duc de Courlande. Après la mort de son époux, elle avait gouverné ce petit État de la Baltique. Elle amena donc avec elle de nombreux allemands dont Ernst Biron, son favori. À ce moment-là, la Russie était culturellement tournée vers l'Allemagne. Ainsi, sur les deux cent quarante-cinq élèves russes de l'unique corps de Cadets du pays, cinquante et un apprenaient le français et deux cent trente-sept l'allemand. Car la méconnaissance de cette langue interdisait l'avancement à l'époque d'Anna Ivanovna.

Si l'on tente de résumer les traits fondamentaux de cette période, il convient de dire avant tout que l'évolution de la Russie initiée par Pierre le Grand ne fut pas interrompue. Les fonctionnaires allemands qui occupèrent alors les postes les plus élevés au gouvernement mirent de l'ordre, avec brutalité mais avec efficacité et logique, dans la mosaïque complexe des innombrables entreprises du réformateur. Il fallait pour cela le rationalisme et le perfectionnisme qui caractérisent les années 1730. Cela concernait aussi, bien sûr, la question de l'architecture.

C'est précisément sous Anna Ivanovna qu'à la différence de l'époque pétrovienne où régnaient les maîtres étrangers on vit apparaître un assez grand nombre d'architectes russes. Cela tenait à ce que, dès 1716, Pierre le Grand avait envoyé à l'étranger des jeunes gens pour étudier les « différents arts ». Il y avait, parmi eux, huit individus qui avaient reçu ordre d'apprendre l'architecture. Quatre d'entre eux furent envoyés en Hollande, les quatre autres en Italie. Ils commencèrent à être actifs sous le règne d'Anna. De ceux qui étudièrent à Anvers, le plus connu fut Ivan Korobov. Il commença à travailler comme architecte de l'Amirauté et fut responsable de toutes les constructions navales de la nouvelle capitale. Il édifia le bâtiment principal de l'Amirauté avec sa tour et sa haute flèche qui devint le repère de toute la composition de la ville. La construction dura jusqu'au début du XIXe siècle. L'Amirauté fut alors remplacée par le bâtiment que l'on voit aujourd'hui, dans lequel Adrian Zakharov dut conserver les volumes initiaux et la conception générale de l'édifice.

Mikhaïl Zemtsov, qui avait étudié chez Domenico Trezzini, était un autre architecte réputé des années 1730. Il travailla par la suite avec Niccolò Michetti. Piotr Eropkine, un de ceux qui avaient été envoyés à Rome, était encore plus proche que Zemtsov de la tradition architecturale italienne. Il passa sept ans en Italie et reçut une sérieuse éducation d'architecte et d'ingénieur. Il fut le premier à traduire en russe *I quattro libri dell'archittettura* de Palladio. Dès son retour dans sa patrie, il eut un avan-

Arc de la Nouvelle Hollande. Entrée magistrale conçue par le Français Vallin de la Mothe en 1765 pour pénétrer dans les réserves de bois des chantiers navals installés par Savva Tchevakinski sur une île triangulaire accessible par canaux.

La Nouvelle Hollande par l'architecte contemporain Fabritzky.

Vue sur le canal Catherine et l'église de l'Archange-Saint-Michel, fin XIXe.

*Vue sur
le canal Catherine.*

Palais Vorontsov.
Lithographie de
H. Avnatomov
d'après le dessin de
Joseph Charlemagne,
1858.

Palais Stroganov et
le pont de police, par
Jacottet d'après un dessin
de Joseph Charlemagne,
1855.

cement rapide. Au milieu de l'année 1737, il dirigeait déjà les travaux d'urbanisme de Pétersbourg. C'est à ce moment-là que fut constituée une commission spéciale, à laquelle on demanda d'établir un état des lieux et de fournir un nouveau plan. L'atelier d'Eropkine élabora pour chacun des quartiers de la ville un projet, qui était ensuite étudié avec la collaboration de Zemtsov, Korobov et Trezzini-fils, avant d'être soumis à l'approbation de l'impératrice.

Le résultat de ce travail est une extraordinaire réussite. Il fut définitivement décidé que le centre de la ville se trouverait non pas à la forteresse Pierre-et-Paul ou sur l'île Vassili, mais du côté de l'Amirauté. La structure fondamentale de ce centre reposait sur le fameux schéma en patte d'oie. Trois avenues principales – la Nevski, la rue Gorokhovaïa et la Voznessenski –, qui menaient de la périphérie à l'Amirauté et étaient orientées vers sa flèche, constituaient le canevas. Il avait été stipulé à la commission qu'*il ne serait admis aucune gêne à la vue de la flèche de l'Amirauté.* C'est encore aujourd'hui l'un des effets les plus remarquables de l'urbanisme de Pétersbourg. On se préoccupa de la fonction des quais. On continua d'y construire les résidences les plus riches avec des jardins, notamment dans le quartier de l'Amirauté, sur le quai du Palais le long de la Néva, sur les bords de la Moïka et de la Fontanka. Un réseau reliait entre elles les rues du quartier de l'Amirauté. Le plan d'Eropkine prévoyait dans cette partie de la ville un grand quartier résidentiel – Kolomna – dont la composition nous est parvenue dans ses grandes lignes. L'île Vassili était laissée telle que l'avait projetée Domenico Trezzini. Toutes les autres parties de la ville, en revanche, firent l'objet de projets.

Ces plans témoignent d'une habileté exceptionnelle à mettre en évidence les structures principales de la ville, à les organiser avec équilibre et clarté, sans perdre pour autant le sens de la réalité. Avec un art étonnant, Eropkine sut intégrer dans ses plans les rues et les édifices déjà existants et utiliser les formes pittoresques des rivières et des canaux. Aujourd'hui, à la fin du XXe siècle,

Palais Stroganov. Façade sur la Moïka. Le tissu urbain devenant de plus en plus dense, il fallut construire des palais sans jardin, à l'alignement de la rue. Rastrelli édifia donc de 1751 à 1754 pour le comte Stroganov un « palais-bloc », avec un étage de soubassement à bossage continu et des façades au rythme savant, des fenêtres particulièrement soignées au bel étage une alternance raffinée de baies carrées et circulaires et de puissantes colonnes groupées à l'extrémité des avant-corps.

Palais Stroganov.
Cabinet de minéralogie.

Palais Stroganov. Salle des arabesques. Le décor intérieur du palais fut entièrement refait entre 1790 et 1800 par A. Voronikhine à son retour de Paris.

on peut encore déceler dans la plupart des quartiers de Pétersbourg l'influence de ce maître exceptionnel. C'est du vivant d'Eropkine que se constitua, à n'en pas douter, l'un des chefs-d'œuvre de l'urbanisme baroque. On le reconnaît bien à son amour caractéristique pour les lointaines perspectives, pour les constructions géométriques grandioses, à sa passion pour l'accumulation insolite et variée d'éléments réguliers à partir desquels (comme à partir des éléments décoratifs) il construisait un tout harmonieux. C'est précisément à cette époque-là, du temps d'Anna Ivanovna, et grâce aux efforts d'Eropkine, qu'est née la beauté de Pétersbourg – une beauté qui put s'épanouir encore, durant la période suivante, à l'époque d'Élisabeth Petrovna.

Élisabeth Petrovna ou l'épanouissement du baroque Rastrelli

Anna Ivanovna mourut le 1er octobre 1740, sans enfants. Mais elle avait pris soin de désigner son successeur, un bébé d'un an, Ivan VI, fils de sa nièce Anna Leopoldovna, et de nommer régent de l'Empire son fidèle amant depuis de longues années : Ernest Biron. Biron fut rapidement renversé par Anna Leopoldovna qui se déclara régente avec son mari, le prince généralissime Braungstein. Mais son gouvernement ne dura pas longtemps. La nuit du 24 novembre 1741, une grande femme en cuirasse accompagnée de gardes entra dans la chambre de la régente en disant « Debout, petite sœur ! » et donna l'ordre de l'arrêter. C'était la fille de Pierre le Grand, Élisabeth. Elle régna vingt ans, jusqu'en 1761. Quant au malheureux bébé-empereur Ivan VI, il fut détenu dans la forteresse jusqu'à ce qu'il fut tué par les gardes, au cours d'une tentative d'évasion.

L'époque d'Élisabeth Petrovna fut heureuse pour la Russie. Les résultats des réformes commençaient à se faire sentir. Les succès militaires accompagnaient les armés russes, l'Empire prenait solidement pied dans la politique européenne. Les liens avec les États allemands se développaient, un traité avec le Saint-Empire et la France dirigé contre le roi de Prusse, Frédéric le Grand, fut conclu. À l'intérieur, les transformations se poursuivaient mais avec modération. Dans l'ensemble, les mœurs semblaient s'adoucir. La cruauté du règne d'Anna Ivanovna disparaissait peu à peu, en raison peut-être du caractère d'Élisabeth. Elle adorait les mascarades, était profondément dévote, et aimait les chants d'église. Elle se contenta toute sa vie d'un seul favori, un bel Ukrainien qu'elle fit comte, Alexeï Razoumovski, doté d'une voix admirable et d'un caractère des plus sereins. Sous son règne, la peine capitale ne fut pratiquement pas appliquée. La vie à Pétersbourg devint plus calme et plus luxueuse. Dans l'histoire de l'art et de l'architecture de Saint-Pétersbourg, son règne correspond à l'épanouissement du baroque.

Igor Grabar, dans cet ouvrage inégalé auquel il a déjà été fait référence, écrivait à propos de l'architecture de cette époque : *Sous Pierre le Grand, Pétersbourg se transforma en une sorte de ville d'expérimentations architecturales. Tous les artistes possibles y affluèrent, les grands, les moyens et beaucoup de broutilles. Chacun remaniait immanquablement ce qui avait été fait avant lui [...] et ou bien il mourait rapidement, ou bien il quittait Pétersbourg pour toujours. Est-ce qu'on peut dans de telles conditions produire un style défini quelconque ? Pétersbourg ne reçut que les débris du baroque italien ; les formes du baroque allemand eurent autrement plus d'influence mais il n'y avait pas encore cette main puissante [...], il n'y avait pas l'artiste-géant sur les épaules duquel auraient reposé les problèmes et qui aurait apposé sa marque sur le Pétersbourg de son temps. Un tel homme apparut [...] et c'est seulement alors que la ville reçut son baroque proprement pétersbourgeois. Cet homme était Rastrelli.*[3]

3. Grabar I. E., *op. cit.*, p. 180.

L'architecte Bartolomeo Francesco Rastrelli était le fils d'un sculpteur italien invité en Russie en 1716 et qui venait de Paris où il avait travaillé avec un certain succès. En tout cas, il avait réussi à acheter par l'intermédiaire du nonce du pape le titre de comte pontifical. Le futur architecte grandit à Paris puis accompagna son père à Pétersbourg d'où, nanti d'une bourse du tsar, il fut envoyé faire ses études à l'étranger, vraisemblablement en Allemagne. À son retour en Russie, il commença bientôt à exécuter d'importantes commandes pour la Cour, d'abord à Moscou où il construisit l'énorme palais impérial d'Annienhoff en bois, puis dans les pays baltes où il éleva le magnifique palais, encore existant, des ducs de Courlande à Mitau, enfin à Pétersbourg où Anna Ivanovna lui donna le titre d'architecte en chef. À partir de 1741, il fut l'architecte préféré de l'impératrice Élisabeth Petrovna. Il exécuta tous les travaux les plus importants de la capitale et de ses environs, jusqu'à la mort de l'impératrice.

Les constructions de Rastrelli reflètent parfaitement les aimables dispositions qui règnent dans la culture russe du milieu du XVIIIe siècle : l'opulence et le pittoresque qui lui inculquent l'optimisme, une solennité particulière, une certaine majesté et un goût pour la monumentalité. En Russie, le baroque est loin de la mystique émotive ou de l'extrême subtilité. L'art de Rastrelli est marqué par l'élan et la limpidité de la fantaisie, le caractère organique et la force. Ses œuvres se distinguent avant tout par l'abondance et le luxe des formes, la débauche des couleurs et la profusion du décor, et une certaine solennité. Le célèbre historien de l'art russe Boris Vipper disait avec bonheur, à propos des salles décorées par Rastrelli : *Ses intérieurs, somptueux et pétillants de vie, sont pleins de mouvement, de scintillements et de frémissements. Les reflets des multiples miroirs, les courbes dorées du bois sculpté, la peinture des plafonds et les arabesques des parquets, les cartouches et les coquilles, les savoureuses rosaces et les cupidons voletant – tout étincelle et chatoye, créant un luxe éblouissant pour la foule des courtisans aux vêtements chamarrés*.[4]

Bartolomeo Rastrelli avait une faculté étonnante : il savait exprimer l'originalité artistique du milieu dans lequel il se trouvait. Cet Italien, qui avait passé sa jeunesse à Paris, était sensible aux particularités du goût russe.

4. VIPPER B. R., *L'Architecture baroque russe*, Moscou, 1978, p. 77.

Vue aérienne de la place du Palais avec, à droite, le palais d'Hiver, dit l'Ermitage ; à gauche, de forme arrondie, l'État-Major.

Palais d'Hiver. Façade tournée vers l'Amirauté. Au premier plan, bâtiment d'angle de l'Amirauté.

Les monuments d'architecture de la Russie ancienne lui étaient familiers parce qu'il avait travaillé à Moscou et à Kiev. Il savait profiter de leur nature décorative et recourir aux procédés favoris de la composition russe et à ses coloris. C'est grâce à son œuvre que la nouvelle architecture russe finit par trouver sa « voix » personnelle.

Le développement général de la culture à Pétersbourg, sous le règne d'Élisabeth, favorisa la réussite de Rastrelli. Les gravures de Mikhaïl Makhaïev exécutées en 1753 nous montrent une ville extraordinairement belle, vaste, ouverte aux paysages lointains, une ville pleine d'eau, de verdure et de palais aux sculptures dorées. Les yachts et les embarcations à rames ou à voiles allaient par les canaux et les rivières, le long des façades et des galeries ajourées qui servaient d'embarcadère.

La perfection, l'unité des traits, la suprématie de l'architecture baroque caractérisaient le Pétersbourg de cette époque. Il est possible que la ville paraisse plus prospère, plus régulière, plus européenne qu'elle n'était en réalité. Les petites maisons d'artisans et les terrains vagues et marécageux qui subsistaient dans la ville n'attiraient pas les artistes. Ils mettent rarement en scène le « Pétersbourg militaire » et les tristes cités des casernes, au-delà de la Fontanka. Cependant, l'important pour nous, c'est de percevoir toute l'étendue de Pétersbourg, son épanouissement et sa grandeur, fruit d'un demi-siècle de développement rapide, le luxe de cet extraordinaire « tissu » décoratif de l'époque baroque. Car c'est bien sous forme de fleurs gigantesques ou d'énormes bijoux précieux qu'apparurent, dans ce «tissu», les constructions colossales de Rastrelli : le palais d'Hiver, les palais des notables Vorontsov, Chouvalov, Bestoujev-Rioumine, Stroganov et le monastère Smolny, mais aussi les travaux de son concurrent, l'architecte russe Savva Tchevakinski, dont le talent ne le lui cédait en rien, comme en témoigne la fameuse cathédrale Saint-Nicolas-des-Marins.

Le monastère Smolny

Le monastère Smolny est peut-être la plus impressionnante des constructions du Pétersbourg baroque. L'impératrice Élisabeth aimait la pompe des services religieux. Souvent même, elle se tenait dans l'église aux côtés des chanteurs, elle interprétait avec eux les hymnes

Le palais d'Hiver, façade ouest, 1840. Aquarelle de V. S. Sadovnikov.

et récitait les prières. Aux semaines et aux jours prescrits, l'impératrice et la Cour observaient le jeûne sous sa forme la plus stricte. Seul son favori Razoumovski avait la permission de manger du poisson. Le chancelier d'Empire, le comte Bestoujev-Rioumine, dut adresser une requête à Sa Grandeur le patriarche orthodoxe de Constantinople pour obtenir l'autorisation officielle d'alléger son jeûne et de ne pas manger les champignons dont se nourrissait exclusivement l'impératrice pendant les grandes semaines de jeûne. Ses sentiments religieux n'étaient pas qu'apparents : elle observait sérieusement les pratiques religieuses et elle rêvait souvent que, sur ses vieux jours, elle abdiquerait pour entrer dans un monastère dont elle deviendrait prieure. C'est pourquoi Rastrelli construisit un monastère à l'emplacement des anciens entrepôts de goudron pour les bateaux, bâtis à l'époque de Pierre le Grand.

Le peuple commença à l'appeler le monastère Smolny (le « monastère du goudron ») et cette appellation resta, bien que le nom officiel du monastère fût Nouveau Monastère des Vierges et de la Résurrection. Cette double dédicace unissait le souvenir de deux célèbres monastères de l'ancienne Russie qu'Élisabeth aimait à visiter : celui de la Résurrection près de Moscou, habituellement appelé la « Nouvelle Jérusalem », et le Nouveau Monastère des Vierges à Moscou. Derrière ces noms se cachait la « mythologie pétersbourgeoise » naissante à l'époque baroque. Au thème de la Nouvelle Jérusalem était liée l'idée de la renaissance de l'orthodoxie et du caractère unique de sa vérité. Quant au Nouveau Monastère des Vierges, il était lié à la tradition moscovite : les femmes de la lignée du tsar entraient dans ce couvent à la fin de leur vie, comme le voulait l'ancien cérémonial des tsars ; le nom de Smolny était, lui aussi, un souvenir incontournable de l'époque de Pierre le Grand. Ces thèmes influèrent sur l'architecture du monastère.

Bartolomeo Rastrelli exécuta le projet en 1744. La pose de la première pierre eut lieu quatre ans plus tard. La cathédrale était achevée dans ses grandes lignes, hormis le décor intérieur, en 1764, ainsi que les autres bâtiments. Les derniers travaux furent achevés par l'architecte V. Stassov en 1832. Le monastère était bâti dans un quartier éloigné du centre de Pétersbourg, juste dans un coude de la Néva. Sa situation à l'entrée de la ville par le fleuve, sa richesse et sa solennité suscitaient immédiatement l'idée de « capitale ». L'ensemble est rigoureusement centré.

Palais d'Hiver. Façade sur la Néva. Commandé à Rastrelli par l'impératrice Élisabeth Petrovna, le palais d'Hiver, quatrième du nom, fut élevé de 1754 à 1762. La profusion et la variété du décor, en particulier du décor des fenêtres, en font un des plus célèbres exemples du baroque pétersbourgeois. Lorsqu'on sait que le palais compte plus de deux mille fenêtres, on évalue mieux le rôle de ces détails décoratifs. Deux étages de colonnes d'ordre composite couvrent les façades.

Palais d'Hiver.
Escalier des Ambassadeurs dit aussi du Jourdain parce que, chaque année, le souverain régnant le descendait le jour de l'Épiphanie pour procéder à la bénédiction des eaux de la Néva en mémoire du baptême du Christ. Il a été construit par Rastrelli et restauré à l'identique.

Palais d'Hiver.
La salle du Trône ou salle de Pierre. Elle fut aménagée par A. Ricard de Montferrand en l'honneur de Pierre Ier en 1833 et reconstruite à l'identique après l'incendie. Au-dessus du trône, dû à l'orfèvre anglais Nicholas Clausen, est accroché un portrait de Pierre le Grand accompagné de Minerve, exécuté après la mort du tsar par l'Italien G. Amiconi.

Nouvel Ermitage.
La salle aux
vingt colonnes.

Autour de la cathédrale à cinq coupoles, au plan en croix grecque inscrite dans un carré, fut aménagée l'énorme cour, elle aussi en forme de croix. Les bâtiments monastiques ont été édifiés tout autour. Quatre petites chapelles, couronnées d'une coupole, marquent les angles. Une clôture en pierre de tours entourait le tout. Devant la façade principale, tournée vers la ville, on aménagea une place plus allongée, le long d'un axe central, que soulignaient les bâtiments de service encadrant l'entrée. La régularité de la composition est un trait caractéristique de l'architecture baroque de Pétersbourg. La gradation des masses suivant les diagonales vers les cinq coupoles de la cathédrale, particulièrement spectaculaire, crée une impression de monumentalité et de dynamisme. C'est, semble-t-il, ce dernier trait qui distingue précisément le baroque de Rastrelli du baroque italien et qui le rapproche du baroque de l'Allemagne méridionale et de l'Autriche.

Les références de Rastrelli à l'architecture de la Russie ancienne sont d'un intérêt exceptionnel pour l'historien d'art. L'impératrice Élisabeth lui avait donné l'ordre de s'inspirer des églises russes orthodoxes traditionnelles avec deux exemples concrets : la cathédrale de la Dormition au Kremlin de Moscou et le clocher d'Ivan le Grand qui se trouve à côté. Dans la maquette du clocher, Rastrelli reproduisit exactement la partie supérieure du clocher de Moscou. Pour la cathédrale, il choisit les traits caractéristiques des églises russes : un plan en croix grecque, cinq coupoles dont la plus grande est située au centre, comme au Nouveau Monastère des Vierges à Moscou. Enfin, Rastrelli utilisa la même coloration vive et contrastée, des détails blancs sur un fond coloré, que dans les églises moscovites du Moyen Âge tardif. Mais ici les murs ne sont pas rouges, puisqu'on leur a donné la couleur favorite de l'impératrice : le bleu turquoise.

Au XIXe et au début du XXe siècle, on estimait que le monastère Smolny était la « construction la plus accomplie du génie » du maître baroque. Quand Giacomo Quarenghi, l'un des meilleurs architectes de Catherine II, passait devant l'édifice, il soulevait son chapeau et s'écriait : « Ça, c'est une église ! » À Pétersbourg, seule la cathédrale de Saint-Nicolas-des-Marins peut rivaliser avec le monastère Smolny.

La cathédrale Saint-Nicolas-des-Marins

Elle fut fondée en 1753, alors que le baroque était en plein épanouissement, et fut terminée en 1761, au moment où ce style disparaissait d'un coup des pro-

Le Petit Ermitage. Jardin suspendu sur lequel ouvre la salle du Pavillon.

Le Petit Ermitage.
Salle du Pavillon. Détail
du décor du cul-de-four.

Le Petit Ermitage. Salle du Pavillon. Elle fut aménagée par A. Stackenshneider de 1850 à 1858 à l'emplacement des pièces dans lesquelles Catherine II avait réuni les premières œuvres d'art de sa collection. L'architecte se serait inspiré du poème de Pouchkine « La Fontaine de Bakhchisaraï » pour évoquer un salon oriental.

Théâtre de l'Ermitage. Élevé de 1783 à 1725 par G. Quarenghi à l'emplacement de l'ancien palais d'Hiver de Pierre le Grand, le théâtre est conçu sur le modèle antique avec un hémicycle à gradins recouverts de bancs. Le décor architectural intérieur est inspiré du théâtre Olympique de Vicence.

grammes architecturaux. Le projet fut réalisé par l'un des maîtres russes les plus doués du milieu du XVIIIe siècle : Savva Tchevakinski. Il avait fait ses études à l'Académie de marine de Pétersbourg et fut l'élève de l'architecte de l'Amirauté, Ivan Korobov. À la mort de ce dernier, Tchevakinski lui succéda. C'est pourquoi la commande de la grande cathédrale Saint-Nicolas par la Marine lui échut. Aujourd'hui encore, on l'appelle populairement la cathédrale Nicolas-des-Marins.

Cette église présente de nombreuses similitudes avec la cathédrale du monastère Smolny. On y retrouve la même composition monumentale et chargée, la même abondance de détails décoratifs, le même badigeon de couleur vive. On y trouve aussi les mêmes références aux églises orthodoxes traditionnelles : un plan centré en croix grecque inscrite et cinq coupoles. Ce qui la distingue de l'église élevée par Rastrelli, c'est sa composition plus apaisée, la majestueuse lourdeur de ses volumes, son moindre dynamisme, qui ne lui enlèvent rien de son charme. Ses façades ont quelque chose de profane et ressemblent à celles d'un palais. Il n'y a pas, dans l'organisation de l'espace d'approche, la recherche du mouvement balancé qui caractérise l'ensemble de Smolny. En revanche, l'abondance de lumière et le sentiment d'intimité y sont plus forts.

Tout cela, on le ressent à l'intérieur de l'église, des deux églises, en fait, car il y a une église haute et une église basse. Au rez-de-chaussée, l'espace paraît ramassé, sombre. Quand on monte à l'église haute par l'un des longs escaliers latéraux, on est frappé par les volumes inondés de la lumière qui vient des coupoles et par le luxe du décor étincelant d'or. L'iconostase du milieu du XVIIIe siècle, exécutée par des sculpteurs russes, est dans un exceptionnel état de conservation. Bien que les fines proportions de la colonnade corinthienne dorée annoncent le classicisme, elle reste baroque par les opulentes guirlandes végétales. Bon nombre des icônes furent peintes au milieu du XVIIIe siècle par les frères Kolokolnikov.

L'architecte a placé, devant la façade ouest de la cathédrale, un svelte clocher élancé à trois étages en retraite, que couronne une haute flèche dorée.

Les palais de Pétersbourg à l'époque baroque

Si Moscou était célèbre au milieu du XVIIIe siècle pour ses « quarante quarantaines » d'églises (40 x 40 = 1 600), le Pétersbourg baroque était avant tout la « ville des palais ». Chaque année du règne de l'impératrice Élisabeth Petrovna en vit surgir de nouveaux.

Le Nouvel Ermitage. L'escalier d'honneur.

Le Nouvel Ermitage. Commandé à Leo von Klentze, l'architecte de la pinacothèque de Munich, pour abriter les collections impériales après l'incendie de 1837, il fut inauguré en 1852. La construction a été menée par les Russes V. Stassov et N. Efimov. L'entrée du public se faisait par un portique monumental porté par dix atlantes sculptés dans le granit par le Russe A. Terebenev.

Entre 1746 et 1757, Rastrelli construisit sur la rive de la Fontanka le palais du chancelier de l'Empire russe, le comte Mikhaïl Vorontsov. C'était une nouvelle étape de l'architecture privée baroque en Russie. La surface plane, comme dessinée, de façade devient un espace sculpté. Avec le palais Vorontsov, le maître passa aux moulures sculptées. Le contraste des murs lisses, austères, et de l'opulence de l'avant-corps central est frappant. Avec brio, Rastrelli a joué avec le rythme des colonnes rondes et des pilastres, les effets de la lumière et de l'ombre, qui enrichissent extraordinairement l'aspect du palais. Un jardin était aménagé depuis la façade jusqu'à la rivière.

Il édifia de 1751 à 1754 le palais du baron Sergueï Stroganov, le rejeton de l'une des familles les plus riches de Russie qui possédait à l'époque d'Ivan le Terrible la majorité des mines de sel du pays. Avec ce palais, Rastrelli donna encore plus de solennité sculpturale à son architecture.

Comme le tissu urbain de la capitale se faisait de plus en plus dense, il fallait construire un palais sans jardin, à l'alignement de la rue. Rastrelli édifia donc, autour d'une cour carrée, un palais-bloc, avec un soubassement rustique et des façades au rythme savant, des fenêtres particulièrement soignées au bel-étage, une alternance raffinée de baies carrées et de baies circulaires, et de puissantes colonnes groupées à l'extrémité des avant-corps. Les intérieurs furent réalisés par l'architecte classicisant Andreï Voronikhine dans les années 1780.

Mais Rastrelli n'était pas le seul architecte. L'importante résidence des Cheremetiev, qui existe encore de nos jours, fut élevée sur les bords de la Fontanka à l'emplacement d'une villa qui appartenait à l'un des fameux généraux russes de Pierre le Grand, le feld-maréchal Boris Cheremetiev. Le projet fut établi par Savva Tchevakinski. Le célèbre architecte serf des Cheremetiev, Fedor Argounov, y travailla également. Le même Tchevakinski construisit, entre 1753 et 1755, un palais à l'angle de la Mala Sadovaïa, pour le favori d'Élisabeth, le comte Ivan Chouvalov ; son architecture dépouillée annonçait le passage du baroque au classicisme. Il fut reconstruit de 1816 à 1819 puis de 1846 à 1852, mais les traits du XVIIIe siècle restent prédominants. L'aristocratie n'était pas seule à se faire bâtir des palais : on a conservé la maison du riche marchand Stegelman, élevée sur les bords de la Moïka entre 1750 et 1753, d'après le projet de Rastrelli. Quant à la maison Grabbe, sur la rue Gorokhovaïa, elle donne l'idée d'une maison ordinaire de Pétersbourg au milieu du XVIIIe siècle. La monumentalité de ces édifices, leur solennité élégante et le pittoresque des multiples détails nous donnent l'image d'une capitale d'apparat et de fête.

Le palais d'Hiver

De tous les palais de cette époque, l'édifice le plus significatif était certainement la résidence principale de l'impératrice à Pétersbourg, le palais d'Hiver. Nous avons déjà évoqué les deux premiers palais d'hiver de l'époque de Pierre le Grand qui n'ont pas été conservés.

De 1732 à 1735, Bartolomeo Rastrelli construisit sur le quai un palais d'Hiver pour l'impératrice Anna. Il le reconstruisit intégralement de 1754 à 1762, en élevant ce qui constitue le quatrième palais d'Hiver aujourd'hui. Le palais fut commencé sous le règne d'Élisabeth et terminé peu de temps après sa mort. Les formes monumentales de ce palais-bloc sont caractéristiques de l'architecture baroque russe.

Au centre se trouve la cour autour de laquelle ont été élevés quatre corps de bâtiments réunis par des passages. Le rez-de-chaussée est un étage de soubassement sur lequel reposent les deux étages supérieurs que réunit un ordre colossal corinthien. Le rythme changeant des colonnes, l'alternance et la variété des détails décoratifs,

L'Ermitage, le canal d'hiver. Bordé à gauche par le Nouvel Ermitage, à droite par le théâtre, le canal d'Hiver avait été creusé en 1718 pour relier la Néva à la Moïka. Il est enjambé par le pont construit par Iouri Velten lorsque fut entrepris à partir de 1770 l'aménagement des berges de la Néva. Il a été rehaussé d'une galerie par le même architecte pour relier le palais au théâtre terminé en 1787.

Place du Palais. Vue sur l'arc de l'Etat-Major. Aménagée par Carlo Rossi entre 1819 et 1828, la place est un énorme demi-cercle disposé face au palais d'Hiver. Au centre, l'arc de triomphe monumental fut décoré à la romaine de trophées militaires et de renommées couronnées de lauriers. Il est surmonté d'un attelage de six chevaux de bronze entraînant le char de la Gloire.

la richesse des sculptures et des vases qui couronnent le toit, les encadrements de fenêtres aux formes variées avec des têtes d'anges et des masques de lions, des petits frontons capricieux et des corniches en demi-cercle constituent un décor unique. Il y a, dans cette abondance ornementale, dans la blancheur des colonnes, le turquoise des murs et la dorure, quelque chose de peu ordinaire qui confine au « barbare ».

Trois des façades de ce palais grandiose sont tournées vers la Néva, la place du Palais et l'Amirauté, la quatrième étant contiguë au bâtiment de l'Ermitage. Le palais est si monumental que sa solennité n'est perceptible que de l'autre rive de la Néva, depuis la forteresse Pierre-et-Paul et l'île Vassili. Il règne en maître sur la place du Palais. Son architecture gagne à être vue de près : alors le décor des façades se met en mouvement, les colonnes, les corniches et les sculptures se dressent en raccourci, les avant-corps se détachent et les angles accusent leurs ressauts.

Le palais d'Hiver est la dernière œuvre de Rastrelli. Les intérieurs du palais ont, dans l'ensemble, été réalisés après 1762. Les meilleurs architectes de Catherine II – G. Velten, J.-B. Vallin de la Mothe, A. Rinaldi – y ont travaillé de1760 à 1770. Entre 1780 et 1790, G. Quarenghi y aménagea l'« enfilade de la Néva », la salle du Trône qui reçut la dénomination de « salle Saint-Georges ». C. Rossi, au XIXe siècle, construisit la galerie de la Guerre ; A. Brioullov fut chargé de la « salle Alexandre ». A. de Montferrand décora la salle des maréchaux, la salle Petrovski et celle des Blasons. Après l'incendie de 1837, le palais fut reconstruit sous la direction de V. Stassov et A. Brioullov. La bibliothèque de Nicolas II (architecte A. Krassovski), le salon doré (architecte V. Schreiber), le boudoir rouge (architecte C. Bossé) datent de la fin du XIXe siècle et du début du XXe. Toutes ces salles se réfèrent à un style sur lequel nous reviendrons un peu plus loin. Si l'on examine bien la facture de tous ces monuments pétersbourgeois du milieu du XVIIIe siècle, on mesure à quel point la naissance d'un nouveau style au moment même où s'épanouit le baroque le plus flamboyant est l'une des caractéristiques étonnantes du développement artistique de la Russie. Dans le baroque des années 1760, on ne sent en aucune manière ni déclin ni lassitude. Au contraire ! Or, au moment même où Rastrelli termine ses principaux travaux, le rococo fait une brève apparition et le classicisme russe commence à s'affirmer.

Place du Palais, avec la colonne Alexandre, érigée par Auguste Montferrand en 1829-1834. Lithographie de Jacottet d'après un dessin de Joseph Charlemagne.

Arc de l'Etat-Major. Situé dans l'axe de l'entrée d'honneur du palais d'Hiver, l'arc devait joindre la place du palais à la petite rue courbe qui menait à la perspective Nevski. L'architecte le doubla d'une seconde partie, dont le tracé forme un arc de cercle. Vu de la place, il donne l'illusion d'une profondeur parallèle à la façade.

Chapitre trois

Catherine II
la ville des Lumières

« Puisque Votre Majesté Impériale prétend que Moscou ne peut devenir le séjour de la cour que dans cent ans, en attendant ne serait-il pas possible de peupler davantage Pétersbourg, de le rendre plus vivant, plus agissant, plus commerçant en joignant cette multitude de palais isolés par des maisons particulières ? »

Denis Diderot
Mémoires pour Catherine II, 1773

Pont Semenov sur la Fontanka. À la fin du XVIIIe siècle, des places furent aménagées de part et d'autre du pont, au croisement de la rue Gorokhovaïa. Le lotissement le long des quais fut construit dans le premier tiers du XIXe siècle en style classique, souvent sur un même modèle.

Du baroque au classicisme

L'impératrice Élisabeth Petrovna mourut le jour de Noël 1761. Avec elle disparaissait le temps de l'architecture baroque. Ce lien étroit entre le destin du monarque et le développement de l'art est caractéristique de la Russie du XVIIIe siècle. Il s'explique par la rapidité et la brusquerie des changements qui survenaient alors dans la vie du pays. La Russie progressait en cherchant à se rapprocher de l'Europe. Elle le faisait sans harmonie, par saccades, avec des changements politiques radicaux, des complots et des révolutions.

L'héritier du trône était le neveu d'Élisabeth, couronné empereur sous le nom de Pierre III. C'était un homme maladif, peu intelligent et bizarre. Ce que nous savons de ses goûts en matière d'art permet de dire qu'il était attiré par le rococo. Ce penchant apparaît très nettement dans le palais de campagne d'Oranienbaum. Pourtant, par ses habitudes, Pierre III était éloigné du raffinement.

Le prince Cherbatov a raconté dans ses notes l'anecdote la plus célèbre de son règne. Un jour, Pierre III voulut se retirer avec une dame de la Cour. Il dit à sa favorite en titre qu'il travaillerait toute la nuit avec son secrétaire sur une nouvelle loi importante. Le secrétaire fut enfermé dans la chambre où on lui laissa pour compagnie un dogue danois et l'ordre de rédiger un oukase quelconque. C'est ainsi que le secrétaire rédigea le manifeste de « la liberté de la noblesse », qui libérait les nobles de l'obligation de servir l'État. Le matin, Pierre III signa le manifeste qui allait complètement transformer la situation de la noblesse et son mode de vie et, en conséquence, l'aspect même de la ville.

Pierre III ne s'est pas toujours laissé mener aussi légèrement par un courtisan. Sa grossièreté et l'extravagance de ses gestes politiques, qui coûtèrent souvent cher à la politique étrangère de la Russie, mais surtout son mépris de la religion et des traditions russes, déterminèrent la constitution d'un grand parti qui n'aspirait qu'à le renverser. Les conjurés firent leur porte-drapeau de son épouse, que la défunte tante avait fait venir pour lui d'Allemagne : la princesse d'Anhalt-Zerbst, connue en Russie sous le nom de Catherine II ou Catherine la Grande. Son esprit vif et son intelligence exceptionnelle lui attiraient les sympathies. Son talent politique peu ordinaire contribua au succès du complot qui la mit sur le trône impérial et son époux au tombeau. À chaque révolution de palais, l'important pour les conjurés était de gagner la garde à leur cause. Catherine le réussit fort bien. Son long règne, qui dura de 1762 à 1796, marqua une nouvelle époque – l'une des plus triomphales de la Russie. Il y eut de nombreux succès militaires. Les Turcs furent chassés des rives nord de la mer Noire. Une grande partie de l'Ukraine, de

Pont Tchernychev sur la Fontanka. Les quais de la Fontanka ont été aménagés de 1780 à 1789. Sept ponts à trois arches y furent alors construits selon le même modèle. Seul le pont Tchernychev a été conservé dans son état originel. À l'arrière-plan, les dômes bleus de la cathédrale de la Trinité, dite Izmaïlovski.

La Fontanka. Toile anonyme du XIXe siècle.

La Moïka.
Au fond, on aperçoit la perspective Nevski et le palais Stroganov.

Vue sur le canal Catherine et sur le pont de la Banque au fond.

*Pont de la Banque. Il doit son nom à la Banque des Assignats, premier établissement financier de la Russie, en face duquel il a été lancé par l'ingénieur G. Tretter en 1825-1826. Il fait partie de la série de ponts en métal construits dans le premier quart du XIX*e *siècle. Il a été fabriqué par les usines C. Beard. Les figures de griffons en fonte aux ailes dorées, placées à l'entrée du pont, ont été réalisées par le sculpteur P. Sokolov. Les mains courantes prennent naissance dans la gueule des griffons.*

la Biélorussie et de la Lituanie fut annexée à l'Empire en conclusion du partage de la Pologne entre l'Autriche, la Prusse et la Russie. Les réformes intérieures furent une plus grande réussite encore. Elles embrassaient tous les aspects de la vie : la législation, l'organisation administrative du pays, le commerce, les villes, l'exploitation de la terre, l'Église. Il y avait une suite logique et une fermeté certaine dans la conduite des réformes. C'est que Catherine prenait pour référence les plus récentes idées européennes. Souvent même, elle devançait leur usage dans le pays où elles avaient vu le jour, comme la France et l'Allemagne.

Catherine essaya de transformer la Russie en un pays idéal des Lumières. Ce grand projet incluait aussi bien la politique que les Beaux-Arts, car les choix artistiques étaient associés aux projets politiques et économiques. Ils étaient le fruit de conseils. Denis Diderot, qu'elle avait fait conservateur de la bibliothèque qu'elle lui avait achetée et dont elle lui laissa l'usufruit sa vie durant, lui disait, quand il lui rendit visite à Pétersbourg, en mai 1773 : *La Cour donne la loi à la ville, la ville donne la loi aux provinces. La ville, pour donner la loi, doit être très peuplée et ne pas ressembler aux villes de la province. Cette proximité des hommes les lie, leur liaison les adoucit et les civilise ; c'est de ces boutiques que sortiront tous les beaux-arts qui seront alors indigènes et durables.*[1] Ces idées ont donné un caractère original au développement de Pétersbourg, dans la seconde moitié du XVIIIe siècle.

Dès son avènement, Catherine II organisa un service d'urbanisme appelé « Commission pour la construction en pierre de Saint-Pétersbourg et de Moscou », mais qui étendit son activité à toutes les villes de Russie. Pour commencer, on appliqua à la ville tout entière les notions d'harmonie architecturale chères à Vitruve : *Pour construire les maisons, il faut observer trois règles : la solidité, l'utilité et la beauté ; une ville est en grand exactement ce qu'est une maison en petit,* stipulait l'un des documents de la Commission. C'est pourquoi il était exigé que *les rues [fussent] larges et droites, les places grandes [...]. Il fallait bâtir toutes les maisons de la même rue [...] selon un alignement de façade.*[2] Reprenant à leur compte les termes de Diderot que l'impératrice leur avait répétés, les membres de la Commission firent prévaloir que : *la société aura plus de capacités dès lors que la ville sera plus serrée et que les habitants seront plus proches les uns des autres.*[3] Autrement dit, on proposait de transformer les vastes espaces des villes russes de l'époque baroque en habitat compact avec une architecture monolithique.

Un urbaniste de Catherine, Andreï Kvassov, écrivait : il faut *réguler la ville* pour ainsi *constituer un plan général pour toujours*. On croyait alors pieusement en la possibilité de définir « pour toujours » l'avenir d'une ville, grâce à un plan rationnel. C'est tout juste si la notion de ville n'était pas régie dans la Russie d'alors par ces mêmes principes auxquels obéissait le théâtre classique : unité de temps, de lieu et d'action. La Russie des Lumières tentait de construire des villes ramassées dans un tout unique (unité de lieu), avec une structure précise (unité d'action), à la suite de quoi elles resteraient ainsi pour toujours (unité de temps). Cela vaut aussi pour Pétersbourg.

Il fut décidé de définir le territoire de la ville afin de protéger ses habitants « de la démesure de son étendue ». Les limites furent fixées avec une extrême précision : au sud, elles longeaient la Fontanka ; au nord, elles n'englobaient que la forteresse Pierre-et-Paul, les quartiers attenants, et la moitié est de l'île Vassili. Tout le reste était considéré comme faubourgs. Deux solutions furent examinées : la refonte totale du plan de Pétersbourg, ou bien la conservation des édifices déjà construits avec le lotissement des espaces inoccupés et l'organisation de nouvelles places. Moins onéreuse, la seconde solution fut retenue. Grâce à quoi, le tracé de Pétersbourg de l'époque de Pierre le Grand fut conservé.

Le centre de la ville fut maintenu sur la rive gauche de la Néva, autour de l'Amirauté, avec les trois avenues en patte d'oie. Un plus grand nombre de places fut prévu,

1. DIDEROT D., *De Pétersbourg, Œuvres complètes,* t. X, Moscou, 1947, p. 98.

2. *Archives du Sénat,* t. X, Sankt Peterburg, 1902, p. 132.

3. *Ibid.*

Pont des Ecuries impériales.
Vue sur la Moïka.

21

Église de Tchesmé. Construite par Youri Velten de 1777 à 1780 en complément du palais commencé en 1770, elle était destinée à célébrer la victoire de Tchesmé remportée sur les Turcs par Alekseï Orlov en 1780. Elle est un des premiers exemples de style néo-gothique en Russie.

Académie des Beaux-Arts. Façade sur la Néva. Commencé en 1764 par Jean-Baptiste Vallin de la Mothe, après que le projet proposé par Jacques-François Blondel pour Moscou a été jugé insuffisant pour Saint-Pétersbourg, l'édifice se présente comme une version amplifiée du premier dessin.

notamment aux croisements des grandes rues avec la Fontanka. On construisit dans les années 1770-1780 les quais de la Néva, d'après les projets de Georg Velten. Ce fut le point de départ de l'aménagement, réalisé plus tard en granit, des rivières Fontanka, Moïka et des canaux. Ces travaux contribuèrent à donner un nouvel aspect à la ville. Les berges marécageuses, couvertes d'herbe et de buissons, entrecoupées d'embarcadères, se transformèrent peu à peu en un puissant monolithe de pierre aux lignes horizontales dépouillées et solennelles. Il s'agissait d'établir l'idéal antique sur les rives de la Néva.

Au début du nouveau règne, Bartolomeo Rastrelli vivait encore, ses élèves travaillaient, et l'on construisait des maisons baroques qui ressemblaient, selon l'expression de l'impératrice, *à des manchettes en dentelle d'Alençon* tant elles étaient couvertes d'ornementations et de sculptures. Mais, au même moment, des architectes aux goûts fort différents firent leur entrée à Pétersbourg. Un élève du maître napolitain Luigi Vanvitelli, Antonio Rinaldi, avait été recruté en Italie dès 1752. Il travailla en Ukraine, avant de devenir l'architecte personnel de Pierre III puis de Catherine et de construire de somptueux édifices dans leurs résidences suburbaines, à Oranienbaum, Gatchina et Tsarskoïe Selo au début des années 1760. Il ne commença à travailler dans la capitale qu'un peu plus tard, car c'était le goût architectural français qui régnait alors, grâce à l'activité d'un autre maître arrivé en Russie : Jean-Baptiste Vallin de la Mothe.

Vallin de la Mothe et la naissance du classicisme à Pétersbourg

Jean-Baptiste-Michel Vallin de la Mothe fut invité en 1759 pour enseigner l'architecture à l'Académie des beaux-arts de Pétersbourg, fondée deux ans auparavant à l'initiative du comte Ivan Chouvalov. Chouvalov avait commandé à Jacques-François Blondel le projet de l'Académie qu'on voulait construire à Moscou. Quand il fut décidé en 1757 de l'installer à Pétersbourg, on essaya de transformer le projet parisien. L'affaire traîna jusqu'à l'avènement de Catherine. L'impératrice éclairée, désireuse de prouver qu'il ne faut reculer devant rien pour développer les sciences et les arts, voulait donner à l'édifice de l'Académie des beaux-arts une envergure grandiose. Or le projet de Blondel faisait petit. C'est alors que Vallin de la Mothe, qui venait d'arriver en Russie, parut d'autant plus indispensable qu'il avait été l'élève de Blondel. Il fut chargé d'établir un projet pour un énorme édifice sur le quai de la Néva de l'île Vassili, et d'y observer les caractères stylistiques de son maître. L'architecte russe Alexandre Kokorinov allait travailler avec lui. Ensemble, ils devaient construire un édifice qui, par son seul aspect, pourrait être aux yeux des élèves de l'Académie un enseignement du classicisme.

L'édifice, commencé en 1764, fut terminé en 1788. C'est un gros rectangle long de cent quarante mètres et large de cent vingt-cinq mètres, constitué d'un corps principal tourné vers la Néva et de trois autres corps, destinés

Académie des beaux-arts. Coupole du vestibule, peintures de Chebouiev.

aux amphithéâtres. Au centre, un corps circulaire s'inscrit autour d'une cour ronde. Une enfilade de salles d'expositions fut disposée à l'intérieur. Aux angles de l'édifice, on aménagea quatre cours de lumière. À l'emplacement de l'actuel vestibule, un passage menait à la cour ronde. Les différences entre le bâtiment réalisé et le projet de Blondel sont significatives. De la Mothe et Kokorinov ont exploité une variante plus « contemporaine » du style classicisant. Le goût pour la rigueur géométrique et les rapports des grandes masses simples y est plus marqué, dans le plan notamment. Dans son ensemble, l'architecture est plus sévère, comme en témoigne l'emploi de l'ordre dorique romain plus « austère », alors que Blondel avait proposé de recourir à l'ordre corinthien. On notera enfin que la réalisation est plus sobre que les projets. Les colonnes ont été maintenues sur les avant-corps latéraux, mais ce sont des pilastres qui occupent les intervalles. L'Académie fut construite par Kokorinov et achevée après sa mort par Velten. Un grand nombre d'intérieurs furent refaits au XIXe siècle.

L'ensemble de la « Nouvelle Hollande », construit par Vallin de la Mothe dans le quartier de l'Amirauté, n'est pas moins spectaculaire. La Nouvelle Hollande était un gigantesque entrepôt pour le bois affecté à la construction des

Académie des beaux-arts. Décor de l'escalier d'un corps latéral.

Académie des beaux-arts. Vestibule et escalier d'honneur.

Palais de Marbre. Façade sur la Néva. Commencé par A. Rinaldi en 1768 pour Grigori Orlov, le favori de Catherine II, il fut terminé en 1785, après la mort de son propriétaire. L'austérité du revêtement de granit du rez-de-chaussée et de l'étage de soubassement contraste avec le raffinement du marbre des étages supérieurs.

navires. Le lieu avait été choisi dès les années 1730 pour des raisons de commodité, car le bois était amené par voie d'eau. En 1763-1765, Savva Tchevakinski élabora de nouveaux plans d'aménagement qui furent réalisés, mais le projet des façades fut commandé à de la Mothe. Il édifia de longs corps de bâtiments, souligna avantageusement les angles arrondis par de puissantes colonnes jumelées et construisit un arc de triomphe au-dessus du canal d'entrée. La sobriété et en même temps l'audace du traitement des volumes annoncent déjà l'extravagance des barrières de Ledoux à Paris.

Les autres constructions importantes de Vallin de la Mothe sur la perspective Nevski sont le Gostiny dvor, édifié entre 1759 et 1785, et l'église catholique Sainte-Catherine, construite en 1763. Il éleva de 1764 à 1775, à côté du palais d'Hiver, le Petit Ermitage avec sa grande colonnade ionique et son haut étage de soubassement.

Un autre grand classique est Georg Velten, fils d'un cuisinier-chef de Pierre le Grand. Il fit ses études en Allemagne, à Stuttgart et à Berlin, travailla, à son retour, aux côtés de Bartolomeo Rastrelli, mais ses premiers travaux personnels appartiennent au premier classicisme, dépourvu de tout trait baroquisant. Ses œuvres, dans les années 1770, sont le Grand Ermitage, construit à côté du Petit Ermitage de Vallin de la Mothe, le bâtiment de l'Institut Alexandre, établissement d'éducation fondé à côté du monastère Smolny, les deux églises luthériennes de Sainte-Catherine sur l'île Vassili et Sainte-Anne, l'église arménienne de la perspective Nevski. Elles attestent le libre usage que faisait Velten des canons du classicisme dans lequel perce l'authentique génie de l'artiste. La grille du jardin d'Été exécutée de 1783 à 1784 en témoigne.

Une des plus curieuses constructions de Velten fut élevée en dehors de la ville, mais elle est aujourd'hui sur le territoire de Pétersbourg : c'est le palais de Tchesmé, premier exemple de néo-gothique en Russie. Le projet remonte à 1770. À côté, Velten construisit une église terminée dix ans plus tard. Malgré le plan classique et le caractère mesuré de la composition, il est indubitable que l'on y trouve les premières manifestations de l'engouement pour le Moyen Âge importé d'Angleterre. On n'a pas seulement donné au palais les formes d'un château-jouet, mais on lui a inventé une véritable généalogie. Un marais plein de grenouilles se serait trouvé à cet emplacement. Alors on donna au château le nom de « La Grenouillère », avec pour armes une grenouille verte. L'impératrice commanda à Wedgewood un service de table avec ces armes et des vues de châteaux anglais. On rassembla, à l'intérieur, une collection de portraits et de médaillons de toutes les têtes couronnées de l'époque et des siècles passés pour ressusciter l'histoire. Ainsi les souverains européens apparaissaient-ils comme des compagnons de chevalerie. Catherine II en écrivit elle-même la légende : *La vieille sentinelle faisant le tour du palais de Tchesmé entendit du bruit à l'intérieur [...], les portraits et les médaillons conversaient entre eux....*

Palais de Marbre.
L'escalier d'honneur
par Antonio Rinaldi.

Palais de Marbre.
Le grand salon de marbre.

Palais de Marbre. Décor du grand salon de marbre dû à Antonio Rinaldi. Les bas-reliefs sont de F. Choubine et M. Kozlovski.

Palais de Marbre. Détail du décor du grand salon de marbre.

Louis XVI : Je veux le bien.

La reine : Je vous baise, Majesté, pour ces mots merveilleux, et à ce propos je donnerai un bal ce soir...

L'impératrice Marie-Thérèse (mère de la reine) : Antoinette aime tellement le monde que je crains pour le salut de son âme.

Joseph II : Mais elle est si belle, si aimable, si jeune[4]*...*

L'anecdote traduit bien l'état d'esprit du début du règne de la Grande Catherine.

Mais « noblesse oblige ». Pétersbourg devait prendre un aspect sévère, majestueux, et le rococo ou l'exotisme percèrent rarement la parure classique dont, dans la seconde moitié du XVIIIe siècle, la ville se revêtait progressivement. Même les architectes à la fantaisie débridée, comme Antonio Rinaldi, l'auteur de la majorité des « chinoiseries » des environs de Pétersbourg, devenaient sérieux en ville. Rinaldi dessina, en 1766, le palais de Marbre pour le comte Orlov. Élevé sur le quai du Palais en 1781, l'édifice apparaît froid et fermé de l'extérieur, avec sa façade finement dessinée, rythmée de pilastres plats de marbre rose à chapiteaux corinthiens. La complexité des volumes et le dynamisme de la composition spatiale peuvent être perçus comme des traits baroques dans la cathédrale du Prince-Vladimir qu'il construisit de 1766 à 1789, bien qu' ici aussi, on sente déjà le rationalisme classique.

Cependant, un événement qui n'est pas dû à l'architecture mais à une sculpture, a donné un nouveau sens à l'espace urbain. Il s'agit du célèbre *Cavalier d'airain*, le monument équestre dédié à Pierre le Grand, érigé par Étienne Falconet sur la place du Sénat. Il reste, pour les siècles, le symbole de Pétersbourg. Alexandre Pouchkine a écrit dans son poème *Le Cavalier d'airain* :

Et dans le silence décidément obscur
Au-dessus des limites du rocher
L'idole, le bras tendu,
Chevauche le coursier de bronze
[...]
Ô puissant maître du destin
N'est-ce pas toi, au-dessus de l'abîme
Sur les cimes, qui d'une poigne de fer
A fait se cabrer la Russie.[5]

Il est devenu le monument de la mémoire, et il n'est pas fortuit que, parmi les nombreuses variantes d'inscriptions proposées, c'est la plus courte qui fut choisie : *À Pierre Premier Catherine la Seconde*. La « seconde » à suivre le premier réformateur de la Russie, le fondateur de la ville. « *Mon monument sera simple* », écrivait Étienne Falconet

4. CATHERINE LA GRANDE, *Œuvres complètes*, t. XII, Sankt Peterburg, 1892, pp. 583-584.

5. POUCHKINE A. S., « Le Cavalier d'airain » in *Peterburg [...] dans la poésie russe, op. cit.*, p. 78.

Palais de Marbre.
Plafond du salon baroque
situé dans l'aile.
Il a été aménagé au milieu
du XIXe siècle.

à Denis Diderot à Paris : « ... *galop sur rocher escarpé – voilà le sujet que m'a donné Pierre le Grand.*[6] »

Le sculpteur était arrivé en Russie en 1766 et il y resta jusqu'en 1778, quand fut terminée la fonte de la statue équestre. La tête de l'empereur fut réalisée par Marie-Anne Collot. L'installation du monument exigea des efforts énormes. Toute l'Europe parla du transport du gigantesque rocher de granit, appelé le « tonnerre-pierre » sur lequel fut posée la statue. Ces travaux furent dirigés par Georg Velten. Le *Cavalier d'airain* fut inauguré en grande pompe en présence de Catherine II, en 1782.

Le palladianisme et le classicisme de la fin du XVIIIe siècle

Le règne de Catherine II se divise en deux parties inégales : les quinze premières années, de 1762 jusqu'à la fin des années 1770, et les deux décennies suivantes jusqu'à sa mort en 1796. Catherine écrivait à Grimm en 1779 : *Il y a une maladie, c'est la passion de rédiger des lois, et l'impératrice de Russie en a été saisie deux fois : la première fois, elle a seulement édicté les principes, cette fois-ci tout ce qui mène au meilleur s'est emparé d'elle.*[7] Par deux fois, elle a défini non seulement ses principes politiques mais elle a aussi modifié son comportement en matière d'architecture. Elle voulait continuer à construire le plus possible : *La fureur de bâtir est chez nous une rage en ce moment plus que n'importe quand [...]. C'est une véritable maladie, quelque chose comme l'ivrognerie et peut-être aussi une accoutumance.*[8] Seulement, le classicisme français qui régnait les années précédentes ne la satisfaisait plus. Les nouvelles tendances de l'architecture française, en particulier les constructions et les projets de Ledoux et de Boullée, lui demeuraient incompréhensibles, trop complexes. *Je voulais deux Italiens,* écrit-elle, *car nous avons des Français qui en savent trop et qui construisent de vilaines maisons [...] tout cela parce qu'ils sont trop savants.*[9] Et elle invite à Pétersbourg deux Italiens, Giacomo Quarenghi et Giacomo Trombara, mais aussi un Écossais, Charles Cameron, élevé, prétendument, à Rome. En outre, des architectes russes deviennent à la mode, en premier lieu Nicolas Lvov qui avait fait la traduction russe des *Quatre Livres d'architecture* de Palladio. Ces architectes apportaient, avec eux, deux traits caractéristiques du classicisme des années 1780-1790 : le palladianisme et un goût pour l'imitation concrète des monuments de l'Antiquité.

Giacomo Quarenghi joua un rôle essentiel dans la formation du Pétersbourg classique. Non seulement il construisit un grand nombre de maisons privées et d'édifices publics importants, mais il devint un personnage marquant de la vie quotidienne de la capitale. Un contemporain rappelait que Quarenghi se promenait souvent par les rues de Pétersbourg pour visiter ses nombreuses constructions et qu'on le reconnaissait facilement : *Chacun le connaissait par cet énorme bulbe bleuâtre que la nature avait collé sur son visage à la place du nez.*[10] Son nez, en effet, était rien moins qu'exceptionnel.

Quarenghi était né dans le nord de l'Italie, à Bergame. Il fit ses études à Rome chez le célèbre peintre Raphaël Mengs, puis il voyagea beaucoup, arriva en Russie en 1780 et obtint la haute bienveillance de l'impératrice vers 1783. Dès lors, il reçut de nombreuses commandes. Quarenghi édifia le théâtre de l'Ermitage qui agrandissait encore la résidence impériale sur le quai du Palais. La salle fut construite en amphithéâtre, comme au théâtre Olympique de Palladio à Vicence. La façade fut chargée de motifs palladiens. Igor Grabar écrivait qu'ici Quarenghi *a élevé une architecture d'un style irréprochablement sévère mais tout aussi pittoresque que l'architecture de Rastrelli.* Il édifia au même moment sur la rive opposée de la Néva – sur le quai de l'île Vassili – l'Académie des sciences. Encore plus sobre que le théâtre de l'Ermitage, ce bâtiment est un long rectangle dépouillé de toute décoration, avec un lourd portique ionique sous un haut fronton vide. C'est dans cette maîtrise des belles proportions et dans la solennité toute romaine des intérieurs que réside la base de l'écriture de Quarenghi.

À nos yeux, la meilleure réalisation du maître à Pétersbourg est la banque des Assignats, dans la rue Sadovaïa. Elle fut bâtie de 1783 à 1788. Au centre se trouve une sorte de villa palladienne « ordinaire » à trois niveaux, avec un portique corinthien et des sculptures aux angles du fronton. Elle est de dimensions relativement modestes, comme s'il s'agissait d'une résidence de campagne de moyenne ampleur. Elle est entourée par un corps de bâtiment à deux niveaux, en forme de gigantesque fer à cheval, que divise un long corridor central. La façade est scandée par des pilastres de mêmes dimensions. Une colonnade formant passage relie la maison centrale à ce fer à cheval, comme si elle le « tendait tel un arc en son milieu ». Une remarquable grille avec portail fermait la cour. Dans son ensemble, comme dans tous les détails, c'est l'une des plus parfaites réalisations du classicisme du XVIIIe siècle à Pétersbourg.

Quarenghi a travaillé longtemps dans la capitale. Il commença en 1784 les travaux de la Bourse sur la pointe de l'île Vassili, mais elle ne fut pas terminée selon son projet. Son activité ne fut pas interrompue par la mort

6. *Les Maîtres des arts sur l'art,* t. II, Moscou, 1958, p. 155.

7 *Recueil de la Société impériale d'histoire russe,* t. XXIII, Saint-Pétersbourg, 1878, p. 85.

8. *Ibid.*, p. 157.

9. *Ibid.*, p. 157 ; p. 181.

10. VIGUEL P., *Notes,* t. I, Moscou, 1928.

Palais de Marbre.
Détail du décor
néo-gothique
d'un salon de l'aile.

Monastère Smolny. Vue d'ensemble. Construit par Bartolomeo Rastrelli de 1748 à 1754, hors le décor intérieur terminé en 1835 par V. Stassov, l'ensemble est rigoureusement centré. L'énorme cour est en forme de croix grecque comme l'église. Quatre chapelles couronnées d'une coupole marquent les angles des bâtiments monastiques élevés tout autour. Devant la façade principale tournée vers la ville, on aménagea une place allongée déployée de part et d'autre d'un axe central.

de Catherine. En 1798, il édifia l'église de l'ordre de Malte à la demande de Paul Ier, puis de 1800 à 1804 le manège de la Garde, en 1805-1806 l'édifice du Cabinet impérial (la Chancellerie) et la colonnade du palais Anitchkov, enfin, de 1806 à 1808, à côté du monastère Smolny, l'Institut où l'on éduquait les jeunes filles nobles issues de familles pauvres. Sa dernière construction à Pétersbourg est la porte triomphale, érigée à la barrière de Narva à l'occasion du retour des armées russes en 1814, à la fin des guerres napoléoniennes. Au total, Quarenghi aura laissé des marques de sa main dans la plupart des quartiers de la ville : ce sont des édifices d'un style classique sévère, conçus selon les principes palladiens et un ordre romain très exactement reproduit.

Le second admirateur de Palladio à la fin du XVIIIe siècle fut Nicolas Lvov. Homme de culture universelle, musicien, ingénieur, poète, traducteur, Lvov se distinguait plus que Quarenghi par la diversité de son style. Si sa première construction pétersbourgeoise, l'édifice de la Poste principale, répondait aux canons du palladianisme, les églises qu'il construisit aux environs, dans les propriétés de la noblesse, aujourd'hui incluses dans le périmètre de Pétersbourg, révèlent bien son goût pour le « jeu » des formes purement géométriques issues de l'alliance du palladianisme et d'une nouvelle approche de l'Antiquité. La plus intéressante de toutes ces églises est Sainte-Catherine, construite dans les années 1780 dans le domaine des comtes Vorontsov à Mourino. L'architecte plaça l'un à côté de l'autre le cylindre de l'église en forme de rotonde entourée d'une colonnade ionique et la haute pyramide pointue du clocher. Le peuple lui donna le surnom de « Koulitch et Paskha », mets traditionnels que l'on sert en Russie le jour de Pâques : le haut gâteau rond du *koulitch* et la pâte de fromage aux raisins secs de la *paskha* à laquelle on donne toujours la forme d'une pyramide.

La cathédrale de la laure Alexandre-Nevski et le palais de Tauride

Ils sont l'œuvre de l'un des maîtres les plus importants de l'époque de Catherine, Ivan Starov. Après un séjour à l'Académie des beaux-arts, Starov étudia à Paris chez Charles de Wailly, puis visita Rome. Plus tard, il travailla beaucoup pour le célèbre favori de l'impératrice, le prince Potemkine.

En 1775, Starov fut chargé du projet de cathédrale pour le plus vieux monastère de Pétersbourg, la laure Alexandre-Nevski, fondée par Pierre le Grand en 1710 à l'endroit où, d'après la légende, le grand-prince Alexandre Nevski défit les troupes suédoises. Un premier projet de monastère avait été élaboré en 1717 par Domenico Trezzini : la cathédrale était au centre du monastère et entourée par les

Monastère Smolny. La cathédrale à cinq coupoles fut élevée sur un plan en croix grecque inscrite dans un carré.

Laure Alexandre-Nevski. Cathédrale de la Trinité. Tambour de la coupole et portes royales

Laure Alexandre-Nevski. Cathédrale de la Trinité : dôme. Construite de 1774 à 1780 par I. Starov sur un plan en forme de croix latine, elle fut coiffée d'un dôme à la croisée du transept.

cellules des moines. Seules les cellules furent construites, dans les années 1720 pour la partie nord, dans les années 1740 pour la partie sud. De 1717 à 1722, on édifia dans l'aile l'église de l'Annonciation. Théodore Schwertfeger commença à bâtir la cathédrale principale à la fin des années 1710, mais des problèmes techniques obligèrent à détruire l'édifice. On éleva, entre 1755 et 1767, les bâtiments qui ceinturaient les services de l'administration.

Une nouvelle étape commença en 1776 lorsque Ivan Starov entreprit la construction de la grande cathédrale de la Trinité sur un plan en forme de croix latine avec deux tours et une puissante coupole. Elle se distingue par la sévérité des volumes et la simplicité des formes architecturales. Ivan Starov aménagea aussi l'accès au monastère. La route qui menait de l'Amirauté au monastère avait déjà été tracée du temps de Pierre et constituait la grande artère de la ville, la perspective Nevski. L'architecte dessina, au bout de la perspective, une place circulaire entourée d'une clôture basse. On édifia au centre, entre 1783 et 1785, des portes qui marquaient l'entrée principale du monastère.

La laure Alexandre-Nevski se trouva chargée d'une nouvelle symbolique aux XVIIIe et XIXe siècles. On y transporta les cendres d'Alexandre Nevski en 1723 et l'on plaça, à l'intérieur de la cathédrale de l'Annonciation, le tombeau du feld-maréchal Souvorov. À proximité des portes, on aménagea une nécropole où se trouvent les monuments funéraires d'un grand nombre de représentants illustres de la culture russe : M. Lomonossov, F. Dostoïevski, Tchaïkovski, Moussorgski, et Rimski-Korsakov, ainsi qu'un grand nombre d'architectes de Pétersbourg.

L'autre œuvre exceptionnelle d'Ivan Starov à Pétersbourg est le palais de Tauride, édifié entre 1783 et 1789 pour le prince Potemkine, célèbre non seulement parce qu'il fut un des favoris de l'impératrice mais aussi pour ses succès politiques dans le sud de la Russie. Après l'annexion à la Russie de l'ancienne Tauride (la Crimée), Potemkine reçut le titre de prince de Tauride et le palais du même nom.

Le palais de Tauride est certainement le monument le plus significatif du classicisme russe : il reflète bien l'ambition de ressusciter, de la manière la plus exacte possible, l'architecture de la Rome impériale. Il dominait la Néva à laquelle menait un canal. Aujourd'hui, on entre directement dans la cour aux façades simples, voire ascétiques. Le centre du corps principal, très allongé, est précédé d'un sévère portique dorique. Les corps latéraux, de plan carré, sont reliés au corps central par des galeries somptueuses. Le 28 avril 1791, peu de temps avant sa

Laure Alexandre-Nevski. Cathédrale de l'Annonciation construite par Domenico Trezzini de 1717 à 1725. Elle renferme le tombeau du maréchal Souvorov, mort en 1800.

Palais de Tauride. La salle octogonale. Son articulation est inspirée du Panthéon de Rome, comme la coupole qui la couvre.

Palais de Tauride. Coupole en trompe-l'œil de la salle octogonale.

mort, Potemkine, « prince de Tauride », donna une fête en l'honneur de la Grande Catherine. C'est la plus connue des solennités de l'époque. La description qu'en fit l'un des invités nous permet d'imaginer les intérieurs du palais de Tauride.

On entrait dans un vestibule bas dont les portes ouvraient sur un salon octogonal avec des tribunes et une coupole, comme un genre de temple[...] ; sur la corniche était écrit en lettres d'or : à Catherine la Grande. On appelait cette salle le Panthéon. Derrière se trouvait la grandiose grande galerie. Dès l'entrée, on voyait une longue salle ovale, ou plus exactement une place où 5 000 personnes pouvaient tenir à l'aise. Il semble que des forces herculéennes y aient fait entrer toute la nature,[11] s'exclamait ce témoin. Trente-six colonnes blanches avec les chapiteaux de l'Érechthéion séparaient la galerie du non moins grandiose jardin d'Hiver. *Ici règne partout le printemps, l'art le dispute aux charmes de la nature. L'esprit nage dans le plaisir !* ajoutait l'observateur. Un jardin paysager fut créé autour du palais par le maître anglais William Gould, élève du plus grand des jardiniers britanniques du XVIIIe siècle, Lancelot Brown. Le luxe de la fête donnée par Potemkine est passé à la postérité, ne serait-ce que par un détail : le costume du maître de maison. Potemkine était vêtu d'un caftan écarlate et d'un jeté de dentelle noire. Il y avait sur son chapeau tellement de diamants qu'il ne pouvait le garder sur la tête et qu'un aide de camp devait le suivre en portant la coiffure.

11. *Archives russes*, 1867, n° 5, p. 93.

Palais de Tauride. Vue générale. Construit de 1783 à 1789 par I.E.Starov pour le maréchal Potemkine, conquérant de la Crimée, prince de Tauride, le palais est l'exemple du classicisme pétersbourgeois inspiré des modèles romains.

Pendant les dernières années de son règne, Catherine continua à bâtir des projets de plus en plus grandioses. Elle confia à Ivan Starov la construction d'un nouveau palais sur la Néva, en amont de la rivière. Il devait surpasser tout ce qui avait été fait auparavant et matérialiser les rêves des auteurs d'architectures fantastiques de la fin du XVIIIe siècle, où devaient revivre la splendeur et la majesté de l'architecture antique. La Grande Catherine donna au nouveau palais le nom de la capitale de l'ancienne Macédoine : Pella. La référence au nom de la ville où avaient vécu les ancêtres d'Alexandre de Macédoine n'était pas fortuite. Au soir de sa vie, elle pensait à son petit-fils préféré, Alexandre, qu'elle comparait aux héros antiques. Elle n'était pas seule à faire de semblables comparaisons. Claude-Nicolas Ledoux dédicaça son livre à l' « Alexandre du Nord ». C'est que le grand-duc Alexandre était, aux yeux de l'impératrice, l'héritier d'un trône dont elle voulait éloigner son propre fils Paul, le père d'Alexandre. Néanmoins, l'Histoire en décida autrement. Le 5 novembre 1796, la Grande Catherine mourut. Alexandre n'osa pas s'emparer du trône et Paul Ier devint empereur.

Palais de Tauride.
La monumentale salle aux trente-six colonnes ioniques de marbre blanc est construite perpendiculairement à l'axe central.

Chapitre quatre

Paul Ier
le tourmenté

« Nous manquons de renseignements étendus et précis sur les détails des constructions du château impérial de Saint-Michel : toutes les informations locales, qu'à plusieurs reprises nous avions voulu obtenir ne nous sont jamais parvenues...
Cette résidence impériale est beaucoup moins célèbre par la beauté et par le bon goût de son architecture, que par l'affreuse catastrophe dont Paul Ier fut victime. »

Percier et Fontaine
Résidences de Souverains..., Paris, 1833

Château Michel dit des Ingénieurs. Vue d'ensemble. Commencé de construire dès la mort de Catherine II en 1796, le château fut commandé par Paul Ier à Vincenzo Brenna, son architecte personnel. De plan carré avec une cour octogonale au centre, c'est un véritable château-fort, autrefois entouré de douves. Deux obélisques ornés de trophées militaires encadrent la travée centrale. Le relief du fronton illustre la Gloire de la Russie. À l'arrière-plan, le Champ de Mars, le palais de Marbre et, de l'autre côté de la Néva, la forteresse Pierre-et-Paul.

Le Champ de Mars par De Mayr, XVIIIe *siècle.*

Le château romantique

La comtesse Varvara Golovine se souvenait de cet événement : *L'avènement du nouvel empereur fit naître la terreur dans tous les cœurs. Doté de tout ce qu'il faut pour être un grand souverain, et l'un des hommes les plus charmants de tout son Empire, il ne parvint qu'à inspirer la peur et à écarter les gens de lui. Paul avait l'âme impétueuse… Son caractère, irascible de naissance, s'aigrit. Il devint méfiant, austère et exigeant jusque dans les broutilles… Sa singularité avait pour conséquence qu'on le fuyait dans la mesure du possible. Mais […], on s'en sortait puisqu'il suffisait de supporter ses accès d'emportement. Maintenant, il s'agit de la situation, de la déportation ou même de la vie.*[1] Ces lignes traduisent exactement l'état d'esprit de Pétersbourg pendant les quatre années du règne de Paul Ier. Il semblait aux contemporains que *tout ce qui avait été fait de glorieux pendant les trente-quatre ans du règne de Catherine s'écroulait et que Paul était pénétré d'une seule passion : avilir sa mère.*[2] En tout cas, les entreprises architecturales des dernières années du règne de Catherine furent interrompues et une partie des constructions sur le point d'être terminées fut détruite. Un grand nombre d'architectes qui avaient travaillé pour l'impératrice défunte furent privés de travail.

L'architecte préféré de Paul était un Italien originaire de Florence, Vincenzo Brenna. Il avait fait ses études à Rome et à Paris. Il avait aussi travaillé en Pologne avant d'arriver, à la fin de l'année 1783, en Russie où il devint l'architecte des résidences suburbaines de l'héritier du trône : Pavlovsk et Gatchina. Il sut plaire au grand-duc et, à l'instar de presque tous ceux qui étaient proches de lui avant son accession au trône, Brenna fit rapidement carrière sous le règne de Paul, qui le combla de faveurs. Il lui confia la construction du nouveau palais impérial à Pétersbourg, qui reçut le nom de château Michel.

Paul Ier brusqua les choses et l'oukase relatif à la construction du palais fut émis moins d'un mois après la mort de la Grande Catherine. Dès février 1797, la première pierre fut posée en grande cérémonie. Les travaux furent menés sans interruption aucune, jour et nuit, à la lumière des torches. L'énorme édifice fut terminé en 1800. Il est situé non loin du confluent de la Moïka et de la Fontanka, à l'emplacement du palais d'Été de l'impératrice Élisabeth. Le jardin d'Été, où se trouvait le petit palais d'Été de Pierre le Grand, devait lui servir de parc.

À l'image de la personnalité de Paul Ier, le château est inattendu et relativement étrange, à l'époque du classicisme, surtout si on le compare avec les palais édifiés par Starov ou Quarenghi. On a conservé les ébauches du plan dessiné par le tsar lui-même. Il est possible que le célèbre architecte moscovite Vassili Bajenov, proche de Paul Ier par ses liens maçonniques, ait participé à l'élaboration du projet, mais la version définitive appartient,

1. GOLOVINE V. N., « Notes » in *Rousskaïa Starina*, Moscou, 1992, p. 323.

2. *Id.*

Château Michel.
Vue depuis la Fontanka

Château Michel.
Façade nord, du côté du jardin d'Été, précédé d'un escalier monumental menant à une colonnade d'ordre dorique, couverte en terrasse.
On remarquera le décor de l'attique formé de reliefs alternant avec des atlantes engainés.

Château Michel.
Escalier d'honneur.

Château Michel. La rotonde, dont le corps forme avancée sur la Fontanka.

indubitablement, à Vincenzo Brenna. Quoi qu'il en soit, on donna au palais le caractère fermé et imprenable d'un château. Le plan est celui d'un gigantesque carré, avec des angles arrondis en forme de petites tours. Au centre, se trouve une cour octogonale autour de laquelle a été répartie la majorité des appartements.

De l'extérieur, le château produit surtout une impression de masse monolithique et sombre. L'entrée a été conçue selon une perspective rectiligne, entre les longs corps bas et symétriques des écuries, puis deux pavillons octogonaux assez grands qui se font face, enfin l'espace ouvert de la place sur laquelle se dresse le monument à Pierre le Grand, par Bartolomeo Rastrelli l'Ancien, père de l'architecte, avec l'inscription : « À l'arrière-grand-père, l'arrière-petit-fils ». Pour Paul Ier, chez qui coulait effectivement, à la différence de l'impératrice Catherine, le sang de Pierre le Grand, cette dédicace était importante.

La composition de la façade principale est organisée autour de la partie centrale où, entre des obélisques, sous un lourd fronton et un attique à retraites, s'ouvre l'unique entrée dans la cour. Le rez-de-chaussée est un étage de soubassement, lourd et monumental, recouvert d'un parement en bossage taillé en pointe de diamant. Le côté du château tourné vers le jardin d'Été, est d'une composition plus légère, plus amène, avec un énorme balcon central au niveau du premier étage. L'architecture du château Michel est pleine de détails décoratifs savoureux, de trophées d'armes, de médaillons avec les monogrammes du tsar et dans des cadres somptueux. Les traits se fondent avec le sentiment naissant de l'époque romantique.

De toutes les émotions qui tourmentaient l'âme de Paul Ier, l'angoisse de la mort était sans doute la plus aiguë. Il se rappelait la suite de complots et de coups d'État qui avait ébranlé le trône de ses prédécesseurs. C'est pour cela que le château Michel a été conçu comme un lieu clos, retranché et quasiment imprenable. C'est pour cela aussi qu'à cette époque il était entouré, sur tous les côtés, de douves. Les ponts étaient mobiles et levés la nuit. Un règlement rigoureux maintenait une discipline sévère parmi les gardes. Rien de tout cela ne sauva l'empereur. La nuit du 2 mars 1801, ses courtisans, qui l'avaient pris en haine, trouvèrent le moyen de pénétrer dans le château Michel et de le tuer. Son fils Alexandre Ier ne pouvait vivre là et le château fut donné au corps des Ingénieurs pour y loger les cadres supérieurs et différents services administratifs. C'est de cette époque que date sa deuxième dénomination, le château des Ingénieurs.

Château Michel.
Coupole du chœur de l'église.

Château Michel.
Iconostase de l'église.

Château Michel,
vu du jardin d'Été
et de son canal.

Chapitre cinq

Alexandre Ier & Nicolas Ier
la grandeur du classicisme

« La prophétie de Pierre le Grand, sculptée dans la mer en blocs de granit, s'accomplit depuis un siècle sous les yeux de l'univers. Quand on songe que ces phrases, emphatiques partout ailleurs, ne sont ici que l'expression juste de la réalité, on s'arrête avec respect et on se dit : Dieu est là ! C'est la première fois que l'orgueil me paraît touchant : partout où la puissance de l'âme humaine se manifeste tout entière, il y a lieu de s'émerveiller. »

Marquis de Custine
La Russie en 1839, Paris, 1843

La Bourse de mer. Dessiné et gravé par I. Ivanov en 1814.

La Bourse de mer. Vue aérienne. Le bâtiment fut commandé au Français Thomas de Thomon par Alexandre Ier en 1805. Élevé en forme de temple grec, il fut terminé en 1810. Il est situé sur la pointe de l'île Vassili et encadré de deux colonnes rostrales à la romaine.

Pétersbourg et sa culture dans la première moitié du XIXe siècle

Le XIXe siècle commence avec l'avènement du petit-fils de la Grande Catherine, le jeune empereur Alexandre Ier. Cet événement fut accueilli avec une animation inhabituelle dans tout le pays et en particulier dans la capitale. Un contemporain notait : ...*Catherine ressuscite dans ce merveilleux jeune homme. L'enfant de son cœur, son petit-fils chéri, annonce par un manifeste qu'il va nous rendre son temps. Nous verrons ensuite comment il tient sa promesse. Mais non : même sous le règne de Catherine nous n'avons pas connu ce sentiment de bien-être dont a été saisie toute la Russie pendant les six premiers mois du règne d'Alexandre. L'amour la gouverne, et la liberté en même temps que l'ordre sont ressuscités en elle [...], les regards se sont arrêtés, tous sentent une étendue morale, [...] une allure plus hardie, bienveillante, un souffle de liberté.*[1]

Effectivement, la première partie du règne d'Alexandre Ier, de 1801 jusqu'à la pénétration en Russie de Napoléon et de la Grande Armée, fut une période heureuse entre toutes, une époque d'un libéralisme sans précédent. Le jeune empereur voulait poursuivre les réformes de la Grande Catherine. Le secrétaire d'État, Mikhaïl Speranski, et ses amis politiques réalisèrent un travail en profondeur sur la réforme de la législation. Les finances furent améliorées, le commerce se développa en même temps que les liens avec l'Europe.

La Russie déployait une grande activité pour s'intégrer à la politique européenne, en participant à la plupart des coalitions dirigées contre la France révolutionnaire. Après que Napoléon, de retour d'Égypte, eut été désigné comme premier consul, la situation changea. Paul Ier conclut avec lui une alliance dirigée contre l'Angleterre, mais Alexandre Ier entra de nouveau en guerre contre la France. Après la défaite des armées alliées russe et autrichienne à Austerlitz et la débâcle rapide de la Prusse, les armées des empereurs Napoléon et Alexandre s'affrontèrent à nouveau en Pologne. Malgré une résistance obstinée, les armées russes durent, au lendemain de l'échec de Friedland, se replier. Dans le petit bourg frontalier de Tilsitt, la Russie et la France signèrent une paix qui devait changer la politique extérieure et l'orientation culturelle du pays. L'union avec Napoléon fut rompue par la guerre de 1812 et l'occupation de Moscou par les Français. Un hiver rigoureux, l'immensité des distances, le talent du feld-maréchal Koutouzov, le stoïcisme des soldats russes enterrèrent la Grande Armée de l'empereur des Français dans les neiges de la Russie centrale. Quand, après la défaite définitive de Napoléon, les armées russes se trouvèrent en France, un grand nombre d'officiers et de nobles découvrirent de leurs propres yeux la culture française et, de retour au pays, rapportèrent une nouvelle conception du monde et les dernières modes françaises.

1. VIGUEL P., *Notes*, t. I, Moscou, 1928, p. 125.

Alexandre Pouchkine écrivait à ce sujet : *Cependant la guerre, avec son cortège de gloire, était finie. Les régiments revenaient de l'étranger. Le peuple courait à leur rencontre. La musique jouait des airs guerriers : (« Vive Henri IV »), des valses tyroliennes et les arias de Joconde... Les soldats conversaient joyeusement entre eux, mêlant à tout moment les mots français et allemands. Instant inoubliable ! Instant de gloire et de ravissement ! Les femmes, les femmes russes étaient alors admirables. Leur froideur habituelle les avait quittées. Leur transport était véritablement délicieux quand, à la rencontre des vainqueurs, elles criaient : hourra !*[2] Toute la culture russe de cette époque était traversée par un sentiment de triomphe. Le classicisme régnait non seulement dans les productions des architectes, mais aussi dans le domaine de la mode, dans l'aménagement des intérieurs et dans le décor de la maison.

2. POUCHKINE A., *La Tempête*, *Œuvres complètes*, t. VI, Moscou, 1944, p. 112.

Les costumes, dont le souvenir est conservé par une sculpture sur les rives de la mer Égée ou du Tibre, sont repris sur la Seine et imités sur la Néva. Sans les uniformes et les habits, on aurait pu dans les bals avoir l'air de bas-reliefs antiques et

Statue allégorique du Dniepr, une des grandes voies fluviales de Russie, au pied d'une des colonnes rostrales.

La colonnade dorique de la Bourse de mer.

Quai de l'Université. Vue sur l'Académie des sciences, construite par Quarenghi de 1783 à 1789, et la Kunstkamera, premier musée de Pétersbourg, fondée par Pierre le Grand, commencée par I. Mattarnovy en 1718 et terminée par M. Zemtsov en 1734.
À l'arrière-plan, la forteresse Pierre-et-Paul.

Embarcadère de l'Académie des beaux-arts. Aménagé dans les année 1830 par Constantin Thon, il fut orné de deux sphinx datant du règne d'Aménophis III, découverts au cours des fouilles de Thèbes, achetés par l'ambassadeur de Russie et transportés à Saint-Pétersbourg en 1832.

Vue sur le quai des Anglais et la cathédrale Saint-Isaac.

Place du Sénat, avec la statue équestre de Pierre le Grand. Gravure aquarellée de Ludwig, d'après un dessin de B. Patersen, 1799.

de vases étrusques. Et vraiment, ce n'était pas laid : sur les jeunes femmes et les jeunes filles tout était si propre, si simple et si frais… Partout, on vit apparaître les vases d'albâtre avec des représentations mythologiques sculptées, des cassolettes et des tablettes en forme de trépied […], de longues couches où les mains reposaient sur des aigles, des griffons ou des sphinx. Le bois doré, peint ou laqué […] fut oublié. L'acajou, entré dans l'usage général, commença d'être décoré de figures de bronze doré […], de lyres et de têtes : méduses, lions, béliers. Tout cela ne nous est pas arrivé avant 1805 et, à mon avis, on ne pouvait rien imaginer de mieux dans le genre.[3] Ces mots sont ceux de Philippe Viguel, célèbre mémorialiste russe de la première moitié du XIXe siècle. Le style Empire, apparu après 1805, se déploya jusque dans les années 1840. Il transforma l'aspect de la ville.

3. VIGUEL P., *op. cit.*, pp. 177-179.

De la pléiade d'architectes qui travaillaient dans la capitale avant la guerre de 1812, nous connaissons déjà Giacomo Quarenghi, fidèle au palladianisme, en dépit des nouvelles tendances. Trois autres architectes étaient des adeptes du nouveau style. Andreï Voronikhine, probablement fils naturel de l'un des plus riches aristocrates russes, le comte Stroganov, fut élevé avec l'héritier légitime de celui-ci. À Paris, il fut attiré par l'architecture. On le rappela en Russie en 1790 pour le garder des idées révolutionnaires. Les grands prix de Rome de la fin du XVIIIe siècle lui servirent de référence pour construire la cathédrale Notre-Dame-de-Kazan. Puis il fut attiré, comme beaucoup de ses contemporains, par le modèle de la Grèce antique, archaïque même, comme en témoigne l'institut des Mines. Ses derniers travaux, en revanche, font davantage appel au caractère décoratif romain du style Empire. Une telle évolution est très représentative de la trans-

Le Cavalier de bronze, par Etienne Falconet. Catherine II commanda au sculpteur français un monument à la gloire de Pierre le Grand. Arrivé en 1766 à Saint-Pétersbourg, Falconet mit plus de dix ans à réaliser la sculpture dont la tête est due à son élève Marie-Anne Collot. Le rocher provient de Lakhta, aux environs de Pétersbourg. Le monument fut inauguré en 1782 par Catherine II, en l'absence du sculpteur, revenu en France depuis quatre ans.

Le Sénat. Façade sur la Néva avec, en arrière-plan, le dôme de Saint-Isaac. Construit de 1829 à 1833 par Carlo Rossi, il fut relié au bâtiment du Synode par un arc monumental couronné d'une frise sculptée.

formation de l'architecture à Pétersbourg. Adrian Zakharov, quant à lui, termina ses études à l'Académie des beaux-arts de Pétersbourg, où on lui décerna la grande médaille d'or. Il fut envoyé à Paris et travailla dans l'atelier de Chalgrin jusqu'en 1786. Cependant, l'Amirauté – son œuvre principale – est plutôt comparable aux projets de Boullée.

En ce qui concerne Thomas de Thomon, écoutons, là encore, le récit de Viguel : *Monsieur Thomon [...] était un homme non dénué de talent, comme le démontre la Bourse qu'il a construite. Il était également connu comme un royaliste enragé et un ardent catholique*[4]... Thomon, qui était originaire de Nancy, vécut longtemps en Italie. Il arriva en Russie en 1799 dans le sillage du comte d'Artois. Il se rendit célèbre à Pétersbourg pour ses dessins. Son travail s'inspirait des idées à la mode à l'Académie de France à Rome. Son style balance entre la précision archéologique et le romantisme qui commence à pénétrer le style Empire.

4. *Ibid.*

Giacomo Quarenghi est décédé en 1817 à un âge très avancé. Adrian Zakharov est mort beaucoup plus jeune en 1811, Thomas de Thomon en 1819 et Andreï Voronikhine en 1814. D'autres architectes ont commencé à donner à Pétersbourg un caractère différent. La manière même de conduire les travaux d'urbanisme et de construction évoluait. À la fin du XVIIIe siècle et au début du XIXe, le développement de Pétersbourg avait progressé, pour l'essentiel, à coup d'édifices isolés, grandioses souvent, comme le château Michel, la Bourse, la cathédrale Notre-Dame-de-Kazan ou l'Amirauté, qui constituaient chacun un ensemble en soi. Après la guerre de 1812, c'est la ville tout entière qui fut considérée comme un ensemble. De ce fait, pendant la seconde moitié du règne d'Alexandre Ier et du temps de Nicolas Ier, chaque nouvelle construction devait être en corrélation avec la structure générale de la ville. Cette exigence fut même formulée par un décret : il était obligatoire d'inscrire *la régularité, la beauté et la convenance de chaque édifice dans une adaptation à l'ensemble de la ville*. C'est cela qui, plus que tout, a donné une unité exceptionnelle au Pétersbourg classique.

Un nouveau service fut créé pour traiter spécialement des questions de l'urbanisme et de la planification de Pétersbourg : le Comité des bâtiments et des travaux

Vue aérienne de la cathédrale Saint-Isaac.

hydrauliques. Des architectes en faisaient partie : Carlo Rossi, Vassili Stassov, Andreï Mikhaïlov, William Guestier ; le président en était l'ingénieur Augustin Bettencourt, venu d'Espagne. Le comité jugeait indispensable *la régulation des anciennes places et l'aménagement des nouvelles. Il convenait d'y édifier des bâtiments publics et autres constructions appropriées à la situation de ces emplacements, conformes aux besoins de l'industrie, aux intérêts et à la satisfaction de la société*[5], autrement dit entreprendre une réorganisation complète de la capitale, du centre de la ville jusqu'aux îles les plus éloignées. Carlo Rossi, un architecte d'origine italienne, né en Russie, qui fit ses études chez Vincenzo Brenna, résuma l'essence même de l'urbanisme pétersbourgeois de l'époque en évoquant l'un des ses chantiers : *les dimensions du projet que je propose surpassent celles que les Romains adoptaient dans leurs constructions. Il n'est pas possible que nous ayons peur de nous comparer avec eux en matière de magnificence. Il convient d'entendre par ces mots non pas l'abondance du décor mais la grandeur des formes, la noblesse des proportions, la stabilité des matériaux.*[6] Ce qui l'intéressait, c'était les projets à grande échelle. Une fois, il écrivit qu'il aurait voulu *surpasser tout ce que les Européens de notre ère avaient construit.*[7] Ses dons étaient multiples. Il était capable de bâtir une maison de campagne aussi intime et poétique que celle qu'il construisit pour l'empereur Alexandre sur l'île Élaguine, mais il pouvait aussi lui mettre sous les yeux un projet de reconstruction totale du centre de la ville. Il édifia l'ensemble du palais Michel, l'actuel Musée russe, et aménagea la place qui le précède. Il transforma la place du Palais ainsi que la place du Sénat, construisit la place du Théâtre et la rue du Théâtre, qui porte aujourd'hui le nom de « rue de l'architecte Rossi ». Au total, il participa au réaménagement de douze places et de treize rues à Pétersbourg. D'un point de vue stylistique, il resta dans la lignée d'Adrian Zakharov : un classicisme monumental, sévère, triomphal, de proportions grandioses, riche en détails architecturaux et en sculptures. On lui doit la rigueur et la cohérence des ensembles urbains.

Les contemporains de Rossi essayaient de l'égaler dans l'ampleur des projets. Vassili Stassov fut l'un des premiers gentilshommes russes à embrasser la carrière d'architecte. Par rapport à Rossi, il était *son contraste parfait. La tristesse se reflétait dans son regard. Ce n'était pas un mauvais homme mais il était toujours morose*, écrit P. Viguel[8]. C'est surprenant quand on voit les constructions de Stassov, comme les écuries de la Cour, sur la Moïka, ou les casernes du régiment de Pavlovsk sur le Champ de Mars : elles sont moins solennelles et moins froides que les œuvres de Rossi. Il y a, dans le classicisme de Stassov, plus de douceur et de liberté.

On distinguait alors deux catégories d'architectes : ceux qui préféraient l'imitation des monuments de la Grèce antique et ceux qui étaient enclins à s'inspirer des modèles de Rome. Igor Grabar appelle la première tendance l'« hellénisme » et la seconde le « latinisme ». Une telle classification, bien sûr, est inévitablement conventionnelle parce qu'il est rare que les architectes de cette époque soient restés fidèles à la pureté absolue de leurs choix.

Andreï Mikhaïlov le Second construisit en 1817 le nouveau corps de bâtiment de l'Académie des beaux-arts, en utilisant avec bonheur le dorique grec pour le portique, puissant et sévère. Giovanni Lucchini a opposé aux lourdes colonnes archaïques de la monumentale salle de Thomon, sur l'île Vassili, l'élégance ionique des façades qu'il éleva de 1829 à 1832. En revanche, le théâtre d'Été, conçu comme un temple romain par Smaragd Choustov en 1827 sur l'île Kamenny, ou bien les réalisations de David Vichonti, notamment l'église catholique Saint-Stanislas, appartiennent à la tendance « latine ».

L'Empire russe d'Alexandre Ier et de Nicolas Ier fut l'« héritier stylistique » de l'Empire de Napoléon Ier. On le sent particulièrement dans les productions de l'un des

5. Taranovskaia M., *Carlo Rossi*, Leningrad, 1980, p. 23.

6. *Ibid.*, p. 124.

7. *Ibid.*, p. 41

8. Viguel P., *op. cit*,. p. 182.

Cathédrale Saint-Isaac. Construite en forme de croix grecque de1818 à 1848 par le Français Auguste Ricard de Montferrand, elle est l'édifice cultuel le plus vaste de Pétersbourg. Quatre portiques de colonnes monolithes en granit de Finlande couronnés d'un fronton triangulaire forment avant-corps sur chacune des façades. Le tambour et le dôme, qui couvre la coupole, sont inspirés des modèles occidentaux.

Cathédrale Saint-Isaac. Vue extérieure du dôme à nervures.

Cathédrale Saint-Isaac. Coupole décorée par Karl Brullov et représentant la Vierge entourée de saints.

Cathédrale Saint-Isaac. Portes royales de l'iconostase, ouvertes sur le chœur.

derniers grands maîtres du classicisme pétersbourgeois de la première moitié du XIXe siècle : Alexandre Brioullov. Au sortir de l'Académie des beaux-arts de Pétersbourg, Brioullov continua ses études en même temps que son frère, le célèbre peintre, à Munich, Rome, Naples, Paris et enfin à Londres. Un tel cursus n'est pas fortuit : il montre la hiérarchie des intérêts chez les artistes russes de cette époque. Il témoigne des liens profonds avec l'Allemagne, du détour obligé par Rome et par Pompéi – un site auquel on accorde une attention particulière –, enfin de la formation du goût architectural : l'artiste, désormais, doit prendre en compte les dernières découvertes de la mode architecturale en France et en Angleterre. Alexandre Brioullov sut, peut-être mieux que les autres, réunir l'expérience européenne et l'esprit de Pétersbourg. Ses œuvres se distinguent par une composition rationnelle et un graphisme dépouillé. L'édifice de l'État-Major de la Garde sur la place du Palais et l'église luthérienne Pierre-et-Paul sur la perspective Nevski en témoignent. Sa manière n'est pas sans rapport avec les travaux de Leo von Klenze, Pétersbourgeois d'origine allemande que Brioullov avait connu à Munich et qui fut invité à Pétersbourg pour construire le Nouvel Ermitage. « *Je ne me souviens pas si c'est en juin ou en juillet de cette année-là* » (1816), écrit notre mémorialiste Philippe Viguel, « *qu'arriva de Paris un homme dont l'apparition passa totalement inaperçue de nos grands architectes mais dont les succès furent invariablement l'objet de leur déception et de leur dépit. Je trouvai un matin chez Bettencourt* (Bettencourt était alors directeur de tous les chantiers de construction à Pétersbourg en tant que président du Comité des bâtiments et des travaux hydrauliques) *un Français blondasse d'une trentaine d'années, habillé à la dernière mode, qui lui apportait une lettre de recommandation de son ami, l'horloger Bréguet. Quand il fut sorti, je demandai qui il était – Montferrand.*[9] Auguste de Montferrand apparut vite comme un homme actif au dernier degré : ... *il établit vingt-quatre projets [...] de tout ce qu'on pouvait trouver alors : les styles chinois, indien, gothique, byzantin, le style de la Renaissance et, bien sûr, l'architecture proprement grecque.*[10] Tous ces projets présentaient sous différentes formes un seul et même édifice, une grande cathédrale urbaine. L'album fut apporté à Alexandre Ier. Il lui plut et Auguste de Montferrand fut chargé de la construction de la nouvelle cathédrale Saint-Isaac, qu'il termina en 1857. Elle est non seulement la plus grande église de Pétersbourg mais aussi le dernier monument important du classicisme des années 1800-1850.

9. *Ibid.*, t. II, p. 85.

10. *Ibid.*.

Tels ont été les « acteurs » de l'histoire de l'architecture à Pétersbourg dans les années 1815-1820. Ils étaient tous liés, on l'a vu, à un degré ou à un autre au développement de l'art de bâtir en Europe, qu'à cette époque, la Russie observait avec beaucoup d'attention. Mais il ne faut pas oublier pour autant que leur sort était lié aux transformations et à l'évolution de la culture nationale et à son destin historique.

Dans la seconde partie du règne d'Alexandre Ier, l'état d'esprit de Pétersbourg changea. L'empereur adhéra aux principes de la Sainte-Alliance, dont il s'estimait le fondateur. On assista alors à un renforcement du pouvoir légitime face aux dernières révolutions françaises, lié à un culte de l'esprit guerrier, à un engouement pour le mysticisme (le tsar lui-même consultait les médiums) et à un accroissement de la bureaucratie. Une partie de l'aristocratie russe – surtout les officiers éduqués au contact de l'Occident par le simple fait de leur participation aux guerres napoléoniennes – était extrêmement mécontente de cette nouvelle orientation, et plus généralement, du retard de la Russie dans certains domaines, dont le servage. Une forte opposition libérale, réunie en sociétés secrètes, vit le jour à Pétersbourg. C'était l'époque des décembristes, mais aussi le « Siècle d'or » de la culture russe. C'est dans la première moitié du XIXe siècle, en effet, que la langue russe, son vocabulaire, la poésie et,

Cathédrale Saint-Isaac.
Mosaïques de l'iconostase.
Saint Alexandre Nevski.

Palais Marie.
Dans ce palais construit de 1839 à 1844, I. A.Stakhenschneider reprend le schéma classique traditionnel : un avant-corps central puissant avec un ordre colossal corinthien reposant sur un portique et surmonté d'un attique, et deux avant-corps latéraux de même rythme mais terminés par des frontons triangulaires.

naturellement, la prose russe ont acquis cette forme dite « classique ». Ces traits s'identifient en premier lieu avec l'œuvre d'Alexandre Pouchkine, et Pétersbourg est devenu le Pétersbourg de Pouchkine. La poésie de Pouchkine est liée aux souvenirs de ses amis – ces aristocrates russes dont le soulèvement, à la mort de l'empereur Alexandre Ier, inaugura une nouvelle période dans l'histoire de la Russie.

Nicolas Ier monta sur le trône. Il était le second fils de Paul Ier. Il régna jusqu'en 1855. Pour les Russes, le deuxième quart du XIXe siècle fut moins libéral. Pouchkine vécut jusqu'en 1837. Gogol continuait d'écrire ; déjà les jeunes Tourguéniev, Tolstoï et Dostoïevski s'exprimaient. Or, l'empereur regardait la littérature avec suspicion. En revanche, il avait la plus grande estime pour les militaires et les ingénieurs, au nombre desquels il comptait les architectes. Les fonctionnaires et les bureaucrates fleurissaient. Un ordre sévère régnait, semble-t-il, dans l'État. En réalité, il y avait des problèmes dans le pays et le temps des réformes instaurées par la Grande Catherine passait. C'est ce que démontre la fin du règne de Nicolas Ier, avec la lourde défaite de la guerre de Crimée et la prise de Sébastopol par le corps expéditionnaire franco-anglais. C'est ainsi que l'époque commencée avec la victoire sur Napoléon se termina par des revers.

Et pourtant, il reste un témoin de poids en sa faveur : l'architecture.

La pointe de l'île Vassili

L'endroit où la Néva, extraordinairement large à cet endroit, passe devant la forteresse Pierre-et-Paul et se divise en deux bras est l'un des plus beaux de Pétersbourg. Le promontoire qui termine à l'est l'île Vassili domine une énorme étendue d'eau.

La Bourse, commencée par Quarenghi sous le règne de Catherine II, fut rasée sous Alexandre Ier, et Thomas de Thomon proposa un nouveau projet en 1801. Il organisa même une somptueuse cérémonie pour la pose de la première pierre. On construisit sur la pointe un grand amphithéâtre où les invités pouvaient prendre place. On leur présenta un décor de théâtre figurant la future Bourse, sur laquelle planait un aigle qui tenait dans ses serres une corne d'abondance et l'étendard de la flotte marchande russe. La construction commença rapidement et fut achevée dès 1810, mais l'inauguration solennelle de la nouvelle Bourse n'eut lieu qu'après les guerres napoléoniennes, en 1816.

Élevé sur une plate-forme de granit dotée d'escaliers monumentaux et de rampes en pente douce, l'énorme temple antique entouré d'une colonnade dorique se dresse au-dessus de la Néva : quatorze colonnes tronconiques sur le côté long et dix sur le petit côté. Ce sont les colonnes de Paestum. Les chapiteaux couronnés de larges abaques portent l'entablement et, au-dessus, une frise dorique sans bas-reliefs. L'ordre de la Bourse renferme toute l'originalité de cette architecture. Le retour à la Grèce antique et plus précisément à cette époque située à la charnière du classique et de l'archaïque, signifiait pour Thomon la quête des sources de la beauté, cette fraîcheur et cette nouveauté qui devaient caractériser l'architecture antique au moment de sa naissance. L'empereur Alexandre l'avait compris. L'architecture de Thomon crée une impression forte et un sentiment étrangement émouvant, qui s'apparente aux prémices de l'époque romantique.

Derrière cette colonnade « grecque » se cache pourtant Rome. Les murs sont décorés d'arcs et l'encadrement des portes est romain. Au-dessus de la colonnade, le corps de l'édifice est percé d'énormes fenêtres thermales. À l'intérieur, dans la salle colossale de la Bourse, la couverture voûtée est celle des thermes romains. La sculpture est édifiante. Elle met en scène des allégories qui sont toutes liées au thème de la mer. Sur les attiques des petites façades, on trouve Neptune entouré de nymphes marines et la Navigation rencontrant Mercure. L'aménagement de la grande salle est plus surprenant, car le musée de la Marine de guerre y est installé depuis 1940, et l'on y trouve plus de mille maquettes de bateaux.

L'architecte ne s'est pas limité à la Bourse proprement dite, mais il a aussi conçu son environnement. Il aménagea devant le bâtiment une place qui s'achève par une terrasse semi-circulaire en granit, qui fend la Néva . De chaque côté, il a érigé deux gigantesques colonnes rostrales, avec, au pied, des statues de granit gris et en couronnement des trépieds de fonte. Les jours de solennité, on y allumait des feux. Alors s'animait cette image romantique, conçue par l'architecte français.

Le long de la Bourse, on édifia, entre 1826 et 1828, des entrepôts pour les marchandises présentées à la douane pétersbourgeoise. À l'époque de Pierre le Grand déjà, il existait à cet endroit des édifices de ce type. Ils furent reconstruits à plusieurs reprises. La grande inondation de 1824, qui fut l'une des plus grandes catastrophes de Pétersbourg, les anéantit. Le projet de Giovanni Lucchini fut retenu en 1825. Il proposait de placer symétriquement des corps de bâtiment d'une architecture proche. Ce qui était particulièrement intelligent dans le projet de

Place de l'Amirauté. Gravure de Ferdinand Perrot, 1840.

L'Amirauté. Pavillon est. Les deux ailes de l'Amirauté sont terminées par des pavillons symétriques à une arche formant avant-corps sur un bâtiment précédé d'un portique à colonnes doriques d'ordre colossal.

Lucchini, c'était qu'il avait d'emblée écarté l'idée de chercher à dialoguer avec l'ensemble de Thomon ou de chercher à l'améliorer. Son architecture, au contraire, était pleine de tact : il orienta du côté de la Pointe les murs-pignons, donna plus d'importance aux façades tournées vers le quai, éleva des colonnades doriques adossées qui répondaient avec à-propos au dorique de la Bourse et plaça l'entrepôt nord symétriquement à son pendant, l'entrepôt sud.

Le bâtiment de la Douane, élevé par le même architecte de 1825 à 1832 est aujourd'hui occupé par l'Institut de littérature russe de l'Académie des sciences. C'est là que sont conservés les manuscrits des plus illustres écrivains de Russie, dont les originaux de Pouchkine. On l'appelle d'ailleurs la « maison Pouchkine ».

Au-delà de l'entrepôt sud, le long de l'île Vassili, c'est le quai de l'Université, bordé par des édifices déjà évoqués : l'Académie des sciences, le mur-pignon des Douze Collèges, le palais Menchikov, l'Académie des beaux-arts et l'embarcadère construit par Constantin Thon. Les deux sphinx qui l'encadrent ont été rapportés d'Égypte : ils proviennent de l'ancienne Thèbes et sont les héros favoris de la poésie pétersbourgeoise du début du XXe siècle. Si l'on continue le long de la berge, on trouve l'ancien

L'Amirauté. Aquarelle extraite du recueil Panorama de Saint-Pétersbourg de 1817 à 1820, *par Angelo Toselli.*

L'Amirauté. Vue sur la flèche. Alexandre Ier commanda à Adrien Zakharov, ancien élève de Chalgrin à Paris, une reconstruction de l'Amirauté fondée par Pierre le Grand en 1704, avec obligation de respecter les fondations et les masses primitives en U. Les travaux commencèrent en 1806 et furent terminés en 1823 après sa mort. Un temple périptère aérien, avec vingt-quatre statues en amortissement et une flèche dorée, conclue l'arc de triomphe à une arche de la porte.

Notre-Dame-de-Kazan. Façade sud. La cathédrale, en forme de croix latine à chevet orienté, fut construite par l'architecte russe Andreï Voronikhine entre 1801 et 1811 sur commande de l'empereur Paul Ier. Le commanditaire avait exigé une colonnade à la Bernin qui s'ouvrît sur la perspective Nevski et constituât une place monumentale. La même colonnade devait être élevée au nord et former le noyau d'un nouveau quartier aussi monumental. Elle ne fut jamais construite pour des raisons financières.

bâtiment de la Marine, un édifice doté d'une colonnade ionique, construit par l'architecte Fedor Volkov en 1798. Plus loin l'église de style néo-russe appartenait autrefois à la « représentation » du monastère de Petcherski de Kiev, c'est-à-dire l'hôtellerie du plus vieux monastère de Russie.

Au-delà de l'église, ce sont des maisons du XVIIIe siècle et, pour finir, l'une des plus célèbres réalisations du classicisme russe : l'École des mines, construite par Voronikhine entre 1806 et 1811. Devant le bâtiment, des groupes de sculptures au mouvement emporté suscitent immédiatement un sentiment dramatique : *l'Enlèvement de Proserpine* et *Hercule étouffant Antée*, réalisés par les sculpteurs russes V. Demout-Malinovski et S. Pimenov. Les bas-reliefs qui décorent les murs répondent encore à la destination de l'École des mines : *Vénus vient chercher chez Vulcain l'armure de Mars* et *Apollon vient chercher chez Vulcain le char qu'il lui a préparé*. L'architecture du bâtiment de Voronikhine est un hymne à la Grèce. C'est un véritable ordre dorique grec avec de profondes cannelures qui a été choisi pour le portique monumental qui écrase tout l'édifice. La lourde frise à triglyphes rend le haut fronton vide encore plus pesant. Voronikhine partagea la « passion pour Paestum » qui s'était emparée de l'architecture russe au tout début du XIXe siècle.

L'Amirauté

Ossip Mandelstam, l'un des grands poètes de la Russie du XXe siècle mort dans les camps staliniens, sut trouver dans son poème *L'Amirauté* des mots étonnamment justes pour décrire cet édifice : « *Et dans la verdure sombre des frégates l'acropole brille de loin, ciel et eau frères.*[11] » Cet énorme ensemble est l'un de ceux qui donnent une forte impression de « classicisme ». L'Amirauté est visible de partout, comme si elle naviguait sur la ville. L'auteur, Adrian

11. MANDELSTAM O., « L'Amirauté ».

Vue de Notre-Dame-de-Kazan depuis la perspective Nevski, vers 1800. Aquarelle de B. Patersen.

*Notre-Dame-de-Kazan.
Vue intérieure
de la colonnade.*

La tour de Douma (Conseil municipal), réalisée par G. Ferrari de 1799 à 1804.

Gostinny dvor (galeries marchandes). L'édifice, de caractère monumental en dépit de son usage utilitaire, fut construit par Vallin de la Mothe de 1761 à 1785. Il occupe un îlot entier organisé sur plusieurs étages autour d'une cour. Il fait partie des aménagements de prestige conçus pour renforcer l'aspect imposant de la perspective Nevski.

La perspective Nevski, le Gostinny dvor et la tour de Douma. Aquarelle anonyme.

Palais Michel. Façade principale. Type même de la grande résidence de campagne russe, le palais Michel fut construit par Carlo Rossi entre 1819 et 1825. Le corps principal à trois niveaux avec la colonnade habituelle d'ordre colossal qui réunit les deux niveaux supérieurs, deux avant-corps latéraux et, au centre, un portique en avancée couronné d'un fronton triangulaire, sont situés au fond d'une cour d'honneur. Des ailes en équerre, un peu plus basses, avec une colonnade en façade, flanquent symétriquement le corps principal. L'ensemble est précédé d'une clôture en fonte à trois portes.

Zakharov était l'architecte en chef de toutes les constructions maritimes de Pétersbourg. Ses nombreux projets évoquent l'image romantique d'une « capitale de la mer ». Il a toujours imaginé un centre dans lequel aurait été regroupé le « thème maritime » de toute la ville. L'Amirauté était précisément l'« acropole marine » de Pétersbourg, autant par son style que par son rôle dans l'urbanisme.

Fondée sous Pierre le Grand, elle était devenue à l'époque baroque le point de repère sur lequel reposait toute la structure de la rive gauche de la Néva. À la tour élevée par Ivan Korobov menaient les trois principales avenues de la ville qui formaient la fameuse patte d'oie : Nevski, Gorokhovaïa, Voznessenski. Zakharov ne pouvait changer la place de la tour à la flèche dorée. Il garda donc la forme générale de l'édifice, qui devait englober sur trois côtés la grande cour alors ouverte sur la Néva , où se trouvaient les chantiers navals. Il est vrai que l'existence d'un chantier naval au centre de la ville, comme l'avait imaginé Pierre le Grand, ne se justifiait plus beaucoup, mais du temps de Zakharov il fallait encore en tenir compte. C'est pourquoi la forme générale était préalablement définie, ce qui ne facilitait pas la tâche de l'architecte. Mais le maître avait décidé de ne pas se limiter aux demi-mesures d'une reconstruction partielle des façades, comme l'avaient proposé jusqu'alors les architectes Quarenghi et Cameron. Et c'est bien là que réside son génie.

En alléguant la vétusté de toutes les constructions, due à de nombreux incendies, en particulier celui de 1783, et en invoquant la signification de l'Amirauté dans l'image de la ville, il obtint de l'empereur Alexandre Ier les moyens d'une complète reconstruction de l'édifice. Son projet fut accepté le 23 mai 1806 et Zakharov put commencer la construction de son grandiose chef-d'œuvre. Il n'eut pas le bonheur de voir son projet terminé. L'édifice fut achevé en 1823, douze ans après sa mort.

À l'époque où Zakharov faisait son apprentissage chez Chalgrin à Paris, des compositions aussi gigantesques n'étaient pas rares sur le papier mais elles n'avaient jamais encore été réalisées. C'est donc à Pétersbourg, dans une ville réelle, que devaient se concrétiser les vieux rêves des classicistes européens, tous ces projets utopiques et tellement fous.

Palais Michel.
Escalier d'honneur.

La tour, avec sa flèche plantée au milieu de la longue façade de l'Amirauté, constitue le centre de l'édifice. Sa partie inférieure est un arc de triomphe, puissant, qui évoque l'arc de Chalgrin sur la place de l'Étoile. Une lourde corniche dorique couronne le mur lisse, au-dessus de l'arche unique de l'entrée. Sur le mur planent les figures ailées de renommées portant un étendard. De part et d'autre, sur deux piédestaux en granit, les nymphes portent les sphères du ciel et de la terre. Ce sont des œuvres de Chtchédrine. Au-dessus, les murs sont décorés de couronnes et de flambeaux. Le bas-relief d'I. Terebenev intitulé *Institution de la flotte en Russie* court sur toute la longueur de l'attique : Neptune donne à Pierre le Grand son trident tandis que des nymphes et des tritons construisent des bateaux pour l'empereur et acclament l'apparition des nouveaux vaisseaux. Aux angles de l'attique sont placées les figures assises des héros antiques Achille et Ajax, Alexandre de Macédoine et Pyrrhus. Au-dessus de cet arc de triomphe sur plan carré, Zakharov a élevé un temple ionique. Les colonnes ioniques, dix de chaque côté, sont réunies par une frise lisse avec un attique plat.

Au-dessus du temple, au bord de l'attique, se dressent vingt-huit statues figurant les saisons de l'année, les éléments naturels et les vents. Parmi ces allégories se trouvent les représentations de la déesse Isis, protectrice de la navigation, qui, dans l'ancienne Égypte, commandait aux eaux et aux vents, et d'Uranie, muse de l'astronomie et guide des nochers de l'Antiquité.

Les façades s'étirent sur près de deux cents mètres, de part et d'autre de la tour. Aux extrémités, d'énormes avant-corps terminent la composition. Chacun d'eux, par ses dimensions et par sa forme, pourrait évoquer les grandes maisons de campagne de l'époque classique : au centre, un portique dorique à dix colonnes et, sur les côtés, des colonnades doriques plus modestes. Sur l'un des frontons, on voit Thémis couronner les travaux des artistes. Sur l'autre, la déesse récompense les grands exploits de la marine. Les murs-pignons tournés vers la Néva sont en forme d'arc de triomphe, sous lequel le canal qui traversait l'Amirauté se jetait dans la rivière. Au-dessus des arcs, des renommées ailées sonnent de la trompette, « *des méduses capricieuses se collent avec colère* » sur les murs

Palais Michel. Salon aux colonnes blanches, conçu par Carlo Rossi.

Détail d'un plafond d'un salon du palais Michel.

et, sur les piédestaux près de l'entrée, « *les ancres rouillent comme des charrues jetées* », écrit d'Ossip Mandelstam.

Quelques intérieurs ont subsisté, qui correspondent exactement au projet de Zakharov. L'escalier principal est particulièrement intéressant. Il est placé dans l'axe principal de l'entrée et il est couvert sur toute la hauteur de sculptures décoratives. La salle des séances du conseil de l'Amirauté est couverte d'une voûte peinte, représentant la sculpture et le stucage. Certes, on ne retrouve pas à l'intérieur l'impression que suscite l'extérieur de l'édifice, parce que Zakharov est mort longtemps avant que le décor intérieur ait été terminé.

L'architecte avait dessiné une place qui devait se déployer le long de la façade. Au lieu de la place, on aménagea en 1870 un jardin aux allées rectilignes, avec des fontaines et de petits monuments dédiés aux représentants de la culture pétersbourgeoise : le compositeur Mikhaïl Glinka, les écrivains Nicolas Gogol, Mikhaïl Lermontov, Vassili Joukovski, ainsi que le célèbre voyageur russe de l'Asie centrale et son fidèle chameau, Nicolas Prjevalski. Tout cela confère au quartier contigu à l'Amirauté un aspect séduisant, appréciable quand on se promène dans le jardin parmi les vieilles dames, les enfants et les chiens. Mais il faut prendre du recul et l'édifice d'Adrian Zakharov domine alors à nouveau la ville de toute sa hauteur d' « acropole marine ».

L'État-Major général et la place du Palais

La construction de l'Amirauté n'était pas encore terminée quand, en 1819, Carlo Rossi commença l'aménagement de la place du Palais pour lui donner l'aspect que nous lui connaissons aujourd'hui. Il est tout de même étrange que, pendant toute la première moitié du XVIIIe siècle, ce terrain situé en plein cœur de Pétersbourg, à côté de la résidence impériale d'hiver n'ait fait l'objet d'aucun projet architectural. Une grande prairie allait de l'Amirauté jusqu'au bord de la Moïka. On y traça la rue de la Prairie, avec de charmantes petites maisons. Quand Bartolomeo Rastrelli termina en 1762 la construction du palais d'Hiver, on vit se former une sorte de place qui correspondait davantage à la notion de capitale. L'architecte voulait aménager devant le palais une énorme cour solennelle. Elle devait être ronde, entourée de colonnades. Il proposait de placer au centre le monument équestre dédié à Pierre le Grand, que son père, le sculpteur Bartolomeo Rastrelli l'Ancien, avait fondu. Cette composition devait constituer le centre idéologique de la ville. À la mort d'Élisabeth Petrovna, les projets de Rastrelli furent abandonnés, mais on conserva l'idée d'une place ronde devant le palais d'Hiver. Cependant, la place triomphale qui devait glorifier l'auguste fondateur de la ville se transforma en place pour divertissement. On y installa, en 1766, un grandiose amphithéâtre-carrousel pour les jeux militaires équestres. Cet aménagement fut provisoire, il est vrai, mais l'idée d'une place circulaire était toujours maintenue. En 1772, l'architecte Ivan Starov proposa d'élever une colonnade semi-circulaire face au palais d'Hiver. La colonnade fut rejetée par la Grande Catherine alors que l'idée de la place lui plut. En 1779, l'Académie des beaux-arts de Pétersbourg lança un concours. Le projet de Georg Velten fut retenu et réalisé. Il proposa d'élever face au palais d'Hiver

Palais Michel.
Façade sur le jardin.
Elle fut traitée avec autant de soin que la façade principale : un portique à parement à bossages continus porte une longue colonnade corinthienne flanquée de part et d'autre d'avant-corps que couronne un fronton triangulaire.

un demi-cercle de maisons de mêmes façades. L'impératrice profita de l'occasion pour offrir à son favori Alexandre Lanskoï, qui mourut peu après, à son grand chagrin, une maison qu'aménagea Giacomo Quarenghi. En 1811, le Grand État-Major de l'armée russe, alors réorganisé sur le modèle napoléonien, loua cette maison aux héritiers du favori puis occupa bientôt toutes les maisons de la place. Mais comme la nouvelle Amirauté s'élevait à côté du palais d'Hiver, les constructions qui se trouvaient de l'autre côté de la place produisaient une impression intolérablement modeste. Il fut définitivement décidé en 1819 de modifier radicalement le site et de construire sur la place du Palais le centre administratif de la Russie. Il fallait y placer non seulement l'état-major général des armées, mais aussi le ministère des Finances et celui des Affaires étrangères. On créa pour cela une commission spéciale et l'on nomma Carlo Rossi « architecte principal ».

Le titre de cette organisation est révélateur : « Commission pour l'aménagement d'une place régulière face au palais d'Hiver ». Il est important de noter le terme « régulière », car il signifiait pour les architectes russes une place au tracé géométrique, avec des façades de style unique. C'est sur ce principe que Carlo Rossi établit son projet. Il reprit l'idée d'Ivan Starov – la ligne courbe qui devait faire face au palais – et la proposition de Georg Velten – le parti d'une façade commune. Mais il donna à la place une ampleur et une majesté inégalées. Rossi appliquait sa devise : ne pas craindre de surpasser la Rome impériale par les dimensions des édifices.

De telles places existent dans les villes classiques. Qu'on se rappelle en Angleterre le *Royal Crescent* de Bath, cette demi-ellipse aux formes douces mais fermes ouverte sur le paysage et la lumière. La différence réside dans le fait que Rossi a conçu non pas une partie d'ellipse mais une parabole qui, par sa nature géométrique, porte le mouvement en avant, dans le fait aussi que ce mouvement ne s'élance pas vers les vallonnements anglais et leurs villas, mais vers le somptueux et luxuriant palais des empereurs de Russie.

L'approche solennelle du palais d'Hiver commence dès la Nevski, la principale avenue de Pétersbourg. Le virage à droite et le petit segment de rue latérale aboutissent à l'arc de triomphe, grandiose et profond comme un tunnel. L'intérieur de l'arc est tournant, de telle sorte que, à la hauteur de la dernière volée, on se retrouve exactement dans l'axe du palais, avec de part et d'autre d'énormes guerriers de fonte, des trophées entre les colonnes corinthiennes, des renommées ailées qui portent des couronnes au-dessus des passants et, au sommet, un attelage de six chevaux conduisant vers le palais le char de la déesse de la Victoire.

Sur la Moïka, pavillon de l'embarcadère du palais Michel par Carlo Rossi.

Rossi proposa d'ériger au centre de la place une gigantesque colonne, à l'image de la colonne Trajane à Rome. C'est ce qui fut réalisé par Auguste de Montferrand entre 1830 et 1834. La colonne s'appelle « colonne Alexandre » parce qu'elle est dédiée à la mémoire de l'empereur Alexandre Ier et à sa victoire sur Napoléon. La réalisation de ce monument est parfaitement réussie, plus à nos yeux que les autres travaux de Montferrand à Pétersbourg. Ses dimensions ne sont pas habituelles. Le fût mesure 26,58 mètres de hauteur et l'ensemble 47 mètres. Le transport et le levage du monolithe de 600 tonnes étaient considérés, à l'époque, comme une prouesse technique. En haut de la colonne, on plaça un ange qui devait rappeler l'empereur défunt, car à la Cour, les proches de l'empereur, surtout les dames exaltées, l'appelaient l'« ange incarné ». Mais cette allusion était réservée aux courtisans. Pour le peuple, l'ange rappelait que Dieu avait sauvé la Russie de Napoléon et qu'il continuait à la protéger. Sur le piédestal, des bas-reliefs symbolisent la Sagesse et l'Opulence qui règnent dans l'empire ; les autres bas-reliefs représentent les génies de la Victoire et de la Paix. Le vieillard qui verse de l'eau d'une cruche représente le Niemen, que franchit la Grande Armée lorsqu'elle s'apprêtait à envahir la Russie. La jeune femme évoque une autre rivière : la Vistule, que franchit l'armée russe, à la poursuite de l'armée napoléonienne qui battait en retraite. Les armes représentées sur le monument sont l'exacte réplique d'armes anciennes conservées au palais des Armures du Kremlin. Elles symbolisent la vaillance traditionnelle des armées russes. Les bas-reliefs furent exécutés d'après les dessins de D.-B. Scotti.

Entre 1837 et 1843, Alexandre Brioullov construisit sur le côté nord, à la place de la salle d'exercices conçue dans les années 1790 par Vincenzo Brenna, le bâtiment du corps de garde de l'état-major, de style classique tardif. C'est le seul ajout. Et cette place qui reflète bien la pensée de Rossi reste, à nos yeux, la plus belle place de Pétersbourg.

La place du Sénat
Place des Décabristes

Il y a, de l'autre côté de l'Amirauté, une place dont l'aménagement doit aussi beaucoup à Carlo Rossi. C'est ici, face à la partie latérale de l'Amirauté, que se trouvait le palais baroque du chancelier de l'Empire, A. Bestoujev-Rioumine. À sa mort, la maison fut achetée par l'État et on y installa le Sénat – législateur et organe de justice

La perspective Nevski au niveau du palais Anitchkov, en 1895. Aquarelle de A. K. Beggrov.

Palais Anitchkov. De nombreuses fois remanié depuis sa fondation en 1741, le palais Anitchkov reçut son aspect définitif de Carlo Rossi lorsque celui-ci entreprit le réaménagement du quartier à partir de 1818.

suprême. La place s'appela place du Sénat. En 1768, dans la partie sud, on mit en chantier la deuxième cathédrale Saint-Isaac, sur un projet d'Antonio Rinaldi. Elle ne fut pas achevée et fut remplacée au XIXe siècle par l'œuvre d'Auguste de Montferrand. C'est également sur cette place que fut solennellement inauguré en 1782 le monument à Pierre le Grand rélisé par Falconet. À la même époque, le bâtiment du Sénat fut reconstruit dans l'esprit classique.

Entre 1804 et 1807, Giacomo Quarenghi construisit à l'angle sud-ouest de la place le manège du régiment de la garde montée. C'est un long édifice, avec un parement en bossage sur les deux tiers de la hauteur et un portique dorique de colonnes jumelées au milieu de la façade sud. La façade principale respecte les formes du temple dorique qui était tant à la mode au début du XIXe siècle. Seulement Quarenghi, fidèle à la manière palladienne qu'il avait lui-même importée, lui donna un caractère moins strict, une facture plus raffinée que celle mise en œuvre par ses collègues plus jeunes, Voronikhine et Thomon. Devant le manège ont été placées les statues des Dioscures retenant les chevaux cabrés, une œuvre de l'Italien P. Triscorni.

Tel était l'état de la place du Sénat en 1825. Et c'est donc ici que le 14 décembre de cette année 1825 se déroulèrent les tristes événements de l'insurrection, menée par les dirigeants d'une société secrète. Les régiments révoltés restèrent toute la journée au pied du monument, jusqu'au moment où les généraux du gouvernement se décidèrent à attaquer. C'est ici que les batteries d'artillerie exterminèrent ceux que, depuis ce jour, on appelle les décabristes, en français les décembristes. Très vite, on chercha à effacer du visage de la ville le souvenir de ces événements. Ce ne fut peut-être pas la dernière des raisons qui, en 1827, juste après le jugement des survivants, condamnés à mort pour cinq d'entre eux, à la déportation pour les autres, entraînèrent la décision de transformer la physionomie de la place. On entreprit alors de reconstruire le bâtiment du Sénat, la question des deux autres côtés de la place étant résolue : ils étaient fermés par l'Amirauté, déjà achevée, et la cathédrale Saint-Isaac en cours de construction. On se rendait bien compte d'ailleurs

Palais Anitchkov. Le jardin d'Hiver, années 1830.

que l'ancien édifice ne soutenait pas la confrontation avec les géants solennels qui emplissaient le centre de la ville à cette époque.

On lança un concours auquel prirent part de nombreux architectes éminents dont Stassov, Choustov, Mikhaïlov. Mais c'est Rossi qui l'emporta. Il occupa toute la partie ouest de la place par une façade unique qui réunissait les bâtiments du Sénat où était centralisé le pouvoir judiciaire suprême et le Synode, organe suprême de l'Église russe au XIXe siècle. Comme sur la place du Palais, Rossi fit du thème de l'arc de triomphe la base de sa composition.

Les représentations de la Justice et de la Piété couronnent l'ensemble. Les parties latérales jouent, elles aussi, sur l'opposition entre les colonnes corinthiennes engagées ou dégagées. Rossi a particulièrement réussi la colonnade semi-circulaire qui se trouve à l'angle de l'édifice, côté Néva.

La place majestueuse s'étend jusqu'au quai des Anglais, où se trouve la maison Laval, un bel hôtel particulier de style classique. On y reconnaît la main de Thomas de Thomon, qui la reconstruisit dans les années 1800. L'escalier d'honneur, avec son plafond sculpté, a été conçu dans l'esprit des thermes romains. Les peintures murales des autres pièces ne manquent pas non plus de charme.

La cathédrale Saint-Isaac

Théophile Gautier, qui visitait la Russie en 1859, la décrivait en ces termes enthousiastes : *Quand le voyageur, entré dans le golfe de Finlande, approche de Saint-Pétersbourg, ce qui d'abord préoccupe son regard, c'est le dôme de Saint-Isaac, posé sur la silhouette de la ville comme une mitre d'or. L'aspect […] rappelle, fondus dans une synthèse harmonieuse, Saint-Pierre de Rome, le Panthéon d'Agrippa, Saint-Paul de Londres, Sainte-Geneviève de Paris et le dôme des Invalides.*[12] Et dans une autre partie du chapitre sur Saint-Isaac de son *Voyage en Russie*, il écrit : *Chaque heure du jour a son mirage. Si l'on regarde Saint-Isaac, au matin, du quai de la Néva, il apparaît couleur d'améthyste et de topaze brûlée au milieu d'une auréole de splendeurs lactées et roses […]. Le soir […], avec ses fenêtres traversées par les rayons du couchant, il semble illuminé et comme incendié à l'intérieur […]. Quand […] la scintillation des étoiles et la vague lueur de la Voie lactée laissent discerner les fantômes des objets, les grandes masses de la cathédrale se dessinent majestueusement et prennent une solennité mystérieuse.*[13] C'est, très objectivement, l'église la plus grandiose de Pétersbourg. Construite selon les plans d'Auguste de Montferrand pendant une durée totale de quarante ans, de 1818 à 1858, elle est très étonnante pour qui s'intéresse à l'architecture du XIXe siècle. Il est difficile de

12. Gautier T., *Voyage en Russie*, Moscou, 1867, p. 180.

13. *Ibid.*, p. 191.

Palais Anitchkov.
L'escalier d'honneur,
années 1830.

Palais Anitchkov.
Le salon bleu,
années 1830.

Palais Anitchkov.
Enfilades,
années 1830.

Théâtre Alexandra.
La façade principale est formée d'une profonde loggia précédée d'une colonnade corinthienne d'ordre colossal reposant sur un étage de soubassement revêtu d'un parement à bossages. L'attique est orné de Renommées ailées et couronné du quadrige d'Apollon. Une frise de masques ceinture l'édifice. Le théâtre a été construit par Carlo Rossi dans le cadre de l'aménagement général du quartier entre 1828 et 1832.

déterminer avec précision à quelle tendance du classicisme tardif elle appartient. Elle ne relève pas de cette tradition qui fleurit dans la capitale au moment de sa construction et qui apparaît dans les édifices voisins de Zakharov et de Rossi. Ici, on est en présence d'un autre sens de la structure et des proportions, d'une autre méthode d'utilisation des détails architecturaux, d'une autre manière de faire appel aux prototypes historiques. Il aurait semblé logique de la rapprocher de l'architecture et de la patrie de Montferrand, mais dans le « monde architectural » parisien de l'Empire ou de la Restauration, il n'y a rien de comparable. On peut lui trouver, comme l'a fait Théophile Gautier, des traits communs aux nombreux édifices cultuels les plus importants d'Europe, depuis le Panthéon romain jusqu'au Panthéon parisien. La coupole de Saint-Isaac fait écho à la coupole de Saint-Paul de Londres, construite par Christopher Wren, et il y a quelque chose de l'église Sainte-Geneviève de Paris dans le rapport entre le sévère portique corinthien et les grandes surfaces de murs lisses. Mais dans sa disposition générale, Saint-Isaac est bien plus proche de la cathédrale Saint-Nicolas de Potsdam, qui fut construite presque au même moment par l'architecte Karl Schinkel. Cependant, toutes ces analogies sont très discutables, comme l'est aussi le cas du Français travaillant dans le style russe. Il s'agit plutôt de quelque chose d'autre, ici. La cathédrale Saint-Isaac relève d'une tradition particulière, d'une société fermée qui ne comprend que les gigantesques cathédrales classiques et qui a pour repère premier la cathédrale Saint-Pierre de Rome. Ce sont des lois particulières qui ont présidé à sa construction, des lois dictées par une échelle colossale et qui ont sorti l'édifice des sentiers battus.

La cathédrale Saint-Isaac frappe avant tout par son caractère grandiose, la masse sombre de son marbre gris qui ajoute une retenue particulière aux somptueuses formes classiques. Quarante-huit colonnes de granit, pesant chacune près de cent dix tonnes, constituent quatre portiques gigantesques. Les lourds frontons sont abondamment décorés de sculptures sur des thèmes bibliques. Il y a peu de détails d'architecture : en tout huit fenêtres, gigantesques bien sûr, mais qui donnent une lumière insuffisante, en haut quatre clochetons couronnés – comme des pavillons classiques – de coupoles dorées de petites dimensions. Une ligne horizontale couronne la cathédrale d'un trait net et puissant. Au-dessus, règne sur l'église et sur la ville, un grandiose tambour entouré de vingt-quatre colonnes de granit. Elles sont plus légères que les colonnes des portiques puisqu'elles ne pèsent chacune que soixante-quatre tonnes, mais il fallut malgré tout lever ces monolithes à une hauteur de quarante-huit mètres. Une balustrade et l'élégante coupole dorée couronnent le tambour. D'après la légende, plusieurs doreurs ont péri, intoxiqués par

Rue de l'architecte Rossi. Aménagée à partir de 1828 par Carlo Rossi, l'ancienne rue du Théâtre est de proportions exceptionnelles : 22 mètres de large, 22 mètres de haut, 220 mètres de long. Elle est constituée de deux rangée d'édifices parfaitement identiques.

l'évaporation du mercure lors de la pose de l'amalgame d'or sur la coupole. Tous ces travaux de titan ont abouti, en tout cas, à un édifice grandiose qui marque l'apogée du classicisme pétersbourgeois au XIXe siècle.

On ne peut se dispenser d'évoquer le décor intérieur de la cathédrale où sont conjugués les effets du marbre, du porphyre, de la lazurite et de la malachite. On y trouve un grand nombre de bronzes dorés, de splendides mosaïques et de riches sculptures. On compte près de deux cents peintures académiques sur les voûtes. Parmi les dizaines d'artistes qui y travaillèrent, il faut citer : les sculpteurs I. Vitali, N. Pimenov, A. Loganovski, P. Klodt ainsi que les peintres K. Brioullov, V. Chebouïev et A. Ivanov. Ils ont, sans contredit, créé ici, pour le principal édifice cultuel de l'Empire, un art véritablement officiel. Jamais l'art officiel qui régnait en maître du temps de l'empereur Nicolas Ier ne s'est exprimé avec autant de force et de clarté que dans la cathédrale Saint-Isaac.

Palais Bielossielski-Bielozierski, galerie.

Le début de la perspective Nevski

Il n'y a rien de mieux que la perspective Nevski, mais au moins à Pétersbourg, elle constitue tout. De quoi ne brille pas cette beauté de notre ville ! Je sais que pas un de ses pâles habitants, fonctionnaires de surcroît, ne troquera pour tout l'or du monde la perspective Nevski. Non seulement ceux qui ont vingt-cinq ans, de belles moustaches et une redingote remarquablement coupée, mais aussi ceux qui ont des poils blancs sous le menton et une tête lisse, comme un plat d'argent, et ceux que ravit la perspective Nevski. Et les dames ! – Oh, pour les dames, la perspective Nevski est encore plus agréable. D'ailleurs à qui n'est-elle pas agréable ? C'est ainsi que Nicolas Gogol, l'un des plus grands écrivains russes du XIXe siècle, commençait son récit *La Perspective Nevski* publié en 1835.[14]

14. GOGOL N., *La Perspective Nevski. Œuvres complètes*, t. III, Moscou, 1949, p. 7.

Vers cette époque, la perspective Nevski était effectivement le centre de Pétersbourg. À l'extrémité de l'avenue, Ivan Starov avait terminé la construction de la cathédrale de la Trinité de la laure Alexandre-Nevski et au début de la perspective s'élevait la tour de l'Amirauté. Entre ces deux ensembles apparurent le long de l'artère un grand nombre de constructions qui font partie des meilleurs exemples de l'architecture classique à Pétersbourg. Au milieu du XIXe siècle, la perspective Nevski devint une artère où régnait le style classique et sur laquelle on n'avait conservé que quelques rares palais baroques. Plus tard, dans la seconde moitié du XIXe siècle et surtout au début du XXe, le visage de la Nevski changea profondément. On y vit fleurir des banques, des bureaux et des grands magasins qui modifièrent l'échelle générale et rompirent l'unité de style à laquelle on était parvenu dans la première moitié du XIXe siècle. La perspective conserva malgré tout son caractère ostentatoire et devint plus pittoresque.

Palais Bielossielski-Bielozierski. Un des premiers exemples d'architecture néo-baroque, construit de 1846 à 1848 sur le modèle du palais Stroganov élevé un siècle plus tôt par B. Rastrelli, il est l'œuvre de E. A. Stackenschneider, qui reprend à son compte le vocabulaire décoratif baroque du XVIIIe siècle : frontons semi-circulaires, chambranles ouvragés, atlantes.

Si l'on tourne le dos à l'Amirauté, la première maison que l'on rencontre à gauche prolonge le bâtiment de l'État-Major. Elle a été conçue dans l'esprit de Rossi. Quelques maisons plus loin, sur le même côté, se trouvent deux édifices de style classique, construits dans les années 1760 et remaniés dans les années 1830. Au n° 13, la maison Tchapline, œuvre de l'architecte V. Beretti, est une maison d'habitation caractéristique de la construction pétersbourgeoise dans le premier quart du XIXe siècle. Au croisement de la rue Bolchaïa Morskaïa et de la Nevski, la maison dotée d'une colonnade à deux étages et arrondie à l'angle a été édifiée sous le règne de Catherine II pour le général de la police de Pétersbourg, Tchitchérine. C'est l'un des meilleurs exemples du premier classicisme, mais les intérieurs d'origine n'ont pas été conservés. On arrive au bout de la partie la plus étroite de la perspective, à proximité de la Moïka. Le pont de fonte qu'on y construisit entre 1806 et 1808 d'après le projet de l'Écossais William Guestier, fut le premier pont urbain métallique de Russie. Il s'appelait alors « pont de la Police » ou « pont Vert ».

Palais Bielossielski-Bielozierski, cheminée.

De l'autre côté de la Moïka, là où la Nevski s'élargit, on découvre, l'un en face de l'autre, le palais Stroganov – une des grandes réussites baroques de Bartolomeo Rastrelli – et la maison Kotomine, qui fut entièrement reconstruite par Vassili Stassov dans les années 1812, selon les normes d'un classicisme austère. Le bâtiment suivant montre bien comment s'est développé ce style le long de la Nevski : c'est l'église hollandaise, qui date des années 1830. Non loin, et toujours sur ce même côté gauche, mais légèrement en retrait, Alexandre Brioullov construisit l'église luthérienne qui témoigne des liens de l'architecture pétersbourgeoise des années 1830 avec l'architecture allemande. Mais ce qui fait l'intérêt de cette avenue, c'est que les alignements de maisons sont rompus de temps en temps par de grands élans architecturaux dont le premier, la cathédrale Notre-Dame-de-Kazan se trouve à droite.

La cathédrale Notre-Dame-de-Kazan

Andreï Voronikhine commença la construction de la cathédrale Notre-Dame-de-Kazan en 1801. Elle fut terminée en 1811, avant l'invasion des troupes napoléoniennes.

Palais Bielossielski-Bielozierski, salon vert.

Palais Bielossielski-Bielozierski. Enfilade de salons. Détail sur les dessus-de-portes. Le premier, d'inspiration rococo, a été exécuté par le sculpteur J.I. Jensen, les autres sont néo-baroques.

Palais Youssoupov, façade sur la Moïka. Vallin de la Mothe dota en 1760 d'une colonnade d'ordre colossal le palais qui appartenait au comte Chouvalov. Remanié dans les années 1830 par A. A. Mikhaïlov-le-Second pour son nouveau propriétaire, le prince Youssoupov, le palais reçut les aménagements intérieurs les plus somptueux.

L'édifice est caractéristique de la perspective Nevski parce qu'il a été conçu pour la grande artère qu'elle est. Vue de l'extérieur, la cathédrale Notre-Dame-de-Kazan est gigantesque ; l'intérieur, en revanche, est relativement petit. L'architecte a porté toute son attention sur l'espace environnant. L'église est en forme de croix latine. De part et d'autre de la façade latérale nord, et non de l'entrée principale, Voronikhine conçut un grandiose hémicycle de deux rangées de hautes colonnes corinthiennes en granit rose de Finlande. Au-dessus de la colonnade, un puissant entablement est couronné d'une balustrade. Il faut citer la coupole, dont la calotte est l'une des premières calottes métalliques d'Europe.

Andreï Voronikhine prévoyait de construire une autre colonnade semi-circulaire, de l'autre côté de la cathédrale, et d'aménager trois places : une devant l'entrée principale et une devant chacune des entrées latérales. Il est révélateur que seule la partie donnant sur la perspective Nevski ait été construite : en concentrant l'aménagement de l'espace en un seul lieu, l'hémicycle apportait à l'avenue l'embellissement recherché. Il n'était pas question de bâtir des colonnades au revers de la cathédrale : elles n'auraient pas été visibles de l'avenue. C'est ainsi que Notre-Dame-de-Kazan resta inachevée. Son ouverture sur la Nevski fut confirmée lorsqu'on plaça, devant la colonnade, les monuments élevés à la mémoire des commandants en chef de l'armée russe pendant la guerre de 1812 : les feld-maréchaux Koutouzov et Barclay de Tolly. Ces œuvres, exécutées par le sculpteur Boris Orlovski, ont été inaugurées en 1837.

La statuaire de la cathédrale est remarquable : les statues de bronze dans les niches, *Saint Vladimir* et *Alexandre Nevski* de S. Pimenov, *Saint Jean-Baptiste* de I. Martos, *André le premier appelé* de V. Demout-Malinovski, les reliefs aux thèmes bibliques au-desssus des passages : *Le Frappement du rocher* de I. Martos, *L'Érection du serpent d'airain* par I. Prokofiev et les quatre bas-reliefs du portique nord sur des thèmes évangéliques, par F. Gordiev.

De la cathédrale Notre-Dame-de-Kazan au Gostiny dvor

La cathédrale Notre-Dame-de-Kazan se trouve à l'intersection de la Nevski et du canal Catherine (à l'époque soviétique, « canal Griboïedov », d'après le nom du dramaturge du XIXe siècle à qui l'on doit la pièce *Le Malheur d'avoir de l'esprit)*. Au-delà du pont de Kazan, du même côté que la cathédrale, on remarque une tour à quatre niveaux. Elle fut construite entre 1799 et 1804 et servit

Palais Youssoupov,
l'escalier d'honneur.

Palais Youssoupov,
l'escalier d'honneur
néo-baroque reconstruit
par Monighetti
de1859 à 1862.

Palais Youssoupov, détail du décor de la salle aux colonnes blanches.

longtemps de sémaphore. Elle domine les « galeries d'argent » où étaient installées les boutiques de joaillerie, construites entre 1784 et 1787 par G. Quarenghi, et l'édifice de la Douma municipale, ancien hôtel de ville de Pétersbourg, remanié dans l'esprit de l'éclectisme et couronné d'une tour-horloge.

Au XIXe siècle, la partie commerçante la plus importante de la Nevski commençait au-delà de l'hôtel de ville. Le passant trouve ici les deux niveaux d'arcades du grand Gostiny dvor (la Cour des marchands), élevé par Vallin de la Mothe entre 1761 et 1785, l'une des premières constructions classiques de Pétersbourg. Dans les années 1880, l'architecte Alexandre Benois donna à la façade tournée vers la perspective, des formes plus sèches. Au XVIIIe siècle, on avait déjà bâti, à côté, des galeries marchandes d'un genre particulier réservées à la vente de la literie : la « galerie du duvet ». L'architecte Luigi Rusca y ajouta en 1806 un portique classique.

L'église que l'on voit de l'autre côté opposé de l'avenue est l'église catholique Sainte-Catherine, une autre œuvre de Vallin de la Mothe. Juste après, la petite rue Mikhaïlovskaïa, à l'époque soviétique « rue Brodski », mène à la place du palais Michel, l'une des principales curiosités de ce quartier. Elle s'appelle maintenant la « place des Arts » parce qu'elle est bordée à la fois par le Musée russe, le théâtre Maly (opéra et ballets) et la Philharmonie. C'est l'un des grands ensembles créés par Carlo Rossi.

Le palais Michel

Le grand-duc Michel était le plus jeune des quatre fils de Paul Ier. Il ne pouvait prétendre au trône qu'en cas de mort

Palais Youssoupov, la salle aux colonnes blanches, par A. A. Mikhaïlov-le-Second

Palais Youssoupov, plafond de la salle aux colonnes blanches dite « la Rotonde ».

*Palais Youssoupov,
le salon bleu par A.A.
Mikhaïlov-le-Second,
années 1830.*

Palais Youssoupov, la galerie de tableaux.

Palais Youssoupov, la galerie de tableaux, panneau de porte sculpté, milieu du XIXᵉ siècle.

de ses trois frères, ce qui était peu probable. C'est peut-être pour cela qu'il avait de si bons rapports avec tout le monde et que la construction d'un palais à son intention fut considérée comme une affaire d'État.

Carlo Rossi commença à travailler sur le projet en 1817 et conçut, comme à son habitude, un grand nombre de variantes. Le projet définitif fut retenu en 1819 et la construction achevée en 1825. L'architecte sut résoudre deux problèmes dont les solutions paraissaient incompatibles. Le premier était de construire un palais avec un parc qui rappelât les *oussadba* (résidences de campagne), le deuxième était de profiter de l'ouverture du chantier pour améliorer le tracé environnant et donc l'urbanisme de toute une partie de la ville.

L'édifice joua un rôle significatif dans l'urbanisme de Pétersbourg. Il fut bâti à l'emplacement des communs et de l'orangerie du château Michel dit « des Ingénieurs », construit pour Paul Iᵉʳ. Rossi réussit à lier en un tout organique le palais à cet ensemble. Au total, tout le quartier de Pétersbourg qui comprenait non seulement le château des Ingénieurs mais aussi le Champ de Mars et le jardin d'Été fut complètement remodelé.

De l'autre côté du palais, on aménagea la place Michel simplement rectangulaire. Les trois autres côtés sont de même style. Le Théâtre français reçut, lui aussi, une façade de maison d'habitation pour ne pas déparer l'intégrité de la composition. Telle était la conception de Rossi. Mais des changements furent apportés par la suite. L'architecte V. Svinine construisit au début du XXᵉ siècle le Musée ethnographique à la place de l'aile est. Les travaux furent menés en vue d'une transformation du palais en musée d'art russe. Une galerie d'exposition fut construite en 1914 à l'ouest du palais.

La place du Théâtre

En sortant du palais Michel, le visiteur traverse la place, passe la courte rue Mikhaïlovskaïa avec le vieil hôtel Europa et débouche à nouveau sur la perspective Nevski. En face, de l'autre côté de la perspective, se trouve la bibliothèque publique. Fondée en 1795, elle fut ouverte au public en 1814 et resta longtemps la principale bibliothèque de Russie. Elle occupe trois bâtiments. Le plus ancien – avec une colonnade ionique arrondie – fut construit par l'architecte E. Sokolov sous le règne de Paul Iᵉʳ, entre 1796 et 1801. La partie la plus intéressante de la bibliothèque fut édifiée par Rossi quinze ans plus tard et agrandie à la fin du XIXᵉ siècle. Elle occupe un îlot entier, dont l'un des côtés donne sur la place du Théâtre, à l'époque soviétique place Ostrovski, du nom du célèbre auteur dramatique du XIXᵉ siècle.

En face de la bibliothèque se trouve le palais Anitchkov. Sa construction en tant que résidence impériale commença en 1741, en pleine période baroque. À cette époque, le palais était encore aux confins de la ville, dans le quartier aristocratique à la mode au bord de la Fontanka. Le corps de logis principal, à trois niveaux, était tourné vers le quai et précédé d'une cour d'honneur, entourée de galeries et de corps latéraux. L'impératrice Élisabeth Petrovna fit don de ce somptueux palais à son favori Alexeï Razoumovski. Catherine II l'acquit pour le prince Potemkine. Il revint ensuite dans les biens de la

Palais Youssoupov, le théâtre, aménagé dans la seconde moitié du XIXe siècle.

Palais Youssoupov, salon mauresque.

famille impériale et échut au troisième petit-fils de l'impératrice, Nicolas. Devenu empereur, Nicolas Ier continua d'y venir et le palais Anitchkov devint célèbre pour les bals qu'on y donnait. À la fin du XVIIIe siècle, il fut remanié par l'un des meilleurs architectes du classicisme russe, Ivan Starov. Au début du XIXe siècle, Giacomo Quarenghi sépara le palais des rives de la Fontanka en construisant l'édifice de la chancellerie personnelle du tsar, le Cabinet. Les intérieurs baroques furent également remaniés dès le XVIIIe siècle, puis à nouveau en 1809-1810 par l'architecte Luigi Rusca. En 1817-1818, Carlo Rossi transforma la physionomie de l'ensemble en diminuant fortement le jardin et en incluant la parcelle libérée dans la place du Théâtre. Aujourd'hui, le jardin Anitchkov est séparé de la place par une clôture, aux angles de laquelle l'architecte édifia des pavillons qui ne s'écartent pas de son style habituel, celui des places du Palais, du Sénat et Michel. Ici, il est cependant plus léger et plus recherché.

La place du Théâtre doit son nom au théâtre Alexandre, construit par Carlo Rossi de 1828 à 1832. Pour comprendre le projet de Rossi, il faut aborder le théâtre par le quai de la Fontanka plutôt que par la perspective Nevski. L'architecte y a aménagé une place hexaèdre. Il a fermé les hautes et sévères façades d'une colonnade d'ordre toscan colossal sur un niveau de soubassement à bossages continus. Il a doté tous les édifices de puissantes chaînes d'angle. Trois rues y aboutissent. La rue principale n'est pas située au milieu mais sur le côté droit. Elle mène au théâtre. On l'appelait autrefois la « rue du Théâtre » mais elle fut rebaptisée « rue Rossi » – ce qui est équitable. C'est peut-être là que s'exprime le plus clairement la doctrine idéale de l'architecte. La colonnade est ininterrompue jusqu'au théâtre. La ligne des corniches, de part et d'autre de la rue, conduit selon une exacte perspective, jusqu'à la corniche de la colonnade du théâtre. Au-dessus de la rue, on retrouve la même horizontale rigide qui couronne l'édifice du théâtre et son toit pyramidal. Cette vue perspective constitue l'une des plus fortes impressions architecturales de Pétersbourg. La façade principale du théâtre est tournée vers la place qui donne sur la perspective Nevski. Au-dessus de la colonnade corinthienne planent des renommées ailées tandis

que le char d'Apollon part au galop. Devant le théâtre, on trouve un monument très intéressant, la statue de Catherine II. Le sculpteur Mikhaïl Mikechine est l'auteur de ce projet, réalisé par Alexandre Opekouchine et Matveï Tchijov. La statue a été placée sur un haut piédestal et l'on peut voir sur la base les dignitaires de la Cour et les chefs de guerre les plus connus : Souvorov, Potemkine et la princesse Dachkova, présidente de l'Académie des sciences. La théâtralité du monument, inauguré en 1873, répond à la dénomination de la place.

La Nevski, au-delà du pont Anitchkov

Le palais Anitchkov est bien connu des Pétersbourgeois, non seulement pour son architecture mais aussi en raison du pont d'une exceptionnelle beauté qui traverse la Fontanka. Dès l'époque de Pierre le Grand, un pont a existé à cet endroit. Le pont actuel fut bâti entre 1839 et 1841. Il est orné de quatre groupes sculptés de Peter Klodt, *Les Dompteurs de chevaux*. C'est l'un des sommets de la sculpture russe classique. Chacun des groupes figure un jeune homme nu retenant par la bride un cheval cabré. Ces statues devinrent immédiatement si célèbres à Pétersbourg et en Europe qu'on n'eut même pas le temps de les mettre en place. Nicolas Ier décida d'en offrir deux au roi de Prusse, qui les fit placer à Berlin devant le Palais-Vieux. Peter Klodt en fit deux nouvelles. Les quatre statues furent alors placées sur le pont Anitchkov. Mais en 1846, deux d'entre elles furent offertes au roi de Naples. Il fallut en fondre encore deux autres.

En fait, la Nevski de l'époque classique se termine au pont Anitchkov. Juste après le pont se trouve le palais Bielossielski-Bielozerski, construit par Andreï Stakenschneider en 1846, dans un style néo-baroque, à la manière de Rastrelli. Plus loin, ce sont surtout des maisons de rapport de la fin du XIXe siècle, à quelques exceptions près, comme la maison Soukhozamet qui fut construite dans les années 1820 et réaménagée en 1830, ou la splendide maison Youssoupov avec en avant-corps une colonnade ionique sur un haut soubassement. Vient enfin la gare Nicolas, aujourd'hui gare de Moscou, construite de 1843

Cathédrale de la Transfiguration, construite pour le régiment Preobrojenski. Elle fut consacrée en 1829, deux ans après le début de la construction. Elle était destinée à commémorer la victoire des Russes sur la flotte turque à Navarin en 1827. Son architecte, V. P. Stassov, renforça le caractère mémorialiste en formant sa clôture de canons dressés pris à l'ennemi et reliés par des chaînes.

Cathédrale de la Trinité. Construite de 1827 à 1835 pour le régiment Izmaïlovski par V. P. Stassov sur un plan en croix grecque avec cinq coupoles peintes, elle joua un rôle déterminant dans l'urbanisation de ce nouveau quartier.

Palais Élaguine, sur l'île Élaguine. Lithographie de C. Schultz d'après le dessin de E. Mayer, vers 1840.

à 1851 par Constantin Thon dans l'esprit néo-Renaissance. Ici commence une autre époque. Autre par l'affectation même des bâtiments et par leur style. Le classicisme passe, la perspective Nevski reste.

Le Champ de Mars et l'œuvre de Vassili Stassov à Saint-Pétersbourg

Comme le Champ de Mars de Paris, le Champ de Mars de Pétersbourg était destiné aux parades militaires. Il est devenu, par la suite, une énorme place entourée de constructions célèbres. Au nord-est se trouvent le jardin et le palais d'Été. Au sud coule la Moïka, bordée sur l'autre rive par le jardin du palais Michel et le château Michel. Le côté nord est proche du quai du Palais. Il en est séparé par le palais de Marbre élevé par Antonio Rinaldi à l'époque de Catherine II, par la maison Saltykov élevée à la fin du XVIIIe siècle sur les plans de Quarenghi, et par la maison Betski, qu'on attribue à Vallin de la Mothe ou à Ivan Starov. Entre les communs du palais de Marbre et la maison Saltykov, Carlo Rossi aménagea une petite place où fut installé le remarquable monument du généralissime Souvorov, prince d'Italie et comte de Rimini, exécuté par le sculpteur Mikhaïl Kozlovski, en 1801. C'est à croire que tous les grands maîtres du classicisme pétersbourgeois ont voulu mettre la main à l'aménagement du Champ de Mars. Néanmoins, au début du XIXe siècle, un des côtés de cette énorme place n'était pas à la hauteur de cette « harmonie de chefs-d'œuvre ». L'ensemble fut terminé par Vassili Stassov. À la différence des autres architectes qui avaient orienté vers la place la partie latérale ou même l'arrière des bâtiments, Stassov ne se préoccupa que de la place elle-même. Par leurs dimensions, leur aspect et leur affectation, les bâtiments répondirent au prestige du lieu : de 1817 à 1819, Stassov éleva les grandioses casernes du régiment Pavlovski.

On ne peut pas imaginer le Champ de Mars de cette époque sans parades. À Pétersbourg, la parade était un fait culturel, un rituel grandiose, une action sacralisée à laquelle l'empereur participait dans de nombreux cas. Paul Ier en faisait une par jour, ses fils Alexandre Ier et surtout Nicolas Ier très régulièrement. À la parade, l'empereur en grand uniforme, entouré des gardes qui manœuvraient dans un ordre impeccable, était plus à son avantage que dans toute autre circonstance. Dans la première moitié du XIXe siècle, les parades étaient d'une perfection inimaginable. Chaque bouton d'uniforme brillait, chaque mouvement touchait à l'automatisme. L'architecture de Stassov devait donc susciter une impression de force, indispensable à l'énorme étendue de la place.

Vue aérienne des îles. Au premier plan la maison Polovtsev, sur l'île Kamenny, 1911-1913. L'architecte I.A. Fomine s'est inspiré des villas suburbaines moscovites des XVIIIe et XIXe siècles. Il a repris le plan en U avec un avant-corps central très prononcé, deux ailes fermant latéralement la cour d'honneur et une colonnade ionique, en pierre grise, qui couvre les façades. Au second plan, le palais Élaguine, construit de 1818 à 1822 par Carlo Rossi pour l'impératrice Maria Féodorovna, mère d'Alexandre Ier. De plan rectangulaire avec au centre un salon ovale faisant avant-corps sur la rivière, il est couvert d'une coupole aplatie.

Non loin de là, au confluent de la Moïka et du canal Catherine, Stassov réalisa un de ses édifices les plus « lyriques » : les écuries de la Cour. C'est un ensemble complexe de constructions à affectations distinctes. Il y avait les stalles pour les chevaux, le manège, les entrepôts, mais aussi les services de la Direction des écuries, qui formait comme une sorte de ministère, et l'église.

La construction est d'une élégance timide. Il en émane une certaine légèreté, un sentiment de clarté, surtout lorsqu'on se trouve sur la petite place aménagée devant l'église ou sur le quai de la Moïka, près de la colonnade basse arrondie.

Les autres œuvres de Stassov à Pétersbourg sont d'une tout autre nature. Il a construit pour le ministère de la Guerre un grand nombre de casernes, d'entrepôts, d'églises et d'édifices à caractère triomphal. On lui doit les portes élevées en 1834 sur la perspective de Moscou, en l'honneur de la victoire sur les Turcs de 1828. Les régiments de la garde ayant leurs propres églises, Stassov construisit les énormes cathédrales de la Transfiguration et de la Trinité pour les célèbres régiments Preobrajenski et Izmaïlovski. Elles comptent parmi les temples les plus importants du classicisme russe. Leurs dimensions monumentales et leurs cinq coupoles orthodoxes traditionnelles, insérées dans une austère composition classique, ont exercé une grande influence sur l'évolution de l'architecture religieuse en Russie. Des éléments spécifiques leur ont donné une allure militaire : ainsi les portes de la cathédrale de la Transfiguration sont faites de canons dressés.

Les palais des îles Kamenny et Élaguine

Quand on dit « Allons aux îles », on a le plus souvent en tête les trois îles du nord-ouest : Kamenny, Krestovski et Élaguine. Chacune d'elles a une place particulière dans l'histoire de la ville : elles en sont une partie intégrante tout en étant très différentes des autres quartiers où il y a toujours eu des administrations, des casernes, de grandes maisons d'habitation, des échoppes, des ateliers, des entreprises industrielles. Ici tout diffère. Il y a moins de monde. En hiver, c'est même désertique. Au début du XIXe siècle, les îles étaient l'endroit privilégié de rencontres romantiques, de promenades solitaires au milieu des canaux, des datchas et des palais :

Les colonnes à nouveau enneigées
Le pont Élaguine et deux feux
Et la voix d'une femme amoureuse
Et le crissement du sable et l'ébrouement du cheval
Deux ombres fondues dans un baiser
Fuient sous la fourrure du traîneau…

C'est ainsi qu'Alexandre Blok traduisait son impression de promenade hivernale dans les îles.[15]

Palais Élaguine, salon bleu, d'après le dessin de Carlo Rossi.

L'île Kamenny fut donnée par Pierre le Grand, en 1704, juste après la fondation de Pétersbourg, au comte Gavril Golovine, premier chancelier de l'Empire russe, qui y fit bâtir une petite *oussadba*. En 1746, son fils vendit l'île au comte Alexandre Bestoujev-Rioumine, chancelier de l'Empire sous le règne d'Élisabeth Petrovna. Ce dernier confia à Bartolomeo Rastrelli la construction d'un palais et l'aménagement d'un parc régulier : le palais était le plus léger, le plus luxueux, le plus délicat et le plus raffiné de tous ses palais. Malheureusement, la disgrâce

15. BLOK A., *Sur les îles*, *Œuvres complètes*, t. II, Leningrad, 1980, p. 143.

Palais Élaguine,
cabinet de porcelaine,
d'après le dessin de
Carlo Rossi.

*Palais Élaguine,
salon ovale. Les colonnes
engagées d'ordre ionique
répondent à la colonnade
extérieure.*

Palais Élaguine, écuries.

tomba, suivie de la déportation en Sibérie. Sous le règne de Pierre III, le palais fut confisqué à l'usage de l'impératrice. À l'occasion de son accession au trône, Catherine II fit don de l'île Kamenny à son fils Paul. Une nouvelle page de son histoire commençait.

On invita un jeune architecte qui revenait tout juste de France où il avait étudié dans l'atelier de Charles de Wailly : Vassili Bajenov. On ne sait pas si la construction fut réalisée d'après ses plans, car le projet fut exécuté par un autre architecte du premier classicisme, Georg Velten. Il ne conserva malheureusement pas les constructions de Rastrelli. À l'emplacement du palais baroque, on édifia une simple maison à deux niveaux avec des avant-corps aux extrémités, un modeste portique hexastyle d'ordre toscan et un décor très limité. Le long du jardin, on aménagea une enfilade avec un grand salon ovale au milieu. Les intérieurs, d'un style classique dépouillé avec parfois des traits rococo, ont été conservés. Le jardin fut d'abord un jardin régulier. L'architecte Grigori Pilnikov le transforma au début du XIXe siècle en jardin paysager romantique, d'après, prétend-on, les dessins de Thomas de Thomon. Le palais appartenait déjà à Alexandre Ier. L'île voisine, dite « île Élaguine », porte le nom de son propriétaire à la fin du XVIIIe siècle, Ivan Élaguine, un proche de Catherine II. C'est pour lui que fut édifié, vraisemblablement par Giacomo Quarenghi, le premier palais. Quand l'île fut achetée en 1817 par la veuve de Paul Ier, Carlo Rossi le reconstruisit entièrement. L'architecte y travailla en même temps que Joseph Bush, remarquable jardinier anglais qui vécut longtemps en Russie. De leurs efforts conjugués naquit l'une des plus élégantes *oussadbas* de la famille impériale.

Le palais est d'un grand intérêt. C'est un autre Rossi que l'on découvre. L'architecte conserve la clarté et la virtuosité de ses compositions, mais tout se passe comme s'il « jouait » avec les volumes, comme s'il les tenait en équilibre. Aux larges entrecolonnements des portiques latéraux, il oppose les colonnades des façades principales, semi-circulaire côté rivière, droite côté jardin. Au-dessus de l'édifice, il a élevé un large belvédère couronné d'une coupole plate. Il a placé dans le parc, non loin du palais, les corps de bâtiment des cuisines, des écuries et de l'orangerie. Le long de la rive que domine le palais, il a encore construit trois petits pavillons qui forment avec le palais la parfaite *veduta* classique surgissant dans le paysage alentour.

Chapitre six

Alexandre II & Alexandre III

rétrospective et nationalisme

« Je dois dire que ces façades et ces portiques – classiques, modernes, éclectiques, avec leurs colonnes, leurs pilastres, et leurs têtes d'animaux et de personnages mythologiques en stuc – leurs ornements et les cariatides soutenant les balcons, les bustes dans les niches de leurs entrées, m'en ont appris beaucoup plus sur l'histoire de notre monde que tous les livres que j'ai pu lire par la suite. »

Joseph Brodsky
Loin de Byzance

Quai du Palais. Ancien palais du grand-duc Vladimir Alexandrovitch. Construit de 1864 à 1872 par l'architecte A. I. Rezanov pour le fils d'Alexandre II, le palais est entièrement revêtu d'un parement de grès imitant le bossage, dit rustique, de la Renaissance florentine. Un portique à trois arcs marque le centre de la façade.

Palais du grand-duc Vladimir. Le salon rouge.

Palais du grand-duc Vladimir. Détail du plafond de l'escalier d'honneur peint par V.P. Verechtchaguine.

Une ville en pleine évolution

La seconde moitié du XIXe siècle, époque du règne des empereurs Alexandre II et Alexandre III, fils et petit-fils de Nicolas Ier, devient avec le temps de plus en plus énigmatique. C'était, disait-on, la période du développement rapide du capitalisme russe, qui vit la modification du système économique parallèlement à l'affermissement de l'autocratie. Les paysans furent libérés du servage en 1861 et l'empereur Alexandre II reçut le nom de « Tsar libérateur ». Au même moment, l'industrie s'organisait activement. La bourgeoisie russe passa au premier plan. Le pays se développa d'une manière foudroyante. On en trouve témoignage dans la croissance spectaculaire de Saint-Pétersbourg et dans l'ampleur des constructions.

Il est difficile de comprendre avec exactitude le caractère du Pétersbourg de cette époque si l'on n'a pas en mémoire ses « héros », ces personnages qui hantent les rues des grands romans russes de l'époque. Pétersbourg est la ville de Dostoïevski et de Tolstoï, la ville de *Crime et châtiment* de Dostoïevski et de *Résurrection* de Tolstoï. Le tourbillon et le vent de leurs étranges et difficiles passions ont saisi ses grandes avenues, les « perspectives », et les recoins boueux de ses ruelles lointaines. Dostoïevski lui-même trouva dans l'architecture de Pétersbourg les traits généraux du milieu qu'il décrit dans ses romans. Il

Palais du grand-duc Vladimir Alexandrovitch. L'escalier d'honneur a été réaménagé par M. Messmacher en 1880.

Palais du grand-duc Vladimir. Salon mauresque.

Palais du grand-duc Vladimir. Détail du salon mauresque.

note dans le *Journal d'un écrivain* : ... *Maintenant, maintenant, on ne sait vraiment pas comment définir l'architecture de notre temps. C'est une espèce d'incohérence qui correspond parfaitement d'ailleurs à l'incohérence de la minute présente. C'est une multitude de maisons extraordinairement hautes (première chose : hautes), des maisons « à locataires » dit-on curieusement, minces et ennuyeuses, avec une étonnante architecture de façade : ici c'est Rastrelli, là c'est du rococo tardif et des balcons* dogaresques [c'est-à-dire comme au palais des Doges] *et des fenêtres... et immanquablement quatre étages. Et tout cela dans une seule et même façade.*[1]

La première revue russe d'architecture, *L'Architecte*, écrivait en 1872 : *Pétersbourg acquiert une apparence de plus en plus européenne.*[2] Et c'était vrai. Effectivement, la « palette » des styles historiques du milieu et de la seconde moitié du XIXe siècle était proche de celle qui se répandait alors en Europe. Le néo-baroque et le néo-Renaissance, le style Louis XV et le style Napoléon III, le néo-gothique et le néo-grec, l'éclectisme et les styles « orientaux » firent leur apparition à Pétersbourg comme partout ailleurs. Mais à Pétersbourg, les rapports étaient originaux. L'influence du classicisme y fut très forte et les styles historicistes dominants étaient sans conteste orientés vers le style classique et non vers le Moyen Âge. Le phénomène apparaît dès le milieu du siècle dans l'œuvre de l'architecte le plus connu de cette époque, Andreï Stakenschneider. Il avait, depuis 1848, le titre d'architecte de la Cour impériale et, pendant deux décennies, il construisit de nouveaux palais et remania les anciens. Entre 1839 et 1844, il édifia le premier de ses grands palais pétersbourgeois : le palais Marie. L'aspect extérieur, austère et dépouillé dans les détails, est racheté par des intérieurs spectaculaires. L'enfilade des salons mène de l'entrée au salon carré contigu au jardin d'hiver en traversant une haute rotonde couverte d'une coupole. Le jardin d'Hiver n'a pas été conservé. Léonti Benois l'a transformé en grande salle de séances lorsque le palais fut réaménagé pour accueillir le Conseil municipal.

L'originalité de Stakenschneider est manifeste lorsque l'on compare le palais Marie aux autres bâtiments qui bordent la place. Les bâtiments du ministère des Biens nationaux, que l'architecte Nicolaï Efimov commence à construire en 1844, l'année même où se termine le palais Marie, appartiennent au style néo-Renaissance. L'hôtel Astoria, élevé par F. Lidval de 1908 à 1912, et l'édifice élevé par P. Berens pour l'ambassadeur d'Allemagne de 1911 à 1912 sont situés l'un en face de l'autre, dans la partie nord de la place. Ils offrent deux variantes du néo-classicisme

1. DOSTOÏEVSKI F., « Journal d'un écrivain » in Antsiférov N. *Le Pétersbourg de Dostoïevski,* Pétrograd, 1923, p. 73.

2. *L'Architecte*, 1872, n° 1, p. 7.

Palais du grand-duc Vladimir. Cul-de-four du salon mauresque.

École Stieglietz. La grande salle du musée pédagogique. Fondée par le riche financier A. L. Stieglietz, l'École centrale de dessin technique fut accompagnée d'un musée retraçant l'histoire de l'art des différents pays du monde. L'école a été construite de 1879 à 1881 par A. I. Krakau et R. A. Hedich, le musée par M.E. Mesmacher de 1885 à 1895.

МИКЕЛЬ АНДЖЕЛО 1475-1564
АНДРЕЙ РУБЛЕВ
ЛЕОНАРДО ДА ВИНЧИ 1452-1519
ВАСИЛИЙ БАЖЕНОВ 1737-1799

Maison Kelkha. Façade sur rue. Bel exemple de demeure aristocratique de la fin du XIXe siècle, l'hôtel fut construit entre 1896 et 1905 par V. Chenier et V. Tchaguine dans un style proche du style Napoléon III. On note dans la façade sur rue la combinaison des traits néo-classiques et néo-renaissance.

de l'époque de l'Art nouveau. On comprend l'importance de l'influence classique quand on voit comment elle a déterminé le caractère des œuvres de maîtres aussi différents que Stakenschneider et Berens. De 1853 à 1861, Stakenschneider construisit le palais Nicolas pour le grand-duc Nicolas Nicolaïevitch, frère d'Alexandre II, sur la place aménagée devant le pont qui réunit le quartier de l'Amirauté à l'île Vassili. Le palais témoigne de l'usage croissant des motifs Renaissance dans l'œuvre de l'architecte, qui un peu plus tard, s'est tourné vers le néo-baroque : de 1857 à 1861, il élève le nouveau palais Michel sur le quai du Palais. On constate que si sur la fin de sa vie, il utilise les motifs du baroque européen, dans les années 1840, c'est au baroque russe qu'il a fait appel, comme en témoigne le palais Bielossielski-Bielozerski sur la perspective Nevski. Stakenschneider ici fait le choix d'un style déterminé pour les façades, mais à l'intérieur il combine différents éléments. La salle du Pavillon du Petit Ermitage est l'une de ses productions les plus représentatives de l'éclectisme russe.

Le néo-Renaissance continua à se développer tout au long de la seconde moitié du XIXe siècle. La légèreté graphique de la façade du palais Chouvalov, sur le quai de la Fontanka, en fait, en 1846, l'un des premiers exemples notables de cette tendance. Elle est due à N. Efimov, l'un des plus délicats admirateurs de la Renaissance. Un autre architecte talentueux, Harald Bossay, sacrifia à ce même engouement avec la Maison des affaires du département, sur la Liteïnaïa en 1840, et la maison Netchaïev-Maltsev, qui allie le néo-Renaissance au « style des arcs plein-cintre », fort à la mode en Allemagne.

Le goût pour les palais florentins fit son apparition à la fin des années 1860, avec la construction par Alexandre Rezanov du palais du grand-duc Vladimir Alexandrovitch sur le quai du Palais. Un parement à bossages puissamment dessinés couvre toute la façade. L'escalier est orné de grotesques sculptés et les plafonds sont en bois sculpté. Comme dans la plupart des palais pétersbourgeois de l'époque, les intérieurs font référence à tous les styles possibles, de la salle de banquet néo-russe à la salle de bal dans l'esprit rococo ou le salon « dans le goût Louis XV ». C'est au même courant néo-Renaissance qu'appartiennent la maison Kotchoubeï sur le boulevard de la Garde-Montée, et l'hôtel Stieglietz, sur le quai des Anglais.

La grande période du style néo-Renaissance se situe dans les années 1880. Maximilien Meschmakher, Victor Schroedter, Vladimir Schreiber et bien d'autres architectes en firent un large usage. On compte parmi les réalisations les plus réussies deux œuvres de Meschmakher aux caractères complètement opposés : le palais du grand-duc Mikhaïl Mikhaïlovitch sur le quai de l'Amirauté, avec ses façades complexes, prolixes mais

Maison Kekha.
La cour gothique.

Maison Kelkha. Le salon.

Maison Kelkha. Détail du plafond du salon.

harmonieuses, et, face au nouvel Ermitage, les archives du Conseil d'État, au décor austère mais au plan parfaitement rationnel. La maison Pampel, édifiée par Schroedter, unit aux motifs néo-Renaissance les traits traditionnels de l'hôtel particulier pétersbourgeois.

On retrouve ce style dans les gares. En construisant la gare de Moscou entre 1841 et 1851, Constantin Thon comme Georg Krakau, à qui l'on doit la gare de la Baltique, élevée de 1855 à 1858, s'y réfèrent. On pourrait encore citer un grand nombre de constructions néo-Renaissance de la fin du XIXe siècle, mais ces quelques exemples suffisent au lecteur pour mesurer l'ampleur de la diffusion du style dans la capitale. Il faut aussi aborder le cas du néo-baroque. Cette tendance s'est d'abord appuyée sur la tradition locale, parce que l'architecture du XVIIIe siècle – l'œuvre de Rastrelli – faisait figure de prototype. Ce qu'avait produit Stakenschneider en 1846, Harald Bossay le réalisa en 1850 et Schroedter en 1860. Mais la décennie suivante, celle des années 1870, abandonna l'imitation du baroque pétersbourgeois pour s'orienter vers le baroque européen.

Le classicisme du XVIIIe siècle demeura la principale source d'inspiration, à côté de l'art de la Renaissance italienne et française, du baroque russe et européen. Il faut noter que le classicisme de Quarenghi, Zakharov ou Rossi n'a jamais fait l'objet de pastiches. Il paraissait probablement trop monumental et trop étroitement lié aux goûts officiels de l'époque précédente.

Dans les dernières années du XIXe siècle, la notion même d'architecture traversa une véritable crise. Le mot d'ordre « tout nous est perceptible : l'enfer des rues de Paris et la fraîcheur vénitienne, les arômes lointains des boqueteaux de citronnier et les masses parfumées d'eau de Cologne » régnait sur les esprits. Il semblait que le temps présent réunissait toutes les époques de l'histoire pour édifier une civilisation parfaite. Il fallait seulement choisir les éléments du passé et les combiner de manière à créer quelque chose qui fût aujourd'hui joli. Même si l'activité architecturale se développait rapidement et avec succès à Pétersbourg, il devenait de plus en plus évident qu'on ne pouvait prolonger indéfiniment la combinaison de tous les répertoires des styles et qu'il fallait chercher une autre manière. On a trouvé plusieurs issues à cette « crise ». L'une fut le retour à l'héritage national, c'est-à-dire au Moyen Âge russe. L'idée n'était pas nouvelle. Déjà sous le règne de Nicolas Ier, entre 1830 et 1850, Constantin Thon avait élaboré un style officiel russo-byzantin, qui était recommandé dans la construction des

Maison Kelkha.
Cheminée du salon.

Cathédrale de la Résurrection-du-Sauveur-sur-le-Sang-Versé. Commencée en 1883 sur les plans d'Alfred Parland et terminée en 1907, l'église inspirée des traits des édifices cultuels de la Russie du XVIIe siècle, en particulier des églises du bassin de la Volga, et de la cathédrale de Basile-le-Bienheureux à Moscou, incarne le style nationaliste.

Cathédrale de la Résurrection-du-Sauveur-sur-les-Sang-versé. Détail d'un toit en pyramide.

églises. Il connut un certain succès à Moscou, mais il ne s'implanta pas du tout dans le Pétersbourg classique. On réserva les formes traditionnelles à la mise en scène des fêtes, à l'orfèvrerie et au décor des intérieurs.

Nicolaï Soultanov, l'un des premiers chercheurs en matière d'architecture ancienne, écrivait en 1882, dans un discours destiné aux ingénieurs et aux architectes russes : *L'usage du style russe commence avec les détails : on a commencé par faire des bibelots – des cadres pour portraits, des coffrets, des albums [...], des iconostases et puis des pièces entières et même des façades. Et maintenant, dans chaque appartement richement décoré, il y a immanquablement une pièce de style russe : c'est aussi dans ce style que sont construites la plupart de nos datchas [...] quelle espèce de style, à quel point est-il exact, nous n'en disserterons pas, ce n'est pas le style lui-même qui est important, mais le fait qu'il ait apparu.*[3]

Au regard de l'architecture de Pétersbourg, cette remarque était parfaitement juste. Dans les années 1880, on pouvait en effet parler de l'apparition du « style russe », mais pas de sa diffusion. C'est pourtant à Pétersbourg que fut construite la plus intéressante église de « style russe » du XIXe siècle : l'église de la Résurrection « sur le sang ». Elle fut élevée sur le canal Catherine, non loin du palais Michel, à l'endroit même où l'empereur Alexandre II avait été mortellement blessé en 1881 par un terroriste du groupe révolutionnaire « la Volonté du peuple ». Son fils Alexandre III exigea que le temple fût élevé dans le « pur goût russe du XVIIe siècle », époque brillante de l'histoire du décor, époque « flamboyante » du Moyen Âge tardif. Le projet définitif de l'église fut établi par l'architecte Alfred Parland, avec le concours de l'archimandrite Ignati, supérieur de l'un des monastères des environs, qui, avant son entrée au couvent, avait étudié l'architecture à l'Académie des beaux-arts de Pétersbourg. La construction fut entreprise en 1883 et achevée seulement en 1907, bien après la mort de l'empereur commanditaire. On appréciera en particulier les mosaïques réalisées par Alexandre Frolov d'après les dessins des artistes les plus importants de l'époque : Victor Vasnietsov, Mikhaïl Nesterov et Nicolas Bruni. Aucun autre édifice de « style russe » ne peut rivaliser avec cette construction, mais le retour à l'héritage national russe n'était pas pour Pétersbourg une issue à la crise de l'art.

Les derniers progrès techniques offrirent une autre voie. L'architecture métallique fut de plus en plus souvent utilisée dans les édifices à caractère industriel. On lança des ponts de plus en plus hardis. Les fermes en métal furent utilisées dans la construction du marché au foin. La salle russe de la Banque du commerce extérieur – une salle ronde, construite par Victor Schroedter en 1887-1888 – est spectaculaire. Et pourtant, toutes ces innovations contribuèrent peu à la constitution d'un nouveau langage architectural. Ce dont on avait besoin, c'était de ce nouveau sentiment esthétique qui gagnait alors toute l'Europe. À l'orée du XXe siècle, la capitale de la Russie était prête à accueillir l'Art nouveau.

Le Pétersbourg de cette époque nous semble attirant, avec ses canaux et ses rivières habillées de granit, ses innombrables ponts, ses énormes parcs sur les îles. L'eau courante et les réverbères à gaz apparurent. Bien sûr, il y avait la banlieue. Le « Pétersbourg des usines » grandissait toujours plus vite et enveloppait d'un anneau la capitale d'apparat. Mais à cette époque, au tournant du siècle, c'était un signe de prospérité. Le règne du « rétrospectivisme » ne laissait aucune place au sentiment de changements proches ou tragiques. Dans la « ville de l'historicisme », on avait encore l'impression d'une vie immuable :

La nuit, la rue, le réverbère, l'apothèque,
La lumière absurde et blafarde.
Vis encore un quart de siècle
Tout sera comme ça. Il n'y a pas d'issue
Tu mourras, tu recommenceras tout depuis le début
Et tout se répétera comme autrefois
La nuit, les rides de glace du canal
L'apothèque, la rue, le réverbère
écrivait Alexandre Blok.[4]

3. *L'Architecte*, 1882, n° 5, pp. 71-72.

4. BLOK, A., *Œuvres complètes*, t. II, p.175.

Cathédrale-de-la-Résurrection-du Sauveur-sur-le-Sang-Versé, à l'intérieur couvert de mosaïques, dont celle-ci, située dans le chœur, derrière l'iconostase.

Chapitre sept

Nicolas II
naissance et naufrage de l'Art nouveau

« A l'heure du doute, lorsque sombre, j'interroge le destin de ma patrie, tu es ma seule consolation, mon unique soutien, ô langue russe, grande, forte, libre et franche ! Sans toi comment ne pas désespérer de ce qui se passe chez nous ? Mais il n'est pas possible de croire qu'une telle langue n'ait pas été donnée à un grand peuple ! »

Ivan Tourgueniev
Poèmes en prose, juin 1882

Maison de rapport Rosenstein, érigée par A. F. Bellogroud, en 1914, dans un style rappelant les châteaux anglais.

Le grand virage

On raconte que lorsque survint en octobre 1917 la révolution que le régime soviétique appela la « grande révolution socialiste d'Octobre », alors que les bolcheviks donnaient l'assaut au palais d'Hiver à côté, sur la perspective Nevski, les restaurants de nuit continuaient à travailler. Les orchestres tonnaient, les habitués buvaient du vin et les paris allaient bon train derrière les tables à jouer. Ce n'était pas une tragi-comédie. Mais ainsi se termina le début du XXe siècle en Russie. L'époque tout entière fut transpercée par les terribles événements, par les signes avant-coureurs de la catastrophe et par la marche insouciante du temps qui continuait sans faire évoluer l'ancien ordre des choses.

Maison Fabergé sur la rue Bolchaïa Morskaïa, contruite par K. Schmidt de 1899 à 1902, pour le fameux joaillier des tsars et comprenant les ateliers, le magasin de vente et les appartements.

Jamais la vie intellectuelle et artistique de Pétersbourg n'avait été aussi maladivement intense qu'à ce moment-là. La poésie russe atteignit des beautés sans précédent. Le symbolisme brillant d'Alexandre Blok, la limpidité étincelante d'Ivan Bounine, la force féminine d'Anna Akhmatova, l'exotisme romantique de Nicolas Goumilev la nourrirent de nouveaux rythmes et de nouvelles images. Les peintres construisaient le XXe siècle : la manière

Maison de l'émir de Boukhara, construite par S. Kritchinski en 1913, sur Kamenno-Ostrovski prospekt.

Maison Modern Style dans le quartier de Pétrograd. Non attribuée.

recherchée des maîtres de « Mir Iskousstva » voisinait avec l'avant-gardisme sans compromis des groupes du « ballet Boubnov », de la « Queue d'âne » et des toiles épiques de Nicolas Roerich. Un pas de plus et l'art abstrait était né, les futuristes et les constructivistes l'emportaient.

La physionomie de la ville ne changeait pas aussi radicalement. Pourtant, deux tendances fondamentales s'opposaient : l'Art nouveau, qu'en russe on appelle le « style moderne », et le néo-classicisme. Ces deux styles n'étaient pas monolithiques. Ils étaient en fait le fruit d'une quantité de nuances, liées aux préférences personnelles de chaque architecte. L'Art nouveau est apparu et s'est manifesté à Pétersbourg dans les années 1900. Le néo-classicisme resta un concurrent sérieux jusqu'à la fin de la première décennie et continua de recueillir les suffrages pendant la période révolutionnaire.

L'originalité de l'Art nouveau pétersbourgeois se trouvait dans sa retenue par rapport à Moscou et à la province. Le décor graphique y était habituellement plat et les couleurs plutôt pâles. La pierre naturelle y jouait un grand rôle, en particulier le revêtement en granit gris de Finlande et les carreaux de céramique claire. Le plan des maisons de rapport, des hôtels particuliers et des édifices publics faisait preuve d'un rationalisme appuyé. C'étaient d'austères volumes géométriques dans lesquels on rencontrait des formes subtiles et « fluides ». Si les motifs végétaux, les figures stylisées, les panneaux de majolique et les vitraux colorés ont séduit les architectes à la fin des années 1910, à la veille de la Première Guerre mondiale, les formes préférées du nouveau courant furent le plus souvent combinées avec les éléments habituels des styles historicisants. Les couronnes tressées et les guirlandes néo-baroques côtoyaient les fleurs débridées, les pieds de vigne et les toiles d'araignée des grilles des balcons.

L'Art nouveau pétersbourgeois resta malgré tout, un style romantique. On le sent dans cet esthétisme particulier, associé à une simplicité d'intentions, au raffinement subtil de l'accumulation des symboles dans le décor et à la modernité très accusée des formes architecturales. À cette belle élégance venait s'ajouter l'éclat particulier de

Vue de la cour intérieure de la maison Polovtsev. Elle porte le nom de son dernier propriétaire, le sénateur Polovtsev qui la tenait du prince Gagarine. Construite au XVIIIe siècle pour le comte Golovkine, elle fut très remaniée à la fin du XIXe siècle. La façade sur rue a été élevée par A. Pel pour le prince Gagarine, en style classique tardif.

Vue de la verrière de la Salle de bronze.

*Le Salon doré, un des salons d'honneur pour lesquels M. Mesmakher s'est inspiré des modèles des XVII*ᵉ *et XVIII*ᵉ *siècles. Exemple du néo-rococo pétersbourgeois.*

la technique du début du XXᵉ siècle, la richesse des matériaux et la perfection des détails pratiques comme les poignées de portes, les espagnolettes des fenêtres, les bouches d'aération et même les serrures.

Les architectes de Pétersbourg étaient séduits par les tendances les plus nouvelles et c'étaient d'excellents maîtres en matière d'architecture. Alexandre Gauguin, Paul Suzor, Ernst Virrich, Nicolaï Vassiliev, Gavril Baranovski comptent ainsi parmi les partisans de l'Art nouveau. Cependant, le représentant le plus remarquable en fut Fedor Lidval. Il sut combiner la manière novatrice et le caractère pratique, inventer le sentiment de confort et donner en même temps à son architecture l'échelle de la grande ville.

Ni la première révolution de 1905, que maîtrisa le pouvoir impérial, ni la défaite inattendue de la Russie dans la guerre du Japon, ni la faiblesse évidente du gouvernement n'arrêtèrent la croissance de Pétersbourg. Sa population augmenta d'un million d'habitants pendant les dix-sept premières années du XXᵉ siècle. De ce fait, les dimensions mêmes de la ville se transformaient, les faubourgs poussaient, la construction dans les quartiers du centre devenait de plus en plus dense. Les immeubles

Maison de rapport, rue Khramovaïa par K. K. Schmidt, 1911-1912, détail du décor de la façade.

Façade Art nouveau de la maison Savina, construite par M. F. Geissler en 1905.

Entrée de service de la maison Kchessinskaya.

de l'époque classique disparurent pour faire place à des édifices à nombreux étages. Pétersbourg devint une ville d'immeubles locatifs, de banques et de grands magasins.

Le pont de la Trinité, construit sur la Néva en 1903, joignait le centre de Pétersbourg aux îles du nord et la perspective Kamenno-Ostrovski devint alors l'une des rues les plus animées de la capitale. Pendant les quinze premières années du siècle, on y édifia un grand nombre de maisons à étages. F. Lidval bâtit, au début de l'avenue, une maison de rapport, appartenant à sa famille, qui est le premier édifice Art nouveau à Pétersbourg. Il rejeta catégoriquement toute référence aux ordres, accentua la puissance du rez-de-chaussée en le revêtant d'un bossage rustique, anima les façades avec des oriels, conçut un léger décor graphique stuqué à base d'ornements floraux stylisés et plaça tout en haut du pignon une chouette aux ailes déployées. À côté, l'hôtel Vitte fut construit par E. Virrich.

Un peu plus loin, au croisement de la rue Bolchaïa Roujeïnaïa (rue Mir), V. Staub aménagea entre 1901 et 1906 une petite place octogonale, entourée de tours pittoresques, de flèches et de coupoles. C'est à Pétersbourg l'un des rares exemples de place entièrement conçue dans l'esprit de l'Art nouveau. Un peu plus loin, sur le côté gauche de la perspective, l'énorme maison de rapport de la première compagnie d'assurances russe fut construite de 1911 à 1913 par trois architectes de la famille Benois. Ici, les traits de l'Art nouveau se combinent au néoclassicisme. Entre 1913 et 1915, A. Belogroud édifia au croisement des perspectives Kamenno-Ostrovski et Bolchoï Petrogradski une maison originale avec de hautes tours, reposant sur de puissantes consoles ; c'est un bel exemple de l'historicisme romantique influencé par l'Art nouveau. Le nouveau style y prédomine, bien qu'on y trouve des éléments néo-gothiques et néo-baroques. Au-delà de la rivière Karpovka, une autre maison de rapport, due à F. Lidval, date de 1906. Monumentales elles aussi, les deux maisons d'habitation voisines ont été bâties dans l'esprit néo-Renaissance par V. Chtchouko. La perspective Kamenoostrovski s'est donc constituée au début du XXe siècle comme une unité artistique, un ensemble où règne l'Art nouveau. Une fortune semblable attendait bien d'autres avenues de Pétersbourg.

Les perspectives Bolchoï, Maly et Kronwerk dans le quartier de Pétersbourg, commencèrent à suivre l'exemple de la perspective Kamenno-Ostrovski. Sur la perspective du Kronwerk, par exemple, la fameuse maison de la ballerine Kchessinskaïa, construite de 1904 à 1906 par A. Gauguin, est une véritable quintessence de l'Art nouveau pétersbourgeois. Les transformations gagnèrent la perspective Nevski. Un grand nombre d'édifices y avaient été remaniés ou reconstruits dans la seconde moitié du XIXe siècle. C'étaient surtout des banques, des hôtels, des maisons de commerce et des compagnies d'assurances, mais leurs volumes ne déparaient pas l'alignement car la hauteur des constructions de Pétersbourg était réglementée depuis 1844.

Au début du XXe siècle, la situation changea. À l'angle de la Nevski et de la rue Malaïa Morskaïa, M. Peretiatkovitch construisit la grandiose banque Vavelberg. La monumentalité néo-Renaissance, portée ici jusqu'à l'outrance, formait un contraste brutal avec l'Amirauté et l'État-Major tout proches. Le gros édifice du fameux magasin de fourrures Mertens, édifié en 1912 par M. Lialevitch à côté du palais Stroganov, donnait lui aussi dans la démesure. Sa façade est constituée de trois gigantesques arcades, séparées par de grandioses colonnes corinthiennes. Les baies étaient fermées par des vitrines sur toute la hauteur des quatre niveaux. Sur la perspective Nevski se trouve également l'immeuble de la Compagnie des machines à coudre Singer (aujourd'hui « Maison du livre »), avec sa haute tour d'angle couronnée d'une coupole ovoïde. Il fut construit par Paul Suzor entre 1903 et 1907. Il faut mentionner aussi la maison du

Maison Kchessinskaya. Construit sur la perspective du Kronwerk entre 1904 et 1906 par l'architecte A. I. Gauguin pour la fameuse ballerine russe Kchessinskaïa, qui défraya la chronique des amours des hommes de la famille impériale, l'hôtel est considéré comme le parangon de l'architecture Art nouveau à Saint-Pétersbourg : un étage de soubassement en granit, un revêtement de céramique brillante de tons pâles, des grilles en fer forgé et des oriels vitrés.

marchand Elisseiev avec le magasin d'alimentation et le théâtre construits par G. Baranovski de 1903 à 1907, face au théâtre Alexandre.

Les transformations rapides qu'apporte l'Art nouveau, le retour de l'historicisme et la position de force occupée par le néo-classicisme marquent la dernière décennie prérévolutionnaire à Pétersbourg. La maison de commerce de la « Société économique de la Garde » est l'une des constructions les plus importantes de cette époque. Elle fut bâtie par E. Virrich de 1908 à 1910, sur le principe de la structure métallique. L'abondance du verre et le graphisme recherché de la façade aux lignes brisées sont caractéristiques de l'Art nouveau tardif, dans lequel réapparaît le rythme sévère et mesuré de l'ordre classique. À la même époque, F. Lidval construisit la banque de commerce d'Azov et du Don sur la rue Bolchaïa Morskaïa. Dans cet exemple, le néo-classicisme évince l'Art nouveau, même si la surface violente des façades s'oppose à la monumentalité traditionnelle du classicisme. On y sent le « nouveau rationalisme » qui définit le rapport aux formes classiques.

Le projet de l'hôpital municipal Pierre-le-Grand fut ratifié en 1907. La construction commença sous la direction des ingénieurs civils L. Iline, A. Klein et A. Rosenberg. Les bâtiments entouraient une place en hémicycle et se prolongeaient le long du boulevard situé dans l'axe. On donna à l'ensemble le caractère architectural de l'époque de Pierre le Grand – une sorte de pastiche du bâtiment des Douze Collèges. C'est un exemple caractéristique de ce qu'on a appelé la « Renaissance locale », l'équivalent russe du *local revival* si populaire alors en Angleterre et aux États-Unis.

En 1910, M. Peretiatkovitch construisit la banque russe du Commerce et de l'Industrie, rue Bolchaïa Morskaïa, et en 1911, N. Vassiliev, les galeries marchandes sur la Liteïnaïa. Ces édifices représentent les tendances les plus radicalement opposées de l'architecture de Pétersbourg. Les galeries marchandes ont une longue façade en verre à deux niveaux, d'une grande légèreté, articulée par des pylônes de granit non poli, terriblement lourds et massifs. Elles offrent le modèle même de l'architecture contemporaine contradictoire, rationnelle et romantique

Maison Kchessinskaïa.
Le vestibule.

Maison Kchessinskaïa.
L'escalier d'honneur.

et, avec elle, la fin de l'Art nouveau pétersbourgeois. L'immeuble de la banque est un exemple de la combinaison solennelle du néo-classicisme et du néo-Renaissance, écrasante par ses proportions, sa lourdeur et sa somptuosité. C'est ce style précisément qui triomphait à la veille de la révolution. On le retrouve dans un grand nombre de maisons de rapport : la maison de l'émir de Boukhara, les établissements d'enseignement comme le cours Bestoujev, ou les hôpitaux comme la clinique Kalmeïer, construits entre 1911 et 1914. C'était, de nouveau, la puissante architecture impériale de l'énorme capitale de la Russie.

Il est étonnant qu'après la révolution, une fois passé le jaillissement fantastique des vingt années d'avant-garde, l'époque stalinienne se soit tournée – à Pétersbourg, devenu Léningrad, et plus encore à Moscou – vers un style très proche. La tradition du style néo-classique était encore appréciée.

Les formes les plus recherchées du néo-classicisme, au début du XXe siècle, sont restées les témoins des dernières années prérévolutionnaires. Le meilleur exemple à Pétersbourg est celui de la *datcha* du comte Polovtsev sur l'île Kamenny, terminée en 1916 d'après le projet d'un jeune architecte très doué, Ivan Fomine. Il édifia une résidence très raffinée, dans l'esprit du palladianisme russe du XVIIIe siècle, avec une délicate colonnade ionique le long de la façade principale, un vestibule couvert d'une coupole, un grand salon en pierre blanche, un escalier ovale, une salle à manger avec des pilastres corinthiens et les peintures murales de la salle aux tapisseries. Cette *datcha* était plus raffinée que la maison urbaine du même comte Polovtsev sur la Bolchaïa Morskaïa, avec son salon doré Louis XV et sa grande salle à manger dans le style de la Renaissance française. La maison et la *datcha* du comte Polovtsev ont été conservées avec leurs intérieurs. Un club d'architectes s'installa dans la première et une maison de repos dans la seconde.

D'autres palais, à Pétersbourg, ont connu un sort analogue lorsqu'ils n'ont pas été transformés en musées, mais ils ont changé radicalement d'affectation. L'histoire de la capitale impériale s'était arrêtée. Elle devint dans la conscience des Russes le monument grandiose de la Russie disparue.

Kamenny Ostrov. La datcha Georges Borman, début XXe siècle.

Kamenny Ostrov. La maison Meltzer. Elle a été construite en 1903 pour lui-même par l'architecte qui a voulu illustrer par l'architecture un conte russe afin d'en restaurer la tradition.

Chapitre huit

Tsarskoïe Selo

« Des échantillons de tous les genres d'architecture sont répandus dans le parc de Tsarskoë Selo, et cette étonnante variété de constructions, en offrant des aspects toujours nouveaux, prête un grand charme à la promenade. »

Jacques Ancelot
Six mois en Russie, Paris, 1838

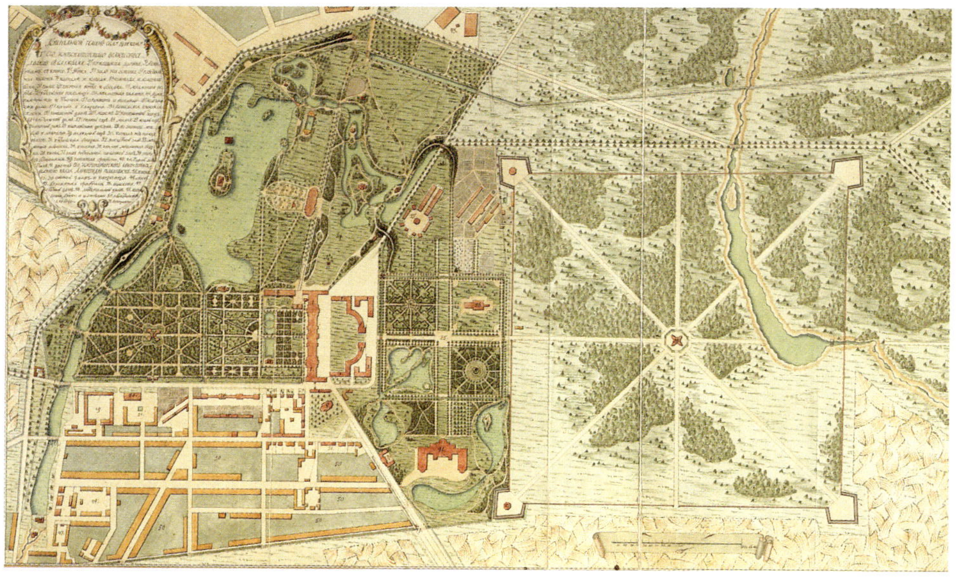

Plan de Tsarkoïe Selo. Aquarelle extraite du recueil Parcs et palais impériaux autour de Saint-Pétersbourg.

Tsarskoïe Selo.
*Vue d'ensemble. Le domaine appartint à Catherine I*ère *au début du* XVIIIe *siècle. Élisabeth Petrovna fit transformer le palais d'abord par Savva Tchevakinski puis, de 1751 à 1757, par Bartolomeo Rastrelli. Catherine II en fit réaménager les intérieurs à partir de 1762 et de nouvelles constructions furent entreprises jusqu'à sa mort en 1796.*

Entrée de la cour d'honneur, 1751-1757.

La mystique de Tsarskoïe Selo

Tsarskoïe Selo, c'est le « Versailles russe ». Les mots du vicomte Olivier de Rohan – *Versailles, c'est le symbole suprême du pouvoir absolu* – peuvent être appliqués à Tsarskoïe Selo plus qu'à toute autre résidence impériale en Russie. Tous les empereurs de toutes les Russies ont adoré le palais et son parc, sauf un. Paul Ier, qui haïssait sa mère, étendit son antipathie à Tsarskoïe Selo.

Pour les Russes, Tsarskoïe Selo est infiniment plus que « le symbole parfait du pouvoir absolu ». C'est ici qu'est née une parcelle de l'âme russe. Tsarskoïe Selo renferme dans sa totalité le monde de la culture russe européanisée des XVIIIe et XIXe siècles. Ce n'est pas sans raison qu'Alexandre Pouchkine écrivait au moment où il lui semblait que la culture russe commençait à se confondre avec la culture européenne :

Où que nous jette la destinée,
Où que nous mène le bonheur
De toutes façons :
Le monde entier est à nous – c'est l'étranger,
Et notre patrie, c'est Tsarskoïe Selo.[1]

C'était et cela reste vrai pour l'intelligentsia russe.

Nulle part n'est reflété aussi clairement qu'à Tsarskoïe Selo ce qui a précédé puis accompagné la naissance de la culture russe classique du XIXe siècle – la culture du roman russe. C'est ici qu'ont vu le jour les sentiments qu'ont gravés dans leurs vers et dans leur prose Pouchkine, élève au lycée de Tsarskoïe Selo, Lermontov, qui servait dans les hussards de la garde impériale et Tourgueniev, un habitué du parc.

Quel autre ensemble de palais et de parcs peut s'enorgueillir de posséder sa propre école poétique ? Les poètes russes du XVIIIe siècle, Lomonossov, Derjavine, Bogdanovitch, et ceux du XIXe siècle, Joukovski, Tioutchev, ont fixé dans des images inoubliables la nature et les édifices des jardins. Qu'ils fussent perdus au fin fond de l'exil sibérien, ou pris dans l'agitation citadine des bords de la Néva, ceux qui avaient étudié avec Pouchkine au lycée de Tsarskoïe Selo ne pouvaient oublier la patrie de leur jeunesse et de leurs jeunes espoirs. Anna Akhmatova, la plus célèbre des poétesses russes du XXe siècle, et son mari, Nicolaï Goumilev, fusillé jeune pour avoir participé à un complot contre-révolutionnaire, laissèrent sur Tsarskoïe Selo des lignes saisissantes, qui prophétisaient la fin de cette culture : *En attirant les intelligences vers des*

1. POUCHKINE A., « 19 octobre », in *Œuvres complètes.*, p. 288.

Grand Palais. façade sur la cour d'honneur.

filets inattendus et harmonieux, Innokenti Annenski était le dernier des cygnes de Tsarskoïe Selo,[2] écrivait Goumilev à propos de son maître.

2. Goumilev N., *Souvenir d'Innokenti Annenski.*

Tsarskoïe Selo est à lui seul une constellation entière de mondes artistiques, un système d'ensembles où chaque ensemble engendre son propre monde. Au milieu du XVIIIe siècle, « le monde du baroque de Tsarskoïe Selo » brillait de splendeur. À côté du palais baroque se trouve le plus important ensemble « exotique » d'Europe, la Chine imaginaire de l'époque des Lumières, « un monde de rêves » où avait lieu « le jeu oriental » exotique, sous le règne de Catherine II. À la même époque apparut « le monde des rêveries politiques » auquel font écho dans le parc les événements historiques et politiques, « le monde du bonheur des Lumières », un tableau idéal de villages. Et au centre de ce site – le noyau de l'ensemble, personnifiant l'idéal antique –, on découvre « le monde de la Grèce et de Rome ressuscitées », l'une des plus belles constructions du classicisme européen : les thermes de Cameron, l'architecte anglais au service de la Russie.

Ces « mondes » topographiques ont un emplacement déterminé dans l'ensemble de Tsarskoïe Selo : au centre, ce sont le palais baroque et le parc de l'époque d'Élisabeth Petrovna ; à l'est, la ville du XIXe siècle ; à l'ouest, le parc paysager de l'époque de Catherine II. Ce parc se développe à partir de la façade ouest, classicisante, du palais et se déploie en éventail. Tout à fait au sud, au-delà du lac, se trouvent les restes du village idéal de Sofia, « le monde du bonheur des Lumières », qui aujourd'hui malheureusement composent un triste tableau. Autour du lac, c'est le parc des allusions politiques et sentimentales. Plus au nord, il traverse l'ensemble chinois qui termine le parc romantique du XIXe siècle, ou parc Alexandre, du nom du palais. À la limite orientale de ce parc, à la frontière de la ville contemporaine, on trouve les constructions de « style russe » du début du XXe siècle.

Le triomphe du baroque

L'histoire de Tsarskoïe Selo commence le 24 août 1702, lorsque les troupes suédoises, devant l'avance des régiments russes du général Apraxine, abandonnent la résidence qui existait alors à cet emplacement. Cela se passait pendant la fameuse guerre du Nord qui opposait les deux « héros » du début du XVIIIe siècle : le roi de Suède Charles XII et le premier empereur de Russie. Au lende-

Façade sur la cour d'honneur.

main de la victoire, à peine annexée la rive nord du golfe de Finlande, Pierre Ier fit don de l'ancienne maison de campagne suédoise de Saar à son favori Alexandre Danilovitch Menchikov. Mais très vite, comme il le fit souvent, il la lui reprit et la donna à sa femme Catherine. Dès lors, Tsarskoïe Selo devint la résidence préférée des empereurs. Pendant les quatre premières décennies du XVIIIe siècle, à partir de 1716, les architectes de la Cour – Braunstein, Ferster, Trezzini, Zemtsov, Kvassov et Tchevakinski – reconstruisirent le palais, l'un après l'autre, en l'embellissant toujours et en agrandissant le jardin régulier. De la modeste demeure de Catherine Ire, le palais se transforma vers le milieu du XVIIIe siècle en une gigantesque construction, longue de plus de trois cents mètres, constituée de trois corps de bâtiments, d'une orangerie et d'une église reliés par des galeries. En 1751, le décor des façades et l'aménagement intérieur furent achevés d'après les projets de Savva Tchevakinski.

Pourtant, dès le 12 mai 1751, une complète reconstruction du palais fut entreprise sur ordre d'Élisabeth Petrovna, et elle sera terminée vers 1757. Catherine II, qui aimait souligner l'inconséquence de son auguste prédécesseur, disait que *c'était un travail de Pénélope : on détruisait le lendemain ce qu'on avait construit la veille.* Elle estimait que le palais avait été détruit et reconstruit six fois de fond en comble avant d'atteindre l'état *dans lequel il se trouve maintenant.*[3] C'est que le caractère d'Élisabeth Petrovna la portait à tout ce qui était excessif. Après sa mort, on trouva plus de cinq mille robes dans sa garde-robe.

Un goût aussi vif pour l'« excessif » est caractéristique de l'époque baroque. Il est essentiel d'en avoir conscience pour comprendre l'architecture de la Russie de cette époque. Effectivement, l'histoire de la construction du Grand Palais de Tsarskoïe Selo sous le règne d'Élisabeth Petrovna prouve une attirance illimitée pour ce qu'il y a de plus grandiose, de plus somptueux et de plus luxueux. Elle démontre aussi un sens esthétique indéniable.

Comme si avec des édifices merveilleux
Il fallait multiplier le nombre des étoiles,
Tsarskoïe Selo mérite
D'être une pure constellation.[4]

Ces lignes du poète russe Mikhaïl Vassilievitch Lomonossov évoquent le palais construit par Rastrelli – un ensemble fastueux, étincelant et clair, comme la démonstration géométrique de quelque théorème remarquablement harmonieux.

L'énorme parc, dessiné dans l'axe perpendiculaire au palais, fut constitué de bosquets carrés et rectangulaires, répartis le long de chemins en étoile. Leur dessin était rigoureux mais varié.

Les pavillons de l'Ermitage et de la Grotte constituaient l'ornement principal du parc baroque. Ils n'ont pas changé.

3. « Lettres de Catherine II à Grimm » in BENOIS A., *Tsarskoïe Selo à l'époque de l'impératrice Élisabeth Petrovna*, Saint-Pétersbourg, p. 12.

4. LOMONOSSOV M., « Ode à l'impératrice Élisabeth » in *Tsarskoïe Selo dans la poésie*, p. 17.

Grand Palais. Escalier d'honneur construit par Monighetti en 1860.

Double page suivante : *Grand Palais. La grande salle de bal éclairée par onze fenêtres de chaque côté fut réalisée par Rastrelli entre 1751 et 1757.*

Grand Palais. L'enfilade.

Détail du décor de la grande salle de bal.

L'aménagement intérieur est aussi intéressant que l'aspect extérieur. Dans l'Ermitage, destiné aux fêtes intimes et privées, on inventa une « chaise volante » et des « tables volantes », des « ascenseurs » pour les invités et des monte-charge pour la nourriture. La « chaise volante » était un élégant fauteuil qui s'élevait vers l'étage. Les tables – une grande au milieu et des petites sur les côtés – avaient été fabriquées de telle sorte que les plats semblaient surgir dans la salle des banquets comme par enchantement. Élisabeth s'en servit peu, mais les plaisirs de l'Ermitage furent pleinement appréciés par sa nièce Catherine II.

Tout cela n'est rien à côté des intérieurs du palais. Rastrelli, en effet, a imaginé une enfilade de trois cents mètres de long, dans le même style fastueux. L'espace se déroulait « d'un seul souffle ».

Quand on arrivait de Pétersbourg pour une réception de gala, on montait par l'escalier d'honneur placé à l'extrémité du palais, dans un pavillon couronné d'une étoile. Deux volées menaient à un large palier. Le sol en dalles de marbre, les rampes sculptées et dorées, les innombrables vases et statues donnaient aussitôt une sensation de luxe. Tout l'espace de l'escalier était inondé de lumière. Les quarante fenêtres qui l'éclairaient comportaient chacune trente-trois petits miroirs.

En haut de l'escalier commençait la seconde étape de la voie solennelle. Alexandre Benois, le célèbre historien de l'art russe du début du XXe siècle, écrivait : *Dès la première salle s'ouvrait l'enfilade sans fin des pièces dorées au décor dense. Au fond de ce labyrinthe mystérieux, au-delà des innombrables portes et murs vivait une créature mythique, « Sa Très Pieuse Majesté l'Impératrice elle-même ». De là-bas, de la profondeur des profondeurs, comme de quelque royaume de glace, elle avançait dans les cas de grande solennité. Elle se transformait peu à peu, de petit point à moitié visible et scintillant de pierreries, en figure majestueuse aux contours précis, bruissante de brocarts et de soies.*[5]

5. Benois A., *Œuvres complètes*, p. 24.

Après avoir franchi le seuil du premier étage, on devait traverser cinq antichambres, semblables les unes aux autres (elles ont été détruites pendant la Seconde guerre mondiale). C'étaient de grandes pièces, communiquant les unes aux autres par trois portes. Les murs étaient rythmés par des pilastres dorés, les plafonds étaient peints. Fixées au mur, dix girandoles portant cent bougies les éclairaient durant la nuit. Le jour, elles chatoyaient d'une pâle lueur dorée. Toute cette splendeur ne servait qu'à préparer l'entrée dans la salle principale : la Grande Galerie dans laquelle pénètre inévitablement tout visiteur de Tsarskoïe Selo, encore aujourd'hui. Onze énormes fenêtres de

Grand Palais. Salon.

Grand Palais. La salle d'ambre. Les panneaux d'ambre offerts par Frédéric-Guillaume de Prusse à Pierre le Grand en 1716 pour décorer son palais d'Hiver furent transportés par sa fille, l'impératrice Élisabeth, à Tsarskoïe Selo et installés dans une salle par Rastrelli. La salle est en cours de reconstitution.

chaque côté éclairent la salle le jour. Le soir et la nuit, au cours des réceptions ou des bals, elle est illuminée par cinquante-six girandoles portant six cent quatre-vingt-seize bougies. Nous citons ces chiffres parce qu'ils rendent compte de l'inflation décorative de la salle en question. Le visiteur est avant tout impressionné par les dimensions gigantesques, le nombre infini des détails et le continuel reflet de la sculpture dorée dans les miroirs étincelants.

Au-delà de la galerie se trouvait la salle à manger d'argent, qui donnait sur l'un des salons les plus étonnants du palais : le salon chinois. Il occupait le milieu de l'édifice. À la fin du XVIIIe siècle, on construisit à sa place l'escalier d'honneur que nous empruntons aujourd'hui. Mais du temps d'Élisabeth Petrovna, les murs étaient couverts d'authentiques panneaux de laque chinois et de sculptures, exécutées par des maîtres russes dans le goût chinois.

Un peu plus loin, s'ouvrent des pièces récemment restaurées. La plupart d'entre elles étaient tapissées de damas blanc tendu entre des cadres dorés. Dans la salle à manger framboise et dans la salle à manger verte, les panneaux de fleurs sont assortis aux tonalités de la pièce. Il faut aussi mentionner la salle des tableaux, avec sa mosaïque continue de toiles, et l'église aménagée avec magnificence. La salle d'Ambre était peut-être la plus célèbre de toutes, pour son faste exceptionnel. Le secret de sa disparition, pendant la Seconde Guerre mondiale, n'a pas encore été élucidé. Elle a pourtant une belle histoire.

En 1716, le roi de Prusse Frédéric-Guillaume Ier donna à Pierre Ier des panneaux et des bas-reliefs d'ambre d'une dimension telle qu'il était possible d'en décorer les murs d'une salle entière. En remerciement, Pierre Ier lui envoya les cinquante-cinq soldats russes les plus grands qui soient, ainsi que le kammerjunker Tolstoï pour qu'ils fussent

Grand Palais. La galerie de peintures aménagée par Rastrelli.

Grand Palais. La salle à manger verte aménagée par Cameron en 1780.

*Grand Palais.
Façade sur jardin
dessinée
par Rastrelli.*

Le Parc. À gauche, la façade du Grand Palais, à l'extrémité de l'étang, les Bains supérieurs construits par I. Neelov de 1777 à 1779.

incorporés dans la garde du roi de Prusse. On orna l'une des pièces de l'ancien palais d'Hiver avec les panneaux d'ambre. Élisabeth Petrovna chargea Rastrelli de transporter ensuite le décor du cabinet à Tsarskoïe Selo. Le maître créa cette fameuse salle d'Ambre en adaptant les précieux panneaux à une nouvelle composition. Il utilisa la facture du matériau, sa couleur et sa matité. Les panneaux furent placés dans un ensemble d'ambre sculpté et séparés par des pilastres en glace. C'est ainsi qu'est née la plus extraordinaire des salles du palais – une salle dont on peut difficilement nier la splendeur et le raffinement.

Dans les années 1750, Tsarskoïe Selo frappait par l'unité du « sentiment baroque » abondant, presque trop « barbare » même.

Le caprice chinois de la Grande Catherine

L'année 1762, qui changea tellement le destin de la Russie, fut fêtée à Tsarskoïe Selo, dans les décors baroques d'Élisabeth Petrovna. Mais l'impératrice Catherine aimait alors ce qui était nouveau et inhabituel. C'est ainsi que le caprice chinois s'empara du parc de Tsarskoïe Selo.

On y réalisa le plus grand ensemble de constructions exotiques de toute l'Europe du XVIIIe siècle. Presque la moitié en a été conservée. Elle comprend une quinzaine d'édifices, le théâtre chinois, quelques ponts chinois, la petite ville chinoise dans son entier, ainsi que le Petit Caprice et le Grand Caprice. Toutes ces constructions ont été entreprises entre 1760 et 1770.

Répétée deux fois dans l'ensemble chinois, l'appellation « caprice » révèle le sens de toute cette composition orientale. *Le nom de « caprice » donné à ces éminences est venu de ce que Catherine II, en examinant les devis des travaux de jardinage à Tsarskoïe Selo, hésita d'abord, puis se décida à la dépense en disant : « C'est comme ça, c'est mon caprice ».* Ainsi le veut la légende locale[6].

Le village chinois fut aménagé entre les deux « montagnes artificielles », le Grand et le Petit Caprice. Le relief semble plus complexe qu'il ne l'est en réalité. Quand on arrive de Pétersbourg, on passe devant l'arche du Grand Caprice. La « montagne rocheuse » est percée de portes que surplombent arbres et buissons taillés, d'essence insolite et intentionnellement « sauvages ». En haut, un kiosque chinois au toit caractéristique est porté par des colonnes de marbre. Il fallait dépasser ce petit tunnel sombre. Sur la gauche, près de la route, se trouvaient les constructions du village, peintes de couleurs vives, hérissées de dragons « terribles » et de poissons. En face, dans l'axe, on voyait le Petit Caprice ; à gauche, le parc avec ses étangs et ses îles pittoresques, et le kiosque à musique construit par Velten. Le village était formé de rues courtes et d'une

6. GOLLERBAKH E., *Les Parcs et les palais champêtres*, Pétersbourg, 1924, p. 31.

Le parc. Façade des Bains supérieurs sur le grand étang.

Vue sur l'axe du parc. Au fond, le pavillon de l'Ermitage.

place octogonale avec une pagode au centre. L'histoire de sa construction est complexe. On doit le premier projet à Rinaldi. Les architectes Neelov, qui s'étaient familiarisés avec les pavillons chinois des parcs anglais, participèrent ensuite au travail. Par l'intermédiaire de l'ambassadeur à Londres, on commanda la maquette de la pagode construite dans Kew Gardens par Chambers (le seul architecte du XVIIIe siècle ayant visité la Chine). En 1780, les travaux de style chinois furent confiés à Charles Cameron.

Cameron réunit toutes les parties de l'ensemble chinois en construisant quatre ponts exotiques, décorés de figures chinoises, de représentations de plantes curieuses et de kiosques. Les ponts étaient placés de telle sorte que l'on pût organiser, à partir du palais, une promenade « dans le style chinois » en étant toujours entouré de constructions fantastiques « dans l'esprit oriental ».

Quand on arrivait à Tsarskoïe Selo ou qu'on se promenait dans le parc, on devait subir cette « métamorphose artistique ». Il fallait traverser à pied ou en voiture le monde insolite, lointain et merveilleux des constructions d'outre-mer, le « monde du caprice » avant de pouvoir approcher, sans transition, le palais. Car la route principale qui venait de Pétersbourg traversait cette Chine imaginaire, à l'opposé de laquelle était situé l'autre thème culturel majeur de Tsarskoïe Selo : l'idéal antique.

Le retour à l'antique

Dès le début des années 1770, Catherine II eut le projet de construire « *une rhapsodie gréco-romaine* » dans le jardin de Tsarskoïe Selo. « *... On recherche un ou plusieurs [...] artistes pour trouver dans l'Antiquité grecque ou romaine une maison avec ameublement complet [...]. Il faut faire un résumé du siècle de César, d'Auguste, de Cicéron et de Mécène et construire une maison dans laquelle pourraient prendre place tous ces gens en personne...* stipulait le programme qui fut envoyé à Paris sur ordre de l'impératrice.[7] Un grand nombre d'architectes célèbres furent séduits par la possibilité de bâtir quelque splendeur dans les jardins de la « Sémiramis du Nord ». Charles de Wailly proposa d'élever un édifice consacré « aux sciences et aux arts » et à leur protectrice, Minerve. Le grand connaisseur de l'Antiquité,

7. GRABAR I. E., *Histoire de l'art russe, op. cit.*, Moscou, 1903. p. 370.

Grand palais. Façade sur le jardin vue du bas de la terrasse.

Charles Clérisseau, avec son pédantisme habituel, jugea nécessaire de réaliser exactement l'édifice demandé. Il s'efforça de trouver l'édifice dans lequel auraient pu se réunir effectivement tous ces illustres Romains. Il décida qu'ils auraient pu se rencontrer dans les thermes. La « maison antique » de Clérisseau fondée sur la composition des thermes de Dioclétien devait, par ses dimensions, dépasser le palais de Rastrelli. Le projet, pour cette raison, ne fut pas retenu. Clérisseau fut néanmoins le premier auquel vint l'idée que les thermes, cette construction typique de la Rome antique, étaient précisément le lieu pour créer un « jeu » qui ressemblât à la vie antique.

L'impératrice ne voulait pas payer la somme que Clérisseau demandait pour ses services. Néanmoins, elle ne renonça pas à son projet. Charles Cameron, « *connu pour son livre sur les bains anciens* », paru en 1772, fut invité à travailler à Tsarskoïe Selo. C'est lui qui réalisa l'idée de Clérisseau.

Cameron avait trente-six ans passés en cette année 1779, lorsqu'il commença le plan des thermes. On ne lui connaissait pas la moindre construction avant son arrivée en Russie. Cet ensemble, qui comprenait des bains, un jardin et une galerie promenoir, était le premier édifice de sa vie. Il lui apporta une gloire immortelle.

Il travailla sur les thermes de 1779 à 1792. Il construisit, au début, un petit pavillon à un étage. Au rez-de-chaussée, il aménagea les bains, à l'étage les petits salons. Le projet de l'architecte opposait les deux niveaux. Tout contribuait à entretenir cette différence. Le rez-de-chaussée était lourd, écrasé par un appareil pesant. L'architecte le revêtit d'une pierre grossièrement travaillée, poreuse, comme si elle avait été battue par les vents et les pluies. Ce devait être le « piédestal des temps ». En ajoutant à l'édifice un caractère d'« ancienneté », il donnait l'illusion d'une antiquité authentique. L'étage, au contraire, était léger et lumineux.

Si parfaite que fût l'architecture extérieure des thermes, elle ne séduisait pas autant les contemporains que l'aménagement intérieur et le décor en pierres fines. On avait utilisé le jaspe rouge, vert, vert veiné de rouge, l'agate rouge foncé, le cristal de roche et différents marbres, des bronzes, de la porcelaine et de la dorure. L'édifice, qui était

Le parc sous la neige. En face, la grotte rocaille commencée par Rastrelli en 1749, et continuée par Antonio Rinaldi à partir de 1771, fut terminée en 1782.

déjà légendaire du vivant de l'impératrice, reçut le nom de Chambres d'agate. Le poète Derjavine le qualifiait de « *térem* pareil à l'Olympe », où les pierres fines étincelaient comme « des nuées d'étoiles ».

Les intérieurs ne sont pas seulement remarquables par le coût de leur aménagement. Ils constituent un exemple unique en Russie d'imitation de l'antique autant par les formes décoratives que par le retour aux fonctions mêmes de l'édifice, le rite romain des ablutions.

En 1784, il entreprit de construire à côté des thermes une galerie-promenoir à deux niveaux. En haut, il éleva, à l'intention de l'impératrice, une colonnade d'un ordre ionique extraordinairement léger. « *Cette colonnade,* écrivait Catherine au baron Grimm, *est d'autant plus agréable qu'il y a toujours, par temps froid, un côté où le froid est moins sensible. Le milieu de ma colonnade est vitré ; en bas et à côté, il y a un jardin fleuri ; le bas de la colonnade est occupé par des dames proches de moi qui sont là comme des nymphes au milieu des fleurs ; dans la colonnade sont placés les bustes des grands hommes de l'Antiquité : Homère, Démosthène, Platon...* »[8]

Ces bustes étaient l'une des curiosités de la galerie qui était peuplée par l'ombre des généraux et des empereurs, des écrivains, des philosophes et de quelques hommes politiques de l'Antiquité. « *Si vous êtes curieux de savoir qui sont ces honorables personnes, voici la liste que j'en ai faite en me promenant...* », ajoutait l'impératrice. Les empereurs romains, de Jules César à Vespasien, d'Antonin le Pieux à Septime Sévère, constituaient l'essentiel de la collection. Mais on y trouvait aussi Socrate et Platon, Héraclite et Ovide, Apollon, Minerve, Bacchus et Héraclès.

Au début des années 1790, le passage étroit qui reliait les Chambres d'agate à la galerie fut transformé en jardin suspendu. On y planta des parterres. Les contemporains évoquaient les jardins de Sémiramis. Une rampe en pente douce relia au parc le jardin suspendu. On y rencontrait, en montant, les statues de bronze des muses, les représentations de Vénus, de Mercure, de Flore, et d'énormes vases dans l'esprit antique. L'architecture produisait aussi une forte impression. Des arcades rampantes à bossage rustique qui sortaient de terre, flanquées de colonnes trapues et les clefs, ornées de masques fantastiques, suscitaient une image romantique. On eût dit que l'Antiquité voyait à nouveau le jour, qu'elle rejetait le poids des siècles et se matérialisait, lentement mais sûrement, sur la terre de Tsarskoïe Selo.

Les salles de l'époque de la Grande Catherine

Le grand architecte italien Giacomo Quarenghi fit preuve d'une grande noblesse d'âme lorsque Charles Cameron eut terminé l'aménagement des salles du Grand Palais :

8. Voronov M., Khodassievitch G., *L'Ensemble, de Cameron à Pouchkine,* Leningrad, 1990, p. 25.

Le parc.
Le pavillon de l'Ermitage commencé en 1743 par M. Zemtsov fut terminé par S. Tchevakinski en 1746. Les façades furent redessinées en 1748 par Rastrelli, qui ajouta les colonnes jumelées et les frontons.

Le parc.
Plafond du grand salon du pavillon de l'Ermitage figurant le « Festin sur l'Olympe » exécuté par D. Valeriani en 1752-1753.

Les Chambres d'agate, ou Bains froids, construits par Cameron de 1780 à 1785, vus depuis la « Pente douce ».

Plafond de l'antichambre des Chambres d'agate.

Les Chambres d'agate.
La grande salle.

Les Chambres d'agate.
Détail du plafond d'une
des deux antichambres.

La galerie de Cameron. Cette galerie-promenoir à deux niveaux construite par Cameron à partir de 1784 à côté des thermes abrite les bustes des hommes célèbres de l'Antiquité.

il dit à l'impératrice que ces productions de son rival le plus dangereux *étaient aussi belles qu'originales.*[9] Et Catherine d'ajouter dans une lettre à Paris : *quiconque ne les a pas vues ne peut s'en faire une idée.* [10]

La majorité des salles du Grand Palais ont été détruites pendant la Seconde Guerre mondiale et n'ont pas encore été reconstituées, en particulier les appartements de Catherine situés dans la partie neuve du palais, l'aile Zoubov. En revanche, les pièces réservées au grand-duc Paul Petrovitch et à son épouse Maria Féodorovna ont été restaurées et sont accessibles au public.

Les salles qui sont parvenues jusqu'à nous ont été conçues par Charles Cameron au début des années 1780 : la salle à manger verte, l'office, le salon bleu et le salon ciel, la chambre à coucher et les cabinets de travail. Les historiens d'art ont étudié ce qui pouvait évoquer les œuvres des contemporains anglais de Cameron, les frères Adam. Les frères Adam, en publiant les dessins de leurs travaux, ont exposé par écrit un « programme idéal », la conception de leurs intérieurs, où la fidélité à l'antique se combinait au goût britannique pour le « pittoresque ». Cet idéal, Cameron l'a réalisé en utilisant les moyens illimités que lui donnait l'impératrice.

La salle à manger verte est la plus remarquable. Dès qu'on entre dans cette pièce, le regard est attiré par les figures blanc vif – d'un volume surprenant, presque de taille humaine – qui se détachent sur le fond vert clair des murs. Puis le regard rencontre d'autres représentations : des figures menues, inscrites dans des médaillons ayant chacun sa propre vie « ornementale ». Les grandes figures sont statiques et équilibrées. Les petites, au contraire, sont pleines d'action. Le spectateur est invité à participer aux différents événements de la mythologie qui s'y déroulent et se trouve ainsi entraîné dans les métamorphoses des grotesques romains.

Dans chacune des pièces qui composent les appartements de Paul Petrovitch et Maria Féodorovna, l'architecte utilisa une « manière » différente. Dans le salon chinois et le salon ciel, les murs ont été tendus de tissu – un tissu au décor bleu ciel pour le second, un tissu revêtu d'une peinture murale à motif chinois pour le premier. Dans la chambre à coucher, l'architecte a imaginé une autre

9. GOLLERBAKH E., in *Cameron à Tsarskoïe Selo, Charles Cameron.* Pétersbourg, 1924, p. 40.

10. « Lettres de Catherine II à Grimm » in PYLIAEV M., *Le Passé oublié des environs de Pétersbourg,* Saint-Pétersbourg, 1889, p. 462.

Le Parc.
La terrasse de granit aménagée par Luigi Rusca en 1809 est bordée de copies d'antiques.

« Pente douce » de la galerie Cameron à Tsarkoïe-Selo, 1794, par V. Petrov.

variation sur le mode du « retour à l'antique ». Il a conçu un aménagement semblable à ceux qui sont représentés dans les peintures murales de Pompéi et s'est efforcé de restituer un monde artistique qui semblait déjà fantastique aux maîtres romains.

Entre 1780 et 1788, Cameron décora pour Catherine d'autres appartements qui n'ont pas été conservés : la salle aux arabesques, la salle lyonnaise et la salle chinoise. À droite de celle-ci se trouvait la « salle à manger à la coupole » ; à gauche, les appartements privés de Catherine II, le cabinet d'argent, la chambre à coucher qui précédait le cabinet « tabatière » et la salle des glaces, qui donnait sur le jardin suspendu et la galerie de Cameron.

Les impressions de la maîtresse de céans méritent d'être rapportées. Catherine décrivait ainsi son cabinet de Tsarskoïe Selo : *Je vous écris dans le cabinet d'argent massif, gravé de ramages de feuilles rouges ; quatre colonnes de même décor portent une glace qui sert de baldaquin au divan recouvert d'un tissu rouge-vert avec de l'argent, de fabrication moscovite ; les murs sont constitués de glaces auxquelles les mêmes pilastres d'argent et de feuilles rouges servent de cadre. Le balcon donne sur le jardin, la porte est formée de deux glaces de sorte qu'elle paraît toujours ouverte bien qu'elle soit fermée […], le cabinet est d'un grand luxe, brillant, gai, il n'est pas surchargé de lourds décors et il est très agréable.*[11]

Au-delà du cabinet se trouvait la chambre à coucher blanc clair avec des colonnes lilas sombre et des détails en bronze massif de couleur or pâle. Elle donnait accès à un petit cabinet, fort mignon, connu sous le nom de « la tabatière », qu'évoque Catherine : *J'ai un autre cabinet dans lequel, comme dans une tabatière, sont combinées la couleur blanche et la couleur ciel avec le bronze, le verre bleu et le verre ciel, et où courent des ramages d'arabesques.*[12]

Au début des années 1780, il y avait aussi, derrière ces appartements, la « chambre aux palmiers », l'un des inté-

11. *Ibid.*

12. *Ibid.*

rieurs les plus étranges qu'ait conçus Cameron. Elle était encadrée par vingt-huit « *palmiers en fer-blanc* » peints. Les murs étaient couverts de glaces qui entraînaient dans une répétition sans fin la perspective de ce « *boqueteau de palmiers* ». La chambre aux palmiers, transformée à la fin des années 1780 en cabinet des glaces, fermait la suite des appartements personnels de l'impératrice.

L'environnement artistique conçu par le maître était plus riche et avait plus de sens que le classicisme « ordinaire ». Cameron ajouta ce qui n'existait pas dans les édifices de l'Antiquité : la porcelaine et la laque chinoises, les pierres fines russes et le verre coloré, les parquets à incrustations et les tentures de soie. Il conçut des murs et des portes en glaces pour ouvrir l'espace. Il n'hésita pas à placer sa salle « chinoise » au milieu des appartements à l'antique. Il fit pousser une véritable forêt de fer-blanc dans sa chambre aux palmiers. Il sut si bien utiliser les motifs empruntés relevés dans les intérieurs romains qu'ils s'intégrèrent sans peine dans des espaces qui étaient pourtant d'une signification, d'une échelle et d'un caractère totalement différents.

Le sens du parc

« *Le lendemain, de bon matin, Maria Ivanovna s'éveilla, s'habilla et se faufila tout doucement dans le parc. Le matin était merveilleux, le soleil éclairait le haut de tilleuls déjà jaunis sous le souffle frais de l'automne. Le grand lac brillait, immobile. Les cygnes s'éveillaient et sortaient, l'air important, de dessous les buissons qui ombrageaient la rive… Maria Ivanovna marcha autour de la merveilleuse prairie. Soudain, un petit chien blanc de race anglaise se mit à aboyer et courut à sa rencontre. Maria Ivanovna eut peur et s'arrêta. Au même moment, une agréable voix féminine se fit entendre : "N'ayez pas peur, il ne mordra pas." Et Maria Ivanovna vit une dame assise sur le banc, en face du monument… elle était en robe matinale blanche, en coiffe de nuit et en douillette. On lui donnait une quarantaine d'années. Son visage, plein et coloré, respirait la majesté et la sérénité, ses yeux bleus et son léger sourire avaient un charme ineffable…* » C'est en ces termes que Pouchkine, dans son célèbre roman *La Fille du capitaine*, décrivait la promenade de la Grande Catherine dans le parc paysager de Tsarskoïe Selo[13].

Le parc. Vue aérienne. Au premier plan les bains turcs et le port ; à l'arrière-plan, le pont de marbre.

13. Pouchkine A., *Œuvres complètes* en dix tomes, t. I, Moscou, p. 535.

Vue aérienne. Au premier plan, la grotte de Rastrelli. À gauche, la galerie de Cameron. Au fond, la façade du palais sur le jardin.

Il faut évoquer les difficultés techniques liées à la conception du jardin. L'emplacement ne s'y prêtait pas. Autour de Tsarskoïe Selo s'étendait une morne plaine, couverte d'une forêt rabougrie qui manquait d'eau. L'ingratitude du relief n'arrêta ni les architectes ni les jardiniers. On construisit de puissants ouvrages hydrauliques. Les canaux qui coulaient par endroits dans des galeries souterraines voûtées, ce qui constituait pour l'époque une véritable prouesse technique, amenaient l'eau des sources situées à une quinzaine de kilomètres de là. On creusa de nombreux lacs, que l'on réunit par des cascades au grand étang, dont les rives furent échancrées de promontoires et de baies. On créa des éminences artificielles. Enfin on planta des bosquets. Les architectes Rinaldi et Cameron, les Neelov, le père et ses fils, les ingénieurs von Baur et Toll, le jardinier anglais Bush participèrent à l'ouvrage. Le Nouveau Jardin de Tsarskoïe Selo fut le premier grand jardin paysager de Russie. C'est de là que se répandit dans des milliers de résidences aristocratiques l'idée d'imiter le règne de la nature. Il est essentiel toutefois de savoir que le parc paysager n'est pas venu directement d'Angleterre : l'impératrice ne le comprit qu'à travers son interprétation française, comme le parc Monceau ou le désert de Retz. Il est important aussi de savoir que Catherine parsema le parc de tableaux allégoriques qui par leur symbolique faisaient allusion à sa politique comme à sa vie sentimentale.

Ses humeurs donnèrent naissance à de nombreuses fabriques. Ce sont les constructions « chevaleresques » des années 1770 : l'Amirauté et les cuisines de l'Ermitage gothiques ; le petit pont palladien, jeté au-dessus d'un cours d'eau. Sans oublier la pyramide qui devait rappeler la tombe de Cestius à Rome. Derrière la pyramide étaient enterrés les chiens de l'impératrice, avec une épitaphe : *Ici repose Zémir et les grâces attristées doivent jeter des fleurs sur sa tombe. Comme Tom son aïeul, comme Ledi sa mère, elle était constante dans ses penchants et n'avait qu'un seul défaut, elle était un peu coléreuse… Les dieux témoins de sa tendresse auraient dû récompenser sa fidélité par l'immortalité.*[14] Grâce à toutes ces fabriques et à tous ces monuments couverts d'inscriptions, le jardin de Tsarskoïe Selo se trouva chargé de connotations sentimentales.

14. In GOLLERBAKH, *op. cit.*, p. 32.

Le parc. Le pont palladien, dit aussi « pont de marbre », fut construit par V. Neelov de 1772 à 1774 pour réunir le grand étang au labyrinthe d'eau.

Une partie du parc était dessinée de telle manière qu'elle pouvait être considérée comme le « modèle » des rêves politiques de Catherine II. C'était l'époque de la guerre contre les Turcs, au cours de laquelle l'armée russe remportait l'une après l'autre d'éclatantes victoires. L'impératrice écrivait : *Si cette guerre se poursuit, mon jardin de Tsarskoïe Selo ressemblera à un jeu, car après chaque opération glorieuse, on y élève un monument.*[15] Mais découvrir la signification des allégories d'un parc au XVIIIe siècle n'était pas chose facile si l'on ne disposait pas des « clefs » qui ouvraient le sens de la composition. Par bonheur, les notes du secrétaire personnel de Catherine II, Khrapovitski, nous permettent de reconstituer ses intentions. On sait, par exemple, qu'elle ordonna une fois *d'illuminer à Tsarskoïe Selo les portes de marbre et de décorer les trophées navals et militaires, d'écrire sur un transparent ces vers : « Tu pénétreras dans le bruit des vagues dans le temple de Sophie ».*[16]

Cette dernière ligne offre la clef littéraire de l'allégorie qui commençait à se dessiner dans les années 1770. Cette phrase signifiait : *« Tu entreras par mer à Constantinople. »* Le temple de Sophie, c'est bien sûr la fameuse cathédrale de « Tsargrad », Haghia-Sophia, transformée en mosquée. On rappellera cependant que pas une seule fois, au cours des guerres russo-turques, n'a été émise l'hypothèse d'un débarquement par mer dans la capitale de l'Empire ottoman. Cette idée séduisait Catherine, à moins qu'elle n'ait eu l'envie de déclarer qu'il en était ainsi. Fixé à l'entrée du parc, le transparent faisait allusion à cette éventualité politico-militaire.

Juste après les portes d'entrée se dressait la Tour-ruine, construite par Velten, qui existe encore aujourd'hui. Un chapiteau de colonne dorique et un arc surgissent de terre devant le spectateur, frappé par ces formes cyclopéennes. En haut, sur une petite place, en forme de chapiteau colossal, se trouve un pavillon avec des baies en arc brisé selon le goût turc conventionnel. L'allégorie qui se cachait derrière cette image emphatique symbolisait l'ancienne puissance et le passé antique de la Grèce assoupie sous la domination ottomane. Un peu plus loin, le promeneur découvrait une construction qui n'existe plus aujourd'hui : un pavillon turc au bord d'un cours d'eau ; ce pavillon était la copie fidèle d'un édifice qui se trouvait jadis sur les rives du Bosphore. Le canal était décoré d'une cascade à la turque, encadrée de petites tours évoquant l'Orient.

Ces constructions devaient préparer l'esprit à l'entente turque. Au-delà commençait la partie du parc qui recelait les rêves politiques. Une longue colonnade ionique était portée par un stylobate de faible hauteur. C'était le « temple de la Mémoire », apothéose du thème de la victoire dans les guerres contre la Turquie (l'édifice fut malheureusement détruit en 1797 sur ordre de Paul Ier).

15. « Lettres de Catherine II à Grimm » in *Le Cantonnier*, Saint-Pétersbourg, 1802, p. 20.

16. KHRANOVITSKI A., *Notes*, Moscou, 1874, pp. 244-245.

Le parc. Le pont palladien, ou pont de marbre, doit son double nom au dessin de Palladio dont s'est inspiré Neelov et au matériau qui provient de l'exploitation de marbre d'Ekaterinbourg.

Le parc.
Vue sur les bains turcs depuis le pont de marbre.

En bas, sur le lac, se dresse le symbole des victoires navales, la colonne rostrale élevée par Rinaldi en l'honneur de la bataille de Tchesmé. Au-delà du lac, on distingue dans le lointain la coupole d'une cathédrale, construite par Cameron, qui reçut le nom de Sainte-Sophie. Le lac devenait ainsi une représentation de la mer Noire et ouvrait la route à la capitale de l'Empire turc.

Au-delà du lac se trouvait « le monde du bonheur des Lumières » – la ville modèle de Sophia. Fondée en 1780 par Catherine II à côté de Tsarskoïe Selo, cette ville est pratiquement oubliée parce qu'elle ne vécut en tout que vingt-huit ans. Elle avait déjà disparu en 1808, et la plupart des maisons avaient été débitées en briques. Pourtant, à la fin du XVIIIe siècle, ce chef-lieu de district joua un grand rôle. Sophia devait être l'un des centres des « Lumières » du gouvernement de Pétersbourg et de toute la Russie. On y construisit des écoles, des usines modèles, et on y installa des marchands et des artisans. Tout fut fait pour composer un tableau de la vie idéale, une vie théâtralisée, qui se déroulait sous les yeux de la Cour, un modèle de ville plutôt qu'un bourg véritable. De la galerie de Cameron, on montrait aux étrangers, le prince de Ligne par exemple, « la vue d'une petite ville » qui entourait en demi-cercle le parc de Tsarskoïe Selo[17]. Il y avait dans cette ville un éclairage des rues (et cela, dans la Russie des années 1780), mais les réverbères n'étaient allumés que lorsque Catherine était à Tsarskoïe Selo. Le théâtre en plein air était relié au théâtre construit.

Il importait que le tour d'horizon depuis la galerie de Cameron ne fût pas limité aux vues du parc et de la ville. Catherine écrivait à Voltaire : *Assise dans la colonnade, je vois à environ cent verstes à la ronde...*[18] Il y a, incontestablement, de l'exagération dans ces propos, mais ils expriment bien un comportement vis-à-vis de l'espace. L'impression de panorama se lit aussi dans une description idyllique du Tsarskoïe Selo du XVIIIe siècle : ... *De là, on voit au loin les villages environnants, et on y voit assez bien les jardins et les potagers cultivés, le blé qu'on sème et tout autour les buissons.*[19] Là aussi, l'hyperbole est évidente mais voulue puisqu'on cherchait à édifier autour de Tsarskoïe Selo un tableau idéal de la Russie.

17. DE LIGNE Ch., *Lettres*, t. I, Moscou, 1802, p. 108.

18. « Lettres de Catherine II à Voltaire » in *Charles Cameron*, p. 41.

19. Archives centrales d'État des actes anciens. Fonds 14, inv. I, n° 250, partie I, liste 82.

Classicisme et romantisme

À proximité du Grand Palais, Giacomo Quarenghi commença à élever en 1792 une non moins grandiose construction. C'était le nouveau palais que Catherine II destinait à son petit-fils, le grand-duc Alexandre Pavlovitch. Quand on voit cet énorme bâtiment, édifié juste à côté de la gigantesque résidence de l'impératrice, on ne peut s'empêcher de s'interroger sur les raisons d'une entreprise aussi coûteuse.

Le parc. Les bains turcs furent construits sur un dessin de Monighetti de 1850 à 1852 en commémoration des victoires sur les Turcs.

Le Parc.
Pavillon de musique.

Le Parc. Fontaine de La Laitière au pot brisé par P. Sokolov.

Le parc.
Le pavillon chinois, dit pavillon grinçant, à cause du bruit produit par l'étendard placé à son sommet. Commencé en 1778 par I. Neelov sur un dessin de Y. Velten dans le cadre des aménagements « à la manière chinoise », il ne fut terminé qu'en 1786.

On sait combien les rapports entre Catherine II et son héritier direct, le futur Paul Ier, étaient mauvais. Plusieurs témoignages prouvent que l'impératrice voulait qu'Alexandre évinçât son père pour lui succéder. Nous ne disposons pas de documents précis relatifs à ces plans secrets, mais l'érection, dans de telles conditions, d'un palais colossal pour son petit-fils à côté de son propre palais en dit long sur la situation politique des dernières années du gouvernement de Catherine.

Au début du XIXe siècle, on donna à ce colosse antique un environnement différent. Au classicisme héroïque du palais s'opposa le « gothique chevaleresque » des jardins. Un parc pittoresque, qui intégrait la ménagerie de l'époque baroque, fut dessiné autour du palais par I. Neelov, A. Ménélas et I. Ivanov. Dans les années 1810-1820, Adam Ménélas remplit le parc paysager d'innombrables constructions d'esprit médiéval.

On construisit une tour blanche haute de quatre étages, entourée de bastions et de fossés. On y pénétrait par une porte « gothique » que protégeaient deux tours rondes. La chapelle n'était pas moins importante. Elle devait évoquer un temple grec antique en ruine. L'arsenal se trouvait au même endroit, au croisement de deux allées rectilignes. Il y avait des tours hexaèdres, une cour intérieure quadrangulaire et des fortifications crénelées. Le pavillon

Parc Alexandre. Détail du pont des dragons.

Parc Alexandre.
Le parapet du grand pont chinois refait en 1780 par Charles Cameron.

La colonnade du palais Alexandre. Le palais fut construit de 1792 à 1796 par G. Quarenghi pour l'aîné des petits-fils de Catherine II, le futur Alexandre Ier. Les deux statues d'adolescents jouant aux osselets dues à N. Pimenov et A. Loganovski furent placées devant la colonnade en 1838.

du lama évoquait les forteresses de chevaliers. Beaucoup d'autres édifices, parmi lesquels les écuries des pensionnaires et la ferme, témoignaient de l'attrait pour le Moyen Âge, caractéristique de l'époque romantique. Dans ce parc, les images de Walter Scott surgissaient d'autant plus aisément que c'était un Écossais, Adam Ménélas, qui avait construit les édifices gothiques.

La ville des parcs et des salons

Tsarskoïe Selo connut son « automne d'or » au milieu du XIXe siècle. L'heure n'était plus à la construction des palais et à l'aménagement des jardins, mais à la poésie. Elle acheva de dire ce que le langage des pierres n'avait pu exprimer. Le poète Fédor Tioutchev traduisait dans ses vers l'éclat et la nostalgie :

Le soleil luit en or
Les courants du lac étincellent ;
Ici était la grandeur
Comme si elle respirait dans l'assoupissement.[20] (1866).

Plus le temps passait, plus le XXe siècle s'approchait, plus la tristesse de la poésie de Tsarskoïe Selo se faisait mystique.

Et tandis que la culture de Tsarskoïe Selo s'enfonçait de plus en plus dans l'atmosphère « fin de siècle », la vie à la Cour continuait selon le même ordre immuable, avec ses fêtes et ses parades, ses intrigues et ses relèves de la garde. Les palais se remplissaient de nouveaux meubles, mais l'architecture fut, par bonheur, peu remaniée. En revanche, d'innombrables édifices, destinés aux services de la Cour, firent leur apparition. Les plus intéressants furent élevés pour l'escorte du tsar.

Un bourg entière naquit entre 1895 et 1912, que l'on appela Fédorovski, où fut installée une partie de la garde impériale. On construisit au début des casernes, puis la « cité » elle-même, avec ses lazarets, sa chancellerie, son mess des officiers, dans l'esprit de l'architecture russe du XVIIe siècle. Elle était entourée de murs avec des tours rondes comme une forteresse de l'ancienne Russie. Au centre, l'architecte V. Pokrovski édifia un temple qui réunissait les particularités de la cathédrale de l'Annonciation du Kremlin de Moscou et des églises caractéristiques du nord-ouest de la Russie, la « terre » de Pskov. Les formes de ces constructions alliaient le goût néo-romantique pour le passé national et l'historicisme officiel qui se répandit avant la Première Guerre mondiale, quand on fêta en 1913 le troisième centenaire de la maison des Romanov. Au cours des solennités de ce jubilé, qui fut célébré bien haut à Tsarskoïe Selo, résonnait déjà la « mélodie funèbre ».

21. TIOUTCHEV F., « Doucement sur le lac... », p. 38.

Les portes égyptiennes. Construites de 1827 à 1830 par A. Ménélas et recouvertes de reliefs de fonte figurant des scènes de la mythologie égyptienne réalisés par V. Demout-Malinovski, les portes marquent l'entrée dans le domaine de Tsarskoïe Selo.

Chapitre neuf

Oranienbaum

« La grande-duchesse Hélène a fait d'Oranienbaum une habitation charmante, nonobstant la tristesse du paysage et l'obsédant souvenir des drames qui furent joués en ce lieu. »

Marquis de Custine
La Russie en 1839, Paris, 1843

Vue du palais d'Oranienbaum depuis le golfe de Finlande. Gravure de Tchelnakov et Knounov d'après un dessin de Makhaiev.

Oranienbaum.
Le Grand Palais. Précédé d'un canal qui le reliait au golfe le Finlande, le palais a été commencé en 1710 pour A. Menchikov par G. Fontana, terminé en 1727, il fut donné au futur Pierre III par Elisabeth en 1743 et remanié par B. Rastrelli.

Le palais de Pierre III dit Peterstad construit par A.Rinaldi de 1758 à 1752 se trouvait dans la petite forteresse édifiée dans le parc d'Oranienbaum pour l'entraînement militaire des troupes du futur empereur.

Le palais des vicissitudes

Oranienbaum est le palais des environs de Pétersbourg où les revers de la fortune des propriétaires se reflètent au plus haut degré dans l'excentricité de l'architecture. Le fondateur d'Oranienbaum est Alexandre Menchikov qui fut, on l'a vu, un ami très proche de Pierre le Grand. L'attachement de l'empereur pour Menchikov s'explique sans doute par le fait qu'il avait « fabriqué » Menchikov, en le sortant de la plus basse extraction pour l'élever au degré le plus haut de la puissance, de la richesse et de la notabilité. L'empereur aimait Menchikov comme on aime sa création. Ils étaient du même âge, mais Pierre l'appelait « enfant de mon cœur » ou plus exactement « *Mein Herzenkind* », puisqu'il employait toujours l'expression allemande.

Menchikov avait été littéralement ramassé dans les rues de Moscou, où son père était probablement palefrenier. Les contemporains racontaient qu'il vendait sur les marchés des petits pâtés d'une qualité douteuse que confectionnaient sa mère ou sa tante. Il devint valet de chambre de Pierre, à l'époque où Sophie, sa sœur aînée, gouvernait la Russie et tentait d'évincer définitivement son frère du trône. Pierre savait qu'elle était tout à fait capable de le mettre de force au couvent ou bien de le tuer, comme avait été tuée la famille de sa mère. Pierre avait peur, il lui fallait des gens sûrs, et Menchikov fut l'un des premiers. Plus le pouvoir de Pierre s'affirmait, plus s'élevait son favori.

Menchikov se distinguait de l'entourage du tsar en ce que, dès le début, il fut prêt à partager ses goûts et sa manière de vivre. Ce qui exigeait des qualités particulières : la conduite de Pierre le Grand, dans sa jeunesse, était parfaitement scandaleuse, par rapport aux vieilles habitudes moscovites. Se lier d'amitié avec des étrangers, fumer du tabac, aimer les grandioses ripailles, ne pas porter de barbe, afficher une gaieté effrénée, mépriser toutes les cérémonies – tout cela paraissait incroyable dans la Moscou de la fin du XVIIe siècle. Parmi les « amusements innocents », il faut citer cette habitude particulièrement remarquable qui consistait à tirer avec des navets étuvés ou des pommes macérées sur les boyards curieux de savoir à quoi s'occupait le jeune tsar. Menchikov, bien sûr, était toujours le premier compagnon dans ce genre d'opérations.

Mais il se faisait aussi remarquer dans des affaires plus sérieuses. Lorsque Pierre le Grand partit avec lui pour la Hollande comme élève charpentier sur un chantier naval, Menchikov reçut au retour une lettre d'éloges du maître chez qui ils avaient travaillé. Il était tout autant à l'aise sous les boulets turcs pendant la prise d'une forteresse dans le sud de la Russie. Il prouva aussi sa bravoure et son esprit

Palais de Pierre III. Le Cabinet.

d'initiative dans la guerre contre la Suède. Il fut le premier gouverneur de la nouvelle capitale.

Les grades, les titres et les richesses se déversaient sur lui comme d'une corne d'abondance. Il reçut le titre de général-feld-maréchal, vice-amiral, grand maître de la Cour, conseiller secret actif, sénateur, prince d'Ijorski, comte du Saint Empire romain germanique et tous les ordres possibles. Il reçut, en pleine propriété, environ cent mille paysans, des domaines, des châteaux et des terres dans toute la Russie, l'Ukraine et les pays Baltes. Cela lui paraissait insuffisant, bien qu'il vécût beaucoup plus luxueusement que l'empereur – ce dont témoigne incontestablement le palais d'Oranienbaum. Il a été pris de nombreuses fois en train de voler de l'argent dans la caisse, il a monté différentes machinations frauduleuses dans le cadre de l'approvisionnement des armées. Quand on le découvrait, l'empereur le faisait passer en jugement et commuait lui-même la peine en déclarant aux juges : « Vous me jugeriez en jugeant Menchikov. » Il allait ensuite chez son ami et le rouait de coups de sa propre main.

La mort de Pierre le Grand en 1725 ne fit que conforter sa carrière. Menchikov fit nommer successeur la veuve de l'empereur. Lui-même reçut le titre de généralissime et de colonel de tous les régiments de la garde.

Palais de Pierre III. La galerie de peintures.

Catherine Ire ne survécut pas longtemps à Pierre Ier. C'est un garçon de onze ans qui se retrouva sur le trône : le petit-fils de Pierre le Grand, le fils de son fils aîné Alexis, condamné à mort. Menchikov l'installa dans son palais et arrangea son mariage avec sa propre fille Maria, âgée de seize ans, pour laquelle il ordonna à tous les sujets de l'Empire de prier comme pour Sa Majesté.

Menchikov tomba malade en pleine prospérité et quand il fut à l'article de la mort, les courtisans surent dresser contre lui le jeune tsar. Le généralissime surmonta sa maladie et, de joie, alla à Oranienbaum fêter la consécration de l'église de son palais. Tout était prêt, on attendait l'empereur. Il ne vint pas, ni les dignitaires. C'est à ce moment que commença l'irrémédiable chute de Menchikov, et c'est Oranienbaum qui devint le témoin de sa disgrâce.

Il fut rapidement privé de toutes ses fonctions. Le 9 septembre 1728, on l'exila dans ses terres. Il n'y parvint jamais : on le dépouilla de tout son argent et de tous ses biens, on le conduisit en Sibérie avec toute sa famille dans les pires conditions. Il vécut encore un an dans le village de Beriozov, sur les bords de l'Oka, à la limite du cercle polaire. Il y mourut et fut enterré dans le gel éternel. Oranienbaum, qui était à l'époque le plus luxueux des palais des environs de Pétersbourg, fut confisqué au profit de l'empereur et devint une résidence d'État.

Quatorze ans passèrent. Trois souverains se succédèrent à la tête de la Russie : Pierre II, Anna Ivanovna, Élisabeth Petrovna. Cette dernière n'avait pas de mari ni d'enfants légitimes. Son héritier était son neveu, le fils de sa sœur décédée, Pierre, duc de Holstein, qu'on appelait en Russie le grand-duc Pierre Fédorovitch et qui fut connu comme empereur sous le nom de Pierre III. Son auguste tante lui offrit en 1743 Oranienbaum. Et il faut reconnaître que, à l'instar du précédent maître des lieux, il eut à essuyer les exceptionnels revers d'une courte vie.

D'adolescent, héritier du trône d'un petit État d'Allemagne du Nord, Pierre devint l'autocrate de toutes les Russies. Il ne présentait pourtant aucune des qualités requises. De santé fragile, peu intéressé par le métier de grand-duc et marié trop jeune, l'héritier du trône nourrissait une passion insolite pour les jeux de soldats. Il jouait aux

Le palais chinois fut construit de 1762 à 1768 par A. Rinaldi pour Catherine II au fond du parc.

Au bord de l'étang, devant le palais chinois, une des sculptures allégoriques.

petits soldats dans le palais. Et c'est pourquoi on avait construit dans sa chambre des maquettes de forteresses et on avait fabriqué des bataillons entiers en cire. Dans cette « armée » de cire, le manquement à la discipline était sévèrement puni. La Grande Catherine, que l'on fit venir en Russie pour épouser cet homme, surprit son époux, peu après leur mariage, en train de condamner un perturbateur de l'ordre. Il examinait personnellement la question de l'attaque de l'horloge qui se trouvait dans la maquette de la forteresse et prononça un arrêt de mort contre un rat qui avait rongé la tête en cire d'un soldat. Le rat fut attrapé et pendu à grand renfort de tambours. Cela se passait l'hiver au palais de Pétersbourg. Mais l'été, le grand-duc pouvait se livrer aux jeux militaires « en vrai ». On lui avait donné Oranienbaum à cet effet. On y avait installé tout ce qui était indispensable : des petites forteresses, une petite batterie d'artillerie, un détachement de soldats. Ces amusements se poursuivirent même après que Pierre III fut sacré empereur, mais à grande échelle.

Un régiment modèle fut formé à Oranienbaum, dans lequel tous les uniformes et toutes les formations de combat avaient été conçus sur le modèle prussien, car le roi Frédéric le Grand fut l'idole absolue de Pierre III, pendant toute sa vie. Ce n'était pas, au demeurant, un mauvais exemple. Le maître de la Prusse savait, à l'occasion, charmer Voltaire, Maupertuis et Algarotti. Pierre III était séduit par le côté « décoratif » de l'activité du grand monarque. La discipline militaire prussienne l'attirait au plus haut point : la restructuration complexe de l'instruction des troupes, l'attention particulière portée à tous les détails des uniformes et à l'aspect extérieur des soldats, tout ce qui forme, en fait, « la science de la parade ». Le reste échappait totalement à l'admirateur de Frédéric. Cette passion pour l'aspect extérieur, cette tendance à prendre l'apparence pour la réalité fut le lot de beaucoup de ceux qui ont détenu le pouvoir en Russie. Par là même, ils obtenaient, avec plus de facilité, l'apparence de l'ordre et du bonheur.

Pierre III était un aboulique qui manquait d'éducation et qui cultivait l'apparence jusqu'à l'indécence. À dire vrai, le souci premier de tous les Romanov a été, à un degré ou à un autre, de construire un pays d'illusions où « les manœuvres et les mazurkas » tenaient lieu de réformes. C'est là que résident la lamentable tragédie et le malheureux destin de la Russie. Bien avant Nicolas II et sa famille, Pierre III dut payer pour les errements de la maison impériale.

Cependant que l'empereur dressait, à la manière prussienne, ses six cents soldats d'Oranienbaum et qu'il multipliait les actes politiques aberrants, comme l'annulation de toutes les conquêtes de la Russie pendant la guerre de Sept Ans, alors que la Prusse orientale avait été soumise et qu'une administration russe la gouvernait à Königsberg, un complot fut organisé contre lui. À la

Le palais chinois et l'étang.

*Palais chinois.
Dans le renfoncement de l'aile gauche du palais, une tête sculptée*

Double page suivante :
Palais chinois. Le salon des muses. Le décor est dû à l'Italien Stefano Torelli.

Palais chinois. Plafond du salon des muses. Le Triomphe de Vénus par Torelli.

Palais chinois.
Le salon des portraits.

tête du complot, se trouvait son épouse. Incontestablement, Catherine n'a jamais aimé et ne pouvait aimer son mari. Quand on l'amena jeune fille en Russie, elle n'avait pas d'autre issue que de l'épouser. Elle était prise au piège (elle ne fut pas la seule ; on pourrait citer le cas des duc et duchesse de Brunswick et de leur nourrisson, désigné comme héritier de l'impératrice Anna Ivanovna, deux décennies plus tôt, qui passèrent une grande partie de leur vie en prison au fin fond de la Russie).

Accéder au pouvoir était, pour Catherine, la seule issue possible. C'est à ce prix qu'elle pouvait mener une vie « normale ». Les circonstances favorisèrent la patience incroyable et l'habileté exceptionnelle de Catherine. Et pourtant, le risque était gros pour les conjurés. Le 26 juin 1762, leur dessein était pratiquement découvert. Pierre III se trouvait, à ce moment-là, à Oranienbaum ; Catherine était plus près de Pétersbourg puisqu'elle se trouvait à Peterhof. C'est ce qui l'aida. Le comte Orlov eut le temps de l'amener en ville et de soulever les troupes engagées dans le complot avant que l'arrivée de Pierre III ne permît l'arrestation de l'impératrice et de ses partisans.

Après avoir reçu le serment des régiments soulevés, Catherine prit leur tête et se dirigea vers Oranienbaum. Pierre III essaya de s'opposer, mais il dut se rendre assez rapidement. On le conduisit dans un château moins souvent habité, celui de Ropcha. On en confia la garde à Alexis Orlov, le frère de l'amant de Catherine, Grigori Orlov, qui joua un grand rôle dans le complot. Quelques jours plus tard, l'empereur détrôné mourut de mort violente.

Pour des raisons qui restent incompréhensibles, Catherine, au début de son règne, choisit pour résidence d'été le palais préféré de son défunt mari. Elle ne craignait pas les spectres. À Oranienbaum, elle donna libre cours à ses fantaisies. Antonio Rinaldi, l'architecte qui y avait travaillé pour Pierre III, construisit pour elle l'extravagant palais chinois.

Le palais de Menchikov

Ce palais, construit à l'époque où il appartenait au tout-puissant favori de Pierre le Grand, est appelé le Grand Palais d'Oranienbaum. Il mérite l'attention parce qu'il est le plus important ensemble suburbain du premier quart du XVIIIe siècle qui ait été conservé jusqu'à nos jours sans grands changements. L'architecte italien Giovanni Fontana entreprit sa construction en 1710. Projeter une résidence aussi luxueuse et décider de construire sur des terres qui venaient d'être conquises par la Russie était d'une grande audace de la part de Menchikov. Mais c'était précisément le genre d'action qui, à l'époque, lui garantissait la bienveillance de l'empereur. Car, en commençant à construire une résidence de campagne, en même temps que sa propre maison à Pétersbourg, alors que le sort des conquêtes de Pierre le Grand sur la Baltique n'était pas encore clair, Menchikov démontrait sa foi en la bonne étoile de l'empereur et en l'irrévocabilité de ses victoires.

Nous disposons d'une description précise du palais grâce au Kammerjunker de la cour de Pierre le Grand, F. Bergholtz qui, outre son service à la Cour russe, fournit au gouvernement suédois des témoignages détaillés sur ce qui se passait en Russie. Il s'efforça toujours de ne transmettre que des données authentiques. *La maison est construite sur une colline et, de là, on a une vue splendide. Elle est constituée d'un corps à un étage et de deux galeries semi-circulaires qui mènent à deux ailes rondes comparativement trop grandes. Dans l'une d'elles sera construite l'église et l'autre sera occupée par un grand salon. En bas, devant la maison, il y a un énorme jardin [...] On descend de la hauteur sur laquelle est situé le palais par deux terrasses en pierre construites l'une au-dessus de l'autre, vers un grand perron en bois et de là vers le jardin qui n'est pas encore terminé. D'en haut, de la salle centrale du palais, on voit Kronschlot, presque juste en face [...],*

Palais chinois.
Le grand salon ovale.

Palais chinois. Grand salon. Portrait de Catherine II en marbre, réalisé par Marie-Anne Collot, l'élève de Falconet, et placé en dessus-de-porte.

Palais chinois.
Le petit cabinet chinois.

Palais chinois. Détail du grand cabinet chinois entièrement recouvert de marqueterie.

visible à pas plus de cinq verstes. Les pièces du palais sont petites mais belles et ornées de tableaux et de meubles merveilleux. L'auteur de ces lignes n'a, semble-t-il, rien omis d'important : toutes les particularités essentielles du palais ont été mises en relief. Il fut en effet construit au bord du golfe de Finlande, juste en face de l'île où Pierre le Grand installa la forteresse de Kronschlot appelée par la suite Kronstadt et destinée à protéger Pétersbourg.

Un canal partait de la rive qui permettait aux bateaux d'arriver presque aux portes du jardin. Ce jardin, que l'on appelait « Jardin inférieur », était un jardin régulier. Il fut conçu par des jardiniers hollandais et se composait de bosquets bas taillés, au dessin compliqué, et de parterres ornementaux. Derrière le palais, dans la partie supérieure, s'étendait le « Jardin haut ».

En suivant l'allée principale du Jardin inférieur, on arrivait, par un escalier haut et escarpé qui fut remplacé par la construction complexe que l'on voit aujourd'hui, dans le vestibule du corps principal du palais. Il était divisé en trois vaisseaux par de lourds piliers et couvert d'une voûte d'arêtes. L'escalier d'honneur était au fond. Ses marches étaient en chêne, ses rampes et ses balconnets en noyer sculpté étaient d'une très jolie facture. La grande salle décorée de pilastres se trouvait au centre de l'étage avec, de chaque côté, le salon et la salle à manger dont les fenêtres donnaient sur la mer. De part et d'autre s'alignaient, symétriquement, deux dizaines de pièces, qui n'étaient pas très grandes. Certaines étaient même minuscules. L'aménagement de cette époque n'a pas été conservé, bien qu'il fût d'un luxe exceptionnel. Dans l'aile latérale, constituée d'une seule salle, le décor mêlait les porcelaines d'Extrême-Orient et les laques. On l'appelait pour cette raison le « pavillon japonais ». Installée dans l'aile opposée, l'église était dotée d'une remarquable iconostase sculptée et dorée, à quatre rangées d'icônes, exécutées par les maîtres les plus remarquables de l'époque pétrovienne : Ivan Zaroudny, à qui l'on doit la sculpture de la cathédrale Saint-Pierre-et-Saint-Paul de Pétersbourg, et le peintre Ivan Vichniakov. Le jour de la consécration de l'église a marqué, on l'a vu, le début de la disgrâce de Menchikov et son éviction du pouvoir. Ce fut la dernière fois qu'il vint dans ce palais. C'était la fin de la première période d'Oranienbaum.

Parmi les architectes qui y furent actifs, il faut citer non seulement Giovanni Fontana, mais aussi l'Allemand Georg Schädel et probablement le célèbre architecte et sculpteur prussien Andreas Schlüter, arrivé à Pétersbourg en 1713. Il est difficile de définir exactement la part qui

Palais chinois.
Le grand cabinet chinois.

Pavillon des Montagnes russes, dit Katalnaïa Gorka. Le grand perron.

Pavillon des Montagnes russes. Le grand perron et l'entrée.

revient à chacun. L'édifice fut remanié plus tard par M. Zemtsov et P. Eropkine. Rastrelli réaménagea les pièces au milieu du XVIIIe siècle. À l'arrière, on construisit de longs corps de bâtiment en rez-de-chaussée. Antonio Rinaldi y travailla entre les années 1762 et 1780. On lui doit l'escalier qui est situé devant la façade principale. Il détruisit l'aile ouest où se trouvait l'église et bâtit sur le même emplacement un autre bâtiment parfaitement symétrique au pavillon japonais.

Tels furent, semble-t-il, les remaniements les plus sérieux. Bien sûr, le palais fut plusieurs fois retouché par la suite, et chaque pièce fut décorée par les architectes les plus en vue du XIXe siècle, V. Stassov, A. Stakenschneider ou H. Bossay. Mais les traits principaux de l'édifice furent conservés. Il reste, avant tout, l'une des productions les plus réussies du baroque russe de l'époque de Pierre le Grand. Il est aussi un témoignage de ce style de la transition qui fit passer l'architecture du Moyen Âge tardif russe au modèle européen en conjuguant les traditions importées par les maîtres italiens et allemands. C'est ce qu'attestent la richesse et la perfection de la vaste composition du Grand Palais d'Oranienbaum, digne des projets italiens, et le décor dépouillé des façades, caractéristique du baroque du Nord.

Pavillon des Montagnes russes construit par A. Rinaldi de 1762 à 1774, vu du côté du parc vers lequel s'effectuait la glissade.

Double page suivante : *Pavillon des Montagnes russes. La salle centrale dite la Rotonde, décorée par l'Italien S. Barozzi.*

Peterstadt ou le rêve de Pierre III

L'histoire ultérieure d'Oranienbaum s'est déroulée au sud du Grand Palais, dans le Parc supérieur. Juste après que le domaine eut été donné par l'impératrice Élisabeth Petrovna à son neveu et héritier Pierre Fédorovitch, on commença à y construire des « jeux », ou, comme on disait alors, des « divertissements », qui conduisirent rapidement à la conception d'un autre ensemble historique. On connaît déjà le goût du grand-duc pour les amusements militaires. Pour le contenter, on construisit une forteresse avec des remparts de terre, une haie de piquets de bois et des fossés tout autour. Tout cela fut édifié en 1746 et satisfit pendant dix ans l'héritier du trône. Mais plus il se plaisait aux jeux militaires, plus la forteresse lui paraissait scandaleusement insuffisante. Arrivé à Pétersbourg en 1756, l'architecte Antonio Rinaldi n'était pas un mauvais courtisan. Il sut plaire à Pierre Fédorovitch et fut nommé architecte de l'héritier du trône. Son premier travail fut de construire sur des bases sérieuses et tout à fait différentes une forteresse aussi réelle que possible. L'Italien prit à cœur cette commande et construisit un véritable petit « pays », raffiné, à vrai dire charmant, qui répondait en même temps aux modes architecturales de l'Europe.

La forteresse était située dans un jardin de style rococo, en bordure du lac qu'on appelait alors « la petite mer des divertissements ». Des découpages réguliers, des parterres et des bosquets aux contours géométriques voisinaient avec des chemins pittoresques, un peu trop pittoresques même. Au centre, on éleva selon les règles de la fortification cinq bastions de terre entourés de fossés avec des ponts-levis. Ils formaient un pentagone où furent installés les services indispensables : les casernes des soldats, les logements des officiers, l'arsenal et la poudrière. C'est un maître allemand, Martin Hoffmann, originaire du Holstein, dont Pierre Fédorovitch était propriétaire, qui veillait à la construction de cette forteresse. Les soldats et les officiers étant, eux aussi, originaires du Holstein, la forteresse eut pour église un temple de culte luthérien.

Rinaldi ne conçut pas seulement le plan général de l'ensemble : il construisit aussi, entre 1758 et 1762, les principaux édifices de la forteresse, le palais et les portes d'honneur. Le palais de Pierre III, évidemment, n'est pas grand. Il n'a qu'un étage et son volume proche de celui d'un cube est l'une des constructions rococo de Russie les plus abouties, sinon la plus réussie. Son caractère intime permit le raffinement de tous les détails. Le rez-de-chaussée, bas, est souligné par les lignes du parement à bossage continu. L'étage est décoré de pilastres jumelés, sans chapiteaux, et de fenêtres à chambranles somptueux mais légers. Une balustrade couronne le toit. Au-dessus de l'entrée se trouve un balcon assez grand, avec une grille aux arabesques de fer forgé, flanquée de profondes niches avec des bustes en marbre.

L'intérieur est encore plus intéressant. L'entrée donne sur le vestibule ; en empruntant, à gauche, l'escalier à vis, on accède aux pièces d'apparat : l'antichambre, le buffet, la salle des tableaux (qui servait aussi de salle à manger), la chambre à coucher et le boudoir. Les petites salles avaient une décoration extraordinaire. On y trouvait non seulement des murs tapissés de tableaux, des plafonds stuqués, des dessus-de-porte peints mais surtout une multiplicité de compositions « chinoises » : depuis les portes de laque noire rehaussée d'or jusqu'aux panneaux de la partie inférieure de la salle des tableaux en passant par la peinture sur tissu de la chambre à coucher avec ses paysages chinois, des constructions et de petits personnages, et l'association, dans cette même pièce, des incrustations de dorure noire sur le bois, et de la peinture murale. Le tout réussit à transformer la demeure de Pierre III en un véritable « palais dans une tabatière ».

Il est assez étrange que des gens aussi dissemblables que Pierre III et Catherine, dont les rapports étaient aussi hostiles, aient eu dans leur jeunesse des goûts aussi proches en matière d'architecture. Les goûts de Catherine évoluèrent après la mort de Pierre III et tout au long de ses nombreuses années de règne. Elle cultiva ses propres goûts artistiques et chercha constamment la diversité et la nouveauté. Mais dans les années 1760, la jeune impératrice se fit construire son propre palais à Oranienbaum, le troisième de cet ensemble, dans lequel elle développa et le style et les idées du palais de Pierre III.

Pavillon des Montagnes russes. Plafond de la Rotonde par S. Barrozzi.

La datcha personnelle de la Grande Catherine

À l'époque où elle ne détenait pas encore le pouvoir suprême, Catherine voulait déjà se faire construire un palais pour elle, un palais dans lequel elle aurait pu se sentir maîtresse de maison, libérée de son mari et de son auguste tante-impératrice, une demeure qui lui aurait

Pavillon des Montagnes russes. Détail du sol en marbre artificiel de la Rotonde.

Pavillon des Montagnes russes. Détails du Cabinet de porcelaine, dit Cabinet céladon.

appartenu à elle seule, qui aurait été son bien. Elle eut la chance de pouvoir le réaliser dans les années 1750-1760, après avoir acheté aux princes Galitsyne une terre limitrophe du domaine impérial d'Oranienbaum. Antonio Rinaldi dessina un projet de parc et de palais qui, réalisé entre 1762 et 1774, devint le plus important ensemble de style rococo de toute la Russie.

Le plan de la composition était très beau. Le maître y rassemblait les nouvelles « idées de jardin », qui venaient de faire leur apparition en France et en Italie. L'architecte et Catherine étaient persuadés qu'ils reprenaient les idées des jardins anglais et qu'ils imitaient la nature authentique, mais il n'en était rien. Le parc réunissait les éléments caractéristiques des jardins ornementaux d'Allemagne à l'époque du baroque et du rococo tardifs et reprenait l'idée « anglo-chinoise » du jardin, avec son « naturel » décoratif obsessionnel, une idée en fait élaborée en France. Les deux conceptions ne furent pas mélangées mais nettement séparées, l'une à l'est, l'autre à l'ouest. Une énorme « montagne russe » de cinq cent trente-deux mètres de long coupait le parc en deux.

À droite de la « montagne russe », dans la moitié orientale du parc, s'étendait une composition ornementale d'un très joli dessin, fondé sur les lignes droites et les lignes courbes : croix, triangles, losanges qui, en s'entrecoupant, formaient un tapis somptueux géométrique. Il était plus découpé et parcellé que les jardins français réguliers et se rapprochait des parcs allemands de l'époque rococo.

À gauche, dans la partie occidentale du parc, l'entrelacs des chemins n'était pas moins pittoresque et capricieux. Ici, chaque ligne serpentait au gré des bosquets d'arbres, selon le tracé des chemins ou celui des berges d'un étang. Antonio Rinaldi construisit un palais avec ailes et cuisines au bord d'un petit étang de forme régulière, dans la partie est du parc, la partie la plus éloignée de la mer. De nos jours encore, ce palais est la principale curiosité d'Oranienbaum.

Le parc de la jeunesse de Catherine n'a pas été conservé. Il fut transformé au début du XIXe siècle en un parc paysager, parfaitement intégré dans la nature mais moins « divertissant ». L'auteur de ce parc était l'un des meilleurs jardiniers anglais qui aient travaillé en Russie : John Bush, fils du maître qui avait dessiné les parcs de Tsarskoïe Selo et de Gatchina. Pourtant, malgré toute l'habileté dont il avait fait preuve dans la conception du parc d'Alexandre Ier sur l'île Élaguine à Pétersbourg, John Bush ne put rivaliser avec la fantaisie de Rinaldi.

Pavillon des Montagnes russes. Le Cabinet de porcelaine.

Pavillon des Montagnes russes, vue d'un étang.

Le palais chinois

C'est l'authentique merveille des merveilles du XVIIIe siècle : c'est ainsi qu'Igor Grabar, le célèbre historien de l'art russe, décrivait le palais il y a presque cent ans. Par son aspect extérieur, il ressemble à la demeure de Frédéric le Grand à Potsdam. Son élégance, en fait, est intérieure. Rinaldi s'est surpassé. Nulle part ailleurs en Russie, on ne trouvera d'intérieurs aussi bien conservés, conçus par un architecte aussi inspiré, qui mit toute son âme dans ce travail accompli pour une jeune et aimable commanditaire toute-puissante. La Seconde Guerre mondiale a épargné le palais chinois – ce qui est, là aussi, un cas unique dans la région de Pétersbourg. Pendant trois ans, les combats ont littéralement fait rage autour de lui ; il en est sorti sain et sauf et nous transmet, intact, le charme du XVIIIe siècle.

En plan, le palais peut évoquer un oiseau en train de voler. L'enfilade des appartements d'apparat s'étend le long de la façade nord. Il y a trois salons, de part et d'autre du grand salon central, de plan ovale. Deux autres enfilades, courtes, se déploient perpendiculairement à l'axe principal des salons. Elles occupent les deux ailes sud du palais entre lesquelles s'ouvre l'entrée principale qui donne sur l'étang. La galerie vitrée ne date que du milieu du XIXe siècle.

Les montagnes russes

Cette construction traduit parfaitement l'humeur de la Cour de la jeune Catherine. Le haut pavillon élégant, bleu et blanc, entouré au premier étage d'une colonnade blanche ouverte et au deuxième d'une ordonnance de pilastres, blancs eux aussi, couronné d'une étrange petite coupole, était le début de la descente des « montagnes ». À côté de la grande salle centrale, décorée de faux marbre, se trouvait un large escalier à vis qui menait à la « place de départ » et la galerie, d'où l'on pouvait regarder les glissades. La rampe de glissement partait du pavillon sur un demi-kilomètre. Il y avait tout du long une colonnade surmontée de galeries. L'été, on utilisait des petites *télègues* (charrettes à quatre roues) spéciales conçues par le célèbre technicien russe A. Nartov. Elles volaient littéralement de haut en bas, et si vite qu'elles « rattrapaient l'air » et que certains courtisans avaient peur de les utiliser, ce qui, bien sûr, ne faisait qu'augmenter la joie de la jeune Cour.

Pavillon des Montagnes russes. Vue aérienne du pavillon et de l'emplacement de la glissade.

Chapitre dix

Gatchina

« Nous sommes à Gatschina où réside actuellement le tsar.
À partir de ce point, jusqu'à Saint-Pétersbourg, des sentinelles sont placées de cent pas en cent pas, et de petites tentes en toile blanche, où les soldats viennent se remettre de leur faction, donnent une impression de camp... »

Armand Silvestre
La Russie. Impressions. Portraits. Paysages, Paris, 1892

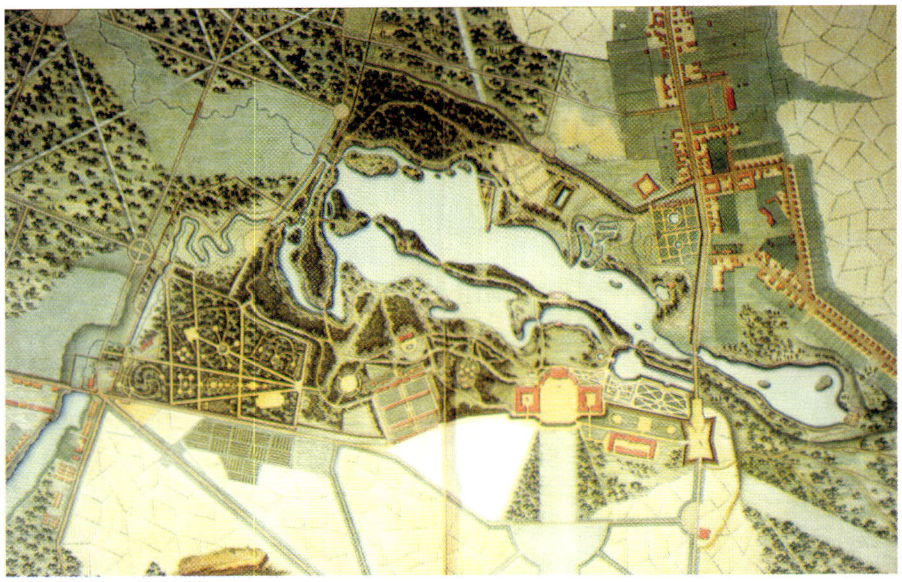

Le plan du parc, attribué à G.S. Sergueïev, 1798. Autour des deux lacs, le lac Blanc et le lac d'Argent, séparés par l'Ile longue, on reconnaît (de droite à gauche) la ville et son tracé régulier, les jardins botaniques avec leurs deux bassins géométriques, le lac Noir, la place du Connétable, les jardins hollandais et le jardin privé, les serres, l'amphithéâtre, le parc de Sylvie.

Gatchina. Vue aérienne du palais construit de 1766 à1781 par A. Rinaldi pour le favori de Catherine II, G. Orlov, remanié par V. Brenna à partir de 1796, puis au milieu du XIXe siècle par R. Kouzmine.

Les maîtres de Gatchina

Le terme de Gatchina, aujourd'hui encore, fait frémir ceux qui connaissent l'histoire russe. Au XIXe siècle, l'expression « ordre de Gatchina » était synonyme d'une sévérité insensée, d'une discipline formelle menée jusqu'à l'absurde ou la démence. Gatchina est lié, dans la mémoire de la Russie, au court règne de l'empereur Paul Ier, à ses apparitions excentriques, sa cruauté injustifiée, sa conduite négative, étrange, suscitant une telle révolte des aristocrates et de la garde qu'il fut assassiné par ses proches.

Bien sûr, Gatchina existait avant Paul Ier et son histoire semble pleine de prémonitions. Elle changea sans cesse de maître. Pierre le Grand donna en 1708 la terre à la grande-duchesse Nathalia Alexeïevna, la seule de ses nombreuses sœurs qu'il aimait. Mais Nathalia mourut en 1716 et le tsar donna alors la résidence à son médecin Robert Arexine, qui mourut, lui aussi, bientôt. Gatchina fut alors accordée, en tant que résidence de campagne, à un autre courtisan : le médecin Johann Blümentrost. Après la mort de Pierre Ier, c'est ici que sa nièce Anna Ivanovna fit ses adieux solennels à la Russie. Fille d'Ivan frère de Pierre, elle épousa le duc de Courlande. Revenue en Russie et portée au pouvoir sous le nom d'Anna Ire, elle reprit d'office Gatchina à Blümentrost et le donna en domaine héréditaire au prince Alexandre Kourakine, l'ambassadeur de Pierre Ier à Paris de 1719 à 1724. La famille conserva Gatchina de 1734 à 1765. La résidence fut alors achetée par la Grande Catherine et donnée au comte Grigori Orlov, acteur principal du complot qui l'avait portée sur le trône, son favori et conseiller pendant dix ans. Il ne faut pas surestimer l'influence de l'amant. Catherine savait réunir et séparer les penchants amoureux et la politique. L'histoire de Gatchina montre que c'est la tsarine qui décidait et que ses décisions déterminaient tout, y compris l'aspect de la demeure. Grigori et Catherine eurent un fils, auquel on donna le titre de comte Bobrinski et qui fut doté de biens, mais que l'on cacha jusqu'à la mort de Catherine. Lorsqu'il monta sur le trône, Paul Ier le reconnut comme son frère.

Grigori Orlov fut proche de Catherine jusqu'en 1772. Mais elle cessa de l'aimer et l'éloigna de la Cour. Il mourut le 13 avril 1784, de tristesse, dit-on. Catherine acheta Gatchina pour la seconde fois. Elle la donna une nouvelle fois, cette fois-ci à son fils Paul, à l'époque où il écrivait au feld-maréchal Roumiantsev, proche et dévoué à l'impératrice : *Voilà que j'ai trente ans et rien à faire,*[1] parce que sa mère ne le laissait pas s'intéresser aux affaires de l'État. Il est difficile d'imaginer les sentiments que ce cadeau suscita chez Paul Pétrovitch. Il aimait maladivement son père et vénérait sa mémoire. Et on lui offrait le domaine où avait vécu Orlov, qu'il soupçonnait d'avoir participé au meurtre de son père. Paul, néanmoins, vécut longtemps à Gatchina, qui devint même sa résidence principale.

Paul, tout jeune, avait choisi pour idéal la Prusse de l'époque de Frédéric le Grand, parce que son père l'adorait. Cet idéal, le fils le réalisa à Gatchina. Les voyageurs allemands de l'époque souriaient de cette manie. Arrivant en Russie, ils avaient encore en mémoire la vieille organisation prussienne. La princesse de Saxe-Cobourg notait : *Le grand-duc [...] se distingue par des bizarreries incompréhensibles, entre autres par cette sottise d'organiser tout dans son entourage à la manière de l'ancienne Prusse. On voit actuellement dans ses domaines des barrières peintes en noir, rouge et blanc comme cela existe en Prusse.*[2]

Cette atmosphère écrasait tout à Gatchina. L'impératrice le savait et voulait écarter Paul de l'héritage du trône, en faisant proclamer empereur son petit-fils Alexandre. Pour cela, il fallait bien sûr se débarrasser du grand-duc. Paul attendait chaque jour un sort analogue à celui de son père. Lorsque, le 5 novembre 1796, arriva inopinément à Gatchina le comte Nicolaï Zoubov, frère du dernier favori de la Grande Catherine, Platon Zoubov, Paul eut terriblement peur et dit à sa femme : « *Nous sommes morts.* » Or le comte ne venait pas pour arrêter l'héritier du trône, mais pour l'informer que l'impératrice était sur son lit de mort. Paul galopa jusqu'à Pétersbourg et bientôt l'« ordre de Gatchina » s'étendit à toute la Russie. Il y eut encore une page brillante à Gatchina, pendant le règne de Paul Ier, car le domaine devint la capitale du prieuré de l'ordre de Malte russe quand Paul reçut le titre de Grand Maître.

Il reste étrange que la plupart des maîtres de Gatchina aient eu une funeste fin. Grigori Orlov finit ses jours en disgrâce. Paul Ier fut assassiné. Le dernier propriétaire en fut le grand-duc Michel Alexandrovitch, frère de Nicolas II. L'empereur ayant abdiqué, il transmit le domaine à ce frère qui ne put jamais l'occuper. Il fut fusillé la même nuit que Nicolas II. La comtesse Brassov, que le grand-duc avait épousée par amour romantique, put fuir en France avec son fils, qui mourut près de Paris, dans des circonstances étranges, en 1920, au moment de sa majorité. Il était le dernier héritier à qui Gatchina appartenait de droit.

La « malédiction » n'a frappé que les maîtres, pas le palais où les nombreuses particularités de l'art russe éclairent magistralement son histoire.

1. CHILDER N., « L'empereur Paul dans ses actes et dans ses ordres », in *Rousskaïa Starina*, novembre 1897, p. 43.

2. *Rousskaïa Starina*, Moscou, 1992, p. 432.

Partie de la façade sur le parc.

Le comte Orlov voulut rivaliser avec Louis de Girardin, le propriétaire d'Ermenonville, et proposa à Jean-Jacques Rousseau de s'installer chez lui à Gatchina. Il lui écrivit : *Je me suis avisé de vous dire que j'ai à soixante verstes de Pétersbourg un domaine où l'air est sain, l'eau étonnante, les collines qui entourent le lac forment des petits coins propices aux promenades et incitent à la rêverie [...]. C'est pourquoi, Monsieur, si de tels coins sont de votre goût, il ne tient qu'à vous de vous y installer.*[3] Ces lignes témoignent de ce qu'était ou de ce que voulait y voir le maître de Gatchina. Quand Catherine acheta le domaine en 1765 pour le comte Orlov, elle avait vraisemblablement en tête une habitation campagnarde idéale pour son amant. Elle choisit ce qui lui paraissait, à cette époque, le plus élégant dans la mode européenne et commanda à l'architecte italien Antonio Rinaldi la construction du château. Les plans étaient prêts à la fin de l'année 1766. Les projets d'aménagement des parcs étaient d'esprit rococo, mais Catherine s'intéressait aux jardins paysagers anglais, surtout depuis que le frère de son favori, Vladimir Orlov, revenu récemment d'Angleterre, lui en avait parlé. Elle décida de faire venir à Gatchina un « véritable » jardinier anglais. En 1768, arrivèrent d'Angleterre John et Charles Sparrow, originaires d'Irlande, suivis un an plus tard de l'Anglais James Heday. Gatchina fut, à côté de Tsarskoïe Selo et jusqu'à la construction de Pavlovsk, l'un des premiers parcs paysagers importants. Mais sa principale qualité, à l'époque des Orlov, fut la construction du Grand Palais, qui se poursuivit du temps de Paul.

3. « Lettres de G. Orlov à J. J.Rousseau » in KIOUTCHARIANTZ D., RASKINE A., *Gatchina*, Leningrad, 1990, p. 13.

Le palais de Gatchina

Une plaque avec l'inscription : « Fondé le 30 mai 1766, achevé l'année 1781 » a été fixée sur la façade du palais qui donne sur le parc. Ces quinze années ont beaucoup compté dans l'évolution de l'architecture russe. On était en quête d'une nouvelle manière de bâtir. Gatchina en marque une étape.

Le caractère du palais est plus austère et plus dépouillé que le style habituel des œuvres du maître de Rinaldi, L. Vanvitelli, et de son école napolitaine. Les chercheurs qui travaillent sur Gatchina, D. Koutchariantz et A. Raskine, nous donnent la clef de cette relative austérité : *C'est d'abord un palais-château, et plus encore un château unique dans les environs de Leningrad. L'idée d'élever un palais-château au fin fond d'une forêt isolée, éloignée non seu-*

lement de l'agitation de la capitale mais aussi de la vie de fête de la résidence impériale de Tsarskoïe Selo, proposée à Rinaldi comme point de départ de l'élaboration du projet, a été imposée à G. G. Orlov. Effectivement, les images sombres du palais sont loin de la chinoiserie extravagante d'Oranienbaum et du Tsarskoïe Selo de l'époque. On a dit que ce parti était lié à l'influence anglaise, qu'on avait tenté d'imiter les résidences des environs de Londres, et même que Rinaldi avait choisi Hampton Court pour source d'inspiration. L'hypothèse est contestable. Si l'on pouvait rapprocher Gatchina de résidences de campagne anglaises, ce serait de celles du baroque anglais, Blenheim et Castle Howard, construites par Vanbrugh et Hawksmoor. On invoque un voyage de Rinaldi en Angleterre, mais rien ne permet d'étayer cette supposition. Pour connaître les idées du baroque anglais utilisées à Gatchina, il n'y avait nul besoin de sortir de Russie. La publication du *Vitruvius britannicus* était connue de Catherine et de son entourage. On y trouvait les plans des plus beaux châteaux anglais baroques. Le plan de Gatchina prouve que son auteur connaissait les travaux de Vanbrugh et de Hawksmoor.

Palais. La salle du trône, réaménagée et décorée par Brenna à la fin des années 1790. Les deux tapisseries figurant l'Asie et l'Afrique ont été fabriquées en France sur des cartons de F. Desportes.

Le palais, comme Blenheim ou Castle Howard, est constitué d'un corps de logis et de petites galeries semi-circulaires qui donnent accès aux deux grands bâtiments des communs de plan carré. Les angles de tous les corps de logis sont marqués par des tours. Trois cours ont été dessinées : la plus importante est la grande cour devant le palais, fermée par une clôture en pierre ; les deux autres sont inscrites dans les carrés. Le palais est situé sur une éminence qui, du côté nord, descend doucement vers le lac.

Rinaldi a mis en valeur avec une habileté exceptionnelle le volume de chaque corps de bâtiment. Tout le décor architectural, réalisé à cette époque, est plat. Le palais est un phénomène rare de l'histoire de l'architecture russe du XVIIIe siècle, car son parement est entièrement en pierre, alors que la majorité des autres édifices de la région de Pétersbourg sont construits en brique et recouverts de stucs. Cette masse de pierre, harmonieusement découpée, est l'un des points forts de Gatchina.

La façade méridionale du palais, qui ouvre sur la cour, est longue de deux cent soixante-dix-sept mètres. Le corps central a trois niveaux de style romain : au premier, des pilastres d'ordre toscan ; au bel étage, des pilastres ioniques ; au troisième niveau, des pilastres sans chapiteaux. La partie centrale du bâtiment est concave, ce qui la définit comme le cœur de toute la composition : les lignes horizontales, prolongées sur les façades des galeries et des communs, réunissent le tout dans un même ensemble. Du temps de Rinaldi, les galeries avaient un seul niveau constitué d'une colonnade ionique ouverte. L'architecte Brenna, qui suréleva la galerie de Cameron à Pavlovsk remplaça la colonnade ouverte par un bâtiment à colonnes engagées. Dans le projet initial, le grand carré des cuisines et des écuries était aussi à un seul niveau. En 1796, à l'avènement de Paul Ier, Brenna les suréleva d'un étage puis d'un second. On s'étonne de voir comme il a su gâter la composition de ses prédécesseurs.

Palais. La salle à manger de marbre par V. Brenna. Les colonnes corinthiennes sont en marbre de Carrare.

Au milieu du XIXe siècle, l'architecte R. Kouzmine reconstruisit une nouvelle fois les bâtiments des communs, ce qui changea fondamentalement l'aspect du palais. En revanche, la façade nord sur le parc a conservé le dessin initial de Rinaldi : au centre, un avant-corps à deux étages ; aux angles, de hautes tours, dites « tour des signaux » et « de l'horloge » ; en retrait, les galeries arrondies derrière lesquelles s'étendaient les carrés bas et larges des communs. La clarté, la simplicité, la force de la conception et le dépouillement annoncent le néo-classicisme russe. Le maître crée une architecture étonnamment décorative en s'appuyant volontairement sur la sobriété, comme à Oranienbaum.

Le corps principal de logis comprenait les appartements d'apparat qui s'étendaient jusqu'aux galeries : les carrés des communs étaient occupés par les cuisines et les

Palais. Dessus-de-porte de la salle Blanche où est représenté le signe astrologique du Cancer.

écuries. À la fin des années 1790, juste après l'avènement de Paul Ier, les appartements d'apparat furent agrandis, les écuries transformées en arsenal où on installa les collections d'armes et les appartements des grands-ducs, enfants de l'empereur. Les pièces et le théâtre furent à nouveau transformés en 1850 par R. Kouzmine, selon le style historiciste en vogue au milieu du XIXe siècle. Il transforma également en église le bâtiment des cuisines.

Le vestibule est une haute salle, badigeonnée à la chaux, voûtée en plein cintre et rythmée par des pilastres. À côté, se trouvent les appartements privés de Paul. L'escalier d'honneur aux marches de porphyre menait à l'avant-salle dotée d'un parquet aux somptueuses incrustations de bois d'essences différentes et d'un plafond peint, qui brûlèrent pendant la Seconde Guerre mondiale. Le plafond est en cours de restauration, d'après une esquisse de S. Torelli. On arrive, par un passage, à la salle à manger, entourée de colonnes de marbre d'ordre corinthien. La partie de la salle où se trouve le buffet est décorée d'une balustrade de marbre, les murs ornés de compositions en relief de lauriers tressés et d'allégories des plaisirs champêtres : instruments de musique et de jardinage, corbeilles de fleurs. La frise se compose de panneaux sculptés mettant en scène des épisodes de la vie de Bacchus, qui est le « héros principal » de cette salle. Le plafond est décoré de deux toiles : *Bacchus et Ariane* et *Apollon et les Muses*. La salle à manger de marbre est un sommet de la décoration monumentale. Elle fut exécutée à l'extrême fin du XVIIIe siècle par V. Brenna, comme la pièce voisine, la salle du trône de Paul Ier.

Cette salle était, à l'origine, le cabinet du comte Orlov. Brenna conserva le parquet au dessin recherché. Le trône surmonté d'un baldaquin rouge et or régnait sur la salle. Des tapisseries dans de lourds cadres dorés ornaient les murs. Les dessus-de-porte, la corniche et le plafond étaient agrémentés d'un riche décor classique. Vient ensuite la salle cramoisie qui doit son nom aux tapisseries tissées en France par la manufacture royale, d'après les cartons de Ch. Coypel, en 1776-1780. Elles ont été données par la Cour de France à Paul Pétrovitch et Maria Féodorovna, pendant leur séjour à Paris. Derrière cette pièce se trouvait la chambre à coucher d'apparat, avec des détails sculptés dorés. Les murs étaient tendus de soie bleu ciel, brodée de fils d'argent ; la même tapisserie recouvrait les sièges. Les pilastres à chapiteaux dorés étaient peints d'arabesques. Au-dessus du lit qu'entourait une balustrade dorée, s'élevait un baldaquin réalisé par A. Jacob. Au plafond, *Le Mariage de Psyché* avait été commandé à F. Doyen. Le salon cramoisi et la chambre à coucher d'apparat étaient un hommage des propriétaires au goût français de l'Ancien Régime. Ils étaient suivis par les cinq pièces de Maria Féodorovna : le boudoir ovale et le cabinet, qui se trouvent dans la tour, la toilette, le passage et le coin vert qu'on traversait pour entrer dans la maison

Palais. La salle Blanche. Une partie du décor de Rinaldi a été conservée malgré la restauration survenue dès la fin du XIXe siècle.

Palais.
Galerie de peinture.

principale lorsqu'on venait de la galerie latérale qui conduisait à l'arsenal.

On pouvait aussi contourner le palais et entrer dans la salle du trône de Maria Féodorovna, à la place de l'ancien Cabinet chinois d'Orlov dessiné par Rinaldi, puis la salle Blanche, la plus grande du palais. C'est là que l'on trouve le décor le mieux conservé de l'époque du comte Orlov. Le parquet fut restauré à la fin du XIXe siècle d'après un dessin ancien. Les murs sont rythmés par les pilastres corinthiens jumelés de Rinaldi, réunis par une simple corniche. Une guirlande souligne les contours du plafond dans un cadre complexe et richement décoré. Les murs, entre les pilastres, sont ornés de couronnes en stuc et de reliefs sculptés illustrant des scènes antiques. Sur le mur du fond, au-dessus de la cheminée, fut enchâssé un relief romain authentique, *Le Sacrifice de l'empereur Vespasien*, qui témoigne de l'intérêt de Rinaldi et de ses commanditaires pour les images classiques.

Brenna apporta d'intéressants réaménagements dans les galeries. Son style décoratif, lié aux traditions du classicisme italien, s'exprime pleinement à Gatchina. Son abondance, sa richesse, l'utilisation de la couleur répondaient à l'idée que le tsar se faisait du « style impérial » : réminiscences du baroque nourries de formes classiques. Pourtant, la manière de Brenna n'était pas surannée. Elle s'orientait vers ce qui allait faire l'originalité de l'historicisme : son caractère décoratif et sa surabondance.

L'architecte R. Kouzmine, en reconstruisant le corps des communs, les transforma dans le goût du milieu du XIXe siècle. Il aménagea une longue galerie gothique, avec les voûtes en éventail chères au gothique anglais tardif, une galerie chinoise remplie d'innombrables objets d'Extrême-Orient, disposés comme dans un musée, la salle de l'Arsenal, nouvelle salle destinée à la conservation des collections d'armes, le théâtre, qui affecte les formes du classicisme tardif. Il aménagea aussi des appartements pour les trois empereurs : Nicolas Ier, Alexandre II et Alexandre III.

Les intérieurs du palais ont disparu pendant la Seconde Guerre mondiale, au cours d'un incendie. On les reconstitue dans le corps principal. Beaucoup d'objets précieux ont pu être sauvés, emportés avant l'occupation allemande, mais un grand nombre ont disparu sans retour.

Le parc de Gatchina

Le parc de Gatchina séduit par son ampleur et son pittoresque. Il occupe une superficie presque égale à celle du parc de Pavlovsk, environ sept cents hectares. Dans les années 1760, deux rivières sinueuses et un chapelet de lacs étendus – le lac Blanc, le lac d'Argent et le lac Noir, avec des eaux de source pures et froides – coupaient en deux les épaisses forêts. En outre, le lac Blanc était couvert d'une multitude d'îles. On notera qu'à Gatchina, le relief est d'origine : les hautes rives des lacs, les éminences et les vallons. Ce n'est guère fréquent dans les plaines russes et en particulier dans la région de Pétersbourg.

Le palais occupe la partie sud du domaine. Le lac Blanc s'étale par-devant, un peu à gauche. La partie du parc – le parc du palais – qui couvre la moitié du territoire de Gatchina a été dessinée autour du lac Blanc. La région boisée qui se trouve du même côté que le palais est appelée « Sylvie » en l'honneur du dieu Sylvain, protecteur des forêts. Derrière, il y a une grande réserve de chasse, la « Ménagerie ». À droite du palais, on a aménagé, sur les bords du lac Noir, le parc du Prieuré. Il entoure le palais destiné à loger le prieur de l'ordre de Malte à la tête duquel se trouvait alors Paul Ier.

Le parc du palais est le plus rempli de tous. Il est inhabituel parce que le tiers de sa superficie est occupé par le lac Blanc et le lac d'Argent. C'est un véritable « parc des eaux ». Juste en face du palais se trouvent la grande terrasse, avec ses vues merveilleuses, et le « pavillon de l'Aigle », colonnade semi-circulaire d'ordre toscan avec, à l'arrière, une niche profonde et un aigle juché au-dessus. Une série de ponts relie les îles et les transforme en une longue île qui mène à une autre, perpendiculaire.

Le Jardin d'eau, au fond le palais.

Des îles on a une vue générale du lac. Au loin, près de la rive opposée, il y a encore quelques petites îles. L'une d'elles s'appelle l'« Épicéa », du nom des arbres qui y sont plantés. Une autre est consacrée à l'Amour, et porte le « pavillon de Vénus ». Non loin, dans une crique, trois petites îles composent un « labyrinthe d'eau ». Le pavillon de Vénus reproduirait celui que Paul Pétrovitch et Maria Féodorovna virent à Chantilly, lors de leur visite. Si on longe la rive du lac qui est la plus proche du palais sur la gauche, on aperçoit sur un promontoire un obélisque érigé vers 1770 par Rinaldi en l'honneur de la victoire navale de Tchesmé. L'Orangerie forestière, construite par Brenna, se cache à quelques pas de là, dans les broussailles.

Ces édifices différents montrent que l'idéologie du parc de Gatchina conjugue plusieurs thèmes : l'esprit héroïque avec le rappel des victoires, caractéristique des jardins russes du XVIIIe siècle, l'humeur sentimentale, avec « le voyage sur l'île de l'Amour » et « le temple de Vénus » obligatoires dans tous les parcs européens de l'époque, auxquels s'ajoute le thème, plus rare, de la forêt sacrée.

L'allée des Bouleaux recèle l'un des pavillons les plus curieux de Gatchina : la maisonnette de bouleau, constituée de bûches et de billots. On rencontrait souvent ces « chaumières » dans les parcs européens ; il y en avait une à Pavlovsk et une autre à Peterhof. Mais de ces « pavillons de branchages », dont beaucoup de livres de jardinage de l'époque des Lumières vantaient les mérites, ne restent que de rares exemples. Celui de Gatchina a l'air d'une grande pile de bois de bouleau. Les volets s'ouvrent sur de grandes fenêtres et celles-ci sur un intérieur surprenant : une haute coupole où vole un Zéphyr parmi des guirlandes de fleurs ; murs en miroirs peints de fleurs ; divans moelleux et tapis jetés sur des parquets précieux. On en attribue le projet, réalisé dans les années 1780, au maître jardinier français qui travaillait pour Maria Féodorovna, A. Viollet. Détruite pendant la guerre, la maisonnette de bouleau est aujourd'hui reconstituée.

Non loin se trouvent le labyrinthe forestier, le labyrinthe d'eau, constitué de petites îles et, presque à l'extrémité du lac Blanc, le jardin botanique, avec un canal à l'extrémité duquel fut aménagé un véritable petit port où mouillait autrefois la flotte de Gatchina. C'est qu'au XVIIIe siècle un grand nombre de navires à voile naviguaient sur le lac : parmi eux, le yacht à huit canons, *Le Pacifiste*, et *L'Imprenable,* frégate à seize canons. Les jours de fête, ils tiraient des salves. Dans les années 1790, on édifia près du port une Amirauté que l'on appela comme toujours dans les jardins russes « la Hollande », par estime pour la valeur maritime de ce pays que Pierre le Grand affectionnait tant.

Le parc.
Le portail du masque et la maisonnette de bouleau, 1794.

Le parc.
L'île d'Amour
et le pavillon de
Vénus, 1792.

Le parc.
Le pavillon de l'Aigle
sur l'île longue.

Pour arriver dans « Sylvie », il faut passer le mur de pierre et les portes, construites en 1792-1793 sur le projet de Brenna. Elles sont en bois grossièrement équarri, pour mieux correspondre au personnage du dieu romain Sylvain, dont le masque est fixé au-dessus. On est encore tenté d'évoquer la partie du parc de Chantilly appelée « Sylvie », car on sent les traditions françaises dans le dessin régulier en patte d'oie. A. Zakharov construisit dans les années 1797-1798 une « ferme », rappelant celle de Marie-Antoinette à Versailles, et une volière, reliées par un pont ruiné avec cascade, aujourd'hui disparu.

On est alors très près de la Ménagerie, la partie du parc la plus importante et la plus éloignée, couverte par la forêt. La régularité des allées la découpe en grands carrés tracés au XVIIIe siècle, mais c'est la seconde moitié du XIXe siècle qui a donné à la Ménagerie sa célébrité en en faisant le territoire officiel des chasses impériales.

Le parc du Prieuré fut aménagé à partir de 1798 dans la forêt du lac Noir, dans l'esprit des parcs paysagers, vraisemblablement d'après le projet de Brenna et sous le contrôle du jardinier anglais J. Hekwatt. Le palais du Prieuré en est la principale curiosité. Le prince de Condé portait le titre de grand prieur de l'ordre et Paul Ier espérait qu'à la faveur de l'émigration le prince viendrait vivre chez lui à Gatchina. Il lui fit construire un logement à la hauteur de sa dignité. C'est donc, en quelque sorte, le palais de Condé, dont Paul Ier ne pouvait oublier l'hospitalité à Chantilly. Pourtant, on a utilisé ici une technique parfaitement invraisemblable, inventée en France au XVIIIe siècle, la « construction en terre battue », qui consistait à tasser la terre dans des moules spéciaux. On construisait les maisons avec la terre durcie. Un des plus brillants hommes d'art des Lumières en Russie, Nicolas Lvov, architecte, musicien, poète et inventeur, avait lu cette invention dans un traité français et l'avait importée à Gatchina. Il construisit de la même manière, sur un isthme entre deux lacs, un château romantique de style gothique, sur les murs duquel on peignit les armes de l'Empire russe, l'aigle bicéphale avec la croix de Malte sur la poitrine.

Les terres de Gatchina ne se limitaient pas au parc. Du temps où Paul n'était encore qu'héritier du trône, un « pays » entier vit le jour autour, avec ses frontières, ses fortifications et les constructions nécessaires aux exigences militaires. La plus importante, la forteresse d'Ingeburg, en défendait les abords, sur la route de Pétersbourg. Le faubourg des serviteurs était une véritable ville avec ses ateliers et ses manufactures, où l'on fabriquait le fromage, la toile, le drap, la verrerie. Zakharov y construisit tout un « village éducatif » pour les orphelins et les enfants pauvres. Paul y établit des règles très strictes. Tous les habitants de Gatchina devaient s'y soumettre, dans les détails les plus infimes du travail et de la vie en général.

Le parc. L'obélisque en marbre rose de Tchesmé. Élevé à l'ouest du lac Blanc, probablement par A. Rinaldi, il était destiné à célébrer la victoire d'Alexeï Orlov sur les Turcs en 1770.

Chapitre onze

Pavlovsk

« Je vous assure que l'Italie non seulement ne m'a pas détournée de Pavlovsk, mais qu'elle m'oblige à l'aimer encore plus tendrement. »

Correspondance de **Maria Féodorovna** et **Karl Kuchelbecker**, gouverneur de Pavlovsk.

Plan du Parc de Pavlovsk. Au-dessus du grand parc aux allées en étoile on reconnaît (de droite à gauche), la ville et ses rues tirées au cordeau, la forteresse Bip, l'étang de Marienthal, le palais nouvellement agrandi par Brenna, le temple de l'Amitié et les autres constructions le long de la rivière Slavianka. Gravure de A. Bougreev, 1803.

Pavlovsk. Le palais. Commencés en 1782 par Charles Cameron, les travaux furent dirigés à partir de 1786 par V. Brenna, l'architecte personnel du futur Paul Ier.

Pavlovsk et ses propriétaires

John Lowdon, le célèbre spécialiste des jardins anglais du début du XIXe siècle, informait les lecteurs de son *Encyclopédie des jardins* de 1827 que *Pavlovsk est le plus beau parc de style anglais, non seulement dans les environs de la capitale russe, mais, de toute évidence, dans tout l'Empire.*[1] On ne pouvait pourtant trouver saison plus défavorable pour l'étude des jardins russes que celle que choisit Lowdon. Il passa la frontière occidentale de la Russie peu de temps avant les armées de Napoléon et fit le tour des parcs pendant la guerre de 1812. Il visita Moscou en ruine après l'incendie. D'après les souvenirs de sa femme, c'est tout juste s'il ne fut pas mangé par les loups sur la route de Pétersbourg. Malgré toutes ces aventures, l'« écrivain des jardins » sut conserver une belle objectivité dans l'appréciation des parcs qu'il visita. Pavlovsk est effectivement le plus beau parc paysager de Russie.

Il plut tellement à Lowdon qu'il l'attribua à Lancelot Brown, auteur des plus célèbres parcs paysagers de Grande-Bretagne. Lowdon inventa la légende selon laquelle la Cour russe avait fait appel au fameux maître anglais par l'intermédiaire de son élève, jardinier chez le prince Potemkine, favori de Catherine II. C'était pure invention. Néanmoins, rien ne peut mieux définir le style de Pavlovsk que cette légende. Mais à qui faut-il donc attribuer le charme particulier de Pavlovsk ?

Des Russes, des Anglais, des Français et des Allemands ont pris part à sa conception. Parmi les architectes qui y travaillèrent, on peut citer le nom de Charles Cameron, le maître anglais au service de Catherine II à Tsarskoïe Selo. Deux Italiens lui succédèrent : Vincenzo Brenna qui haïssait Cameron et s'efforçait de modifier tout ce qu'il avait fait, et Pietro di Gottardo Gonzaga, qui était au contraire sous le charme de l'Anglais et cherchait à développer son projet. Giacomo Quarenghi y travailla à la fin du XVIIIe siècle. Au XIXe siècle, on y trouve Carlo Rossi, Andreï Voronikhine et Andreï Stakenschneider, les auteurs des ensembles urbains les plus connus de Pétersbourg. Ces noms représentent pratiquement l'élite de l'architecture russe de l'époque. Et pourtant, une personnalité les éclipse, dont les goûts, les choix et l'activité sont à l'origine du

Le palais, façade ouest. Cette partie du palais, non remaniée, restitue l'idée primitive de villa palladienne voulue par Cameron.

1. LOWDON J., *The Encyclopedia of Gardening*, Londres, 1827, p. 56.

Le palais. Coupole de la salle italienne.

« style de Pavlovsk ». Il s'agit de la princesse de Wurtemberg, nièce du roi de Prusse, Frédéric le Grand, qui épousa en 1776 l'héritier du trône de la Russie, le fils de Catherine II, Paul Petrovitch. La grande-duchesse comptait bien peu pour son mari. Par la suite, en revanche, grâce à l'attention respectueuse de ses fils, Maria Féodorovna « donna le ton » pendant un quart de siècle à la haute société pétersbourgeoise et influença la « grande politique ». C'est elle qui aurait fait échouer les plans de mariage de Napoléon avec l'une des sœurs d'Alexandre Ier, la grande-duchesse Anna.

Maria Féodorovna est un personnage historique captivant. Parfois, il est vrai, elle ressemblait un peu trop à ce genre de princesses, extrêmement bien élevées, que l'on s'attendait à trouver dans les petites principautés allemandes de la fin du XVIIIe siècle. De mœurs respectables, fidèle au devoir conjugal, soucieuse des soins ménagers, de considérations d'économie, douée pour limiter les dépenses, très sentimentale, aimant les rideaux de dentelle, la porcelaine blanche au décor bleu ou or, pensant aux pauvres et aux orphelins, essayant de faire des « surprises » à ses proches, elle était persévérante et n'était pas indifférente à l'art. C'est à elle que nous devons Pavlovsk.

On ne peut donc passer sous silence l'influence des goûts de l'auguste épouse de Paul Pétrovitch. Le domaine

Le palais. La salle italienne. Le volume conçu par Cameron a été décoré par V. Brenna et restauré par A. Voronikhine après l'incendie de 1803.

Le palais.
Salle grecque. Les seize colonnes de bois revêtues de marbre artificiel de couleur verte ne portent qu'une poutre décorative. Elles furent dressées par Brenna pour donner un aspect plus solennel à la salle.

Le palais.
Salon de la guerre.
Détail d'un vase.

s'appelait « Pavlovsk » (littéralement « de Paul ») en l'honneur du mari. Si la personnalité du fils de Catherine se reflète surtout dans sa résidence préférée, Gatchina, à Pavlovsk, beaucoup de choses sont liées à ses habitudes, dont les espaces pour les « jeux militaires ». Les choix de Paul ont donc déterminé les contraintes avec lesquelles les architectes et les jardiniers devaient compter.

On peut définir quatre périodes de construction, brèves, mais chacune possèdant ses traits propres. La première, de la fondation de la résidence en 1777 jusqu'au début de sa construction en 1782. La deuxième est liée au travail de Cameron de 1782 à 1787. Puis la période de l'activité de Brenna commence à la fin des années 1780 et couvre tout le règne de Paul Ier, jusqu'en 1801. La dernière époque, celle du veuvage de Maria Féodorovna jusqu'à sa mort en 1828, marque une étape importante dans la « culture de Pavlovsk ». Le domaine, ensuite, connut peu de changements. Transformé en musée en 1918, le palais fut détruit pendant la Seconde Guerre mondiale et scrupuleusement restauré pendant ces dernières décennies.

Les premières années de Pavlovsk

Maria Féodorovna répondit aux espoirs de l'impératrice Catherine. Un fils naquit au couple héritier le 12 décembre 1777, premier petit-fils de l'impératrice, le préféré, Alexandre. De joie, Catherine donna aux parents une terre proche de Tsarskoïe Selo. Le domaine de Paul Pétrovitch commençait à quatre kilomètres des limites de sa résidence et s'étendait sur plus de mille hectares. Par bonheur, l'emplacement était plus pittoresque qu'à Tsarskoïe Selo. Une épaisse forêt mixte de mélèzes et de conifères était traversée par la rivière serpentine de la Slavianka. Ses rives étaient bordées de mamelons peu élevés. La nature elle-même semblait prédestiner Pavlovsk à l'aménagement d'un parc paysager.

On commença par dégager un terrain à bâtir. Deux petits palais furent rapidement élevés. Celui de Maria Féodorovna s'appelait « Joie de Paul », Paullust, et celui où devait vivre le mari reçut le nom de Marienthal, « Vallée de Marie ». Cette sentimentalité est caractéristique des dispositions des époux. Mais on notera que les deux palais ne furent pas construits l'un à côté de l'autre mais à plus d'un kilomètre de distance.

Maria Féodorovna s'occupa tout de suite de l'aménagement du jardin. Elle avait deux désirs : ne pas se laisser dépasser par la dernière mode des parcs et créer quelque chose « de nouveau et d'inhabituel » tout en évoquant le souvenir des résidences de sa famille en Allemagne. Son idéal, le modèle du jardin « anglo-chinois », venait de franchir le Rhin grâce aux Allemands qui avaient visité les environs de Paris et aux publications françaises de Le Rounas, Girardin et Vatlet, populaires dans toute l'Europe. Les caractéristiques d'un jardin comme Monceau ou d'une ferme comme celle de Versailles apparurent rapidement à Pavlovsk : on aménagea des ruines, des petits ponts, des chaumières, des kiosques chinois, des cascades. Ces pavillons avaient voyagé depuis le jardin de Marie-Antoinette jusqu'à la résidence d'un oncle ou d'un cousin de Maria Féodorovna, un de ces « petits potentats » allemands, pour se retrouver ensuite dans les environs de Pétersbourg. C'est ainsi qu'apparurent à Pavlovsk le « vieux chalet » ou la « chaumière champêtre », avec une tour digne d'un moulin.

L'aménagement du jardin, avec ces pavillons, dura jusqu'au départ des augustes propriétaires de Pavlovsk à l'étranger. Partis pour l'Europe le 17 septembre 1781, ils séjournèrent en Autriche, en Italie, en France, en Allemagne et revinrent en Russie le 20 novembre 1782. Bien que voyageant incognito sous le nom de « comte et comtesse du Nord », leur identité était connue et ils furent reçus par toutes les Cours. Les palais et les parcs français produisirent sur eux une impression ineffaçable : Versailles

Le palais.
Le salon de la Guerre.

Le palais. Cabinet de Maria Féodorovna.

avant tout, bien sûr, mais Chantilly plut particulièrement au grand-duc. Or ces engouements étaient en contradiction avec ce qui s'était passé à Pavlovsk en leur absence. Charles Cameron avait été chargé de la commande, vraisemblablement parce que Catherine II voulait voir, à côté de Tsarskoïe Selo, une « authentique » résidence de campagne anglaise. Le nouveau « goût français » de son fils entra rapidement en conflit avec le plan de Cameron, de sorte que ce dernier finit par être écarté de Pavlovsk. Par bonheur, cela ne se fit pas du jour au lendemain et l'architecte eut le temps de construire un véritable chef-d'œuvre.

Le palais : vue extérieure

Le palais de Pavlovsk est situé sur un mamelon qui domine la rivière Slavianka. On construisit sur la rivière un barrage pour créer un grand étang dans lequel le palais se reflète. Le plan de l'édifice fut réalisé par Cameron en 1781 et la première pierre posée le 25 mai 1782. Un an et demi plus tard, le palais était terminé mais sans décor intérieur. Il resta ainsi quelque temps puis fut remanié à plusieurs reprises dans la première moitié du XIXe siècle. L'aspect extérieur du palais lui-même changea.

Pour avoir une image fidèle du palais primitif, il faut aller du côté de l'étang, en contrebas du mamelon, d'où les ajouts postérieurs ne sont pas visibles.

La conception de Cameron repose sur la tradition palladienne anglaise du XVIIIe siècle. Son professeur, Isaac Ware, était proche du constructeur de la villa de lord Burlington à Chiswick. Cameron vit les plans originaux de Palladio que collectionnait Burlington, étudia les célèbres maisons de campagne de Grande-Bretagne, probablement Kedleston et Sion House, et construisit une sorte de modèle universel de villa palladienne réunissant les particularités d'un grand nombre de villas anglaises et qui mettait un point final à l'évolution de ce type de palais. C'est pourquoi il occupe une place à part dans la série des résidences de campagne du classicisme européen du XVIIIe siècle.

La première impression est donnée par la division des niveaux de l'édifice : le niveau inférieur est égal au bel-étage et le troisième n'est pas élevé. La partie centrale du palais paraît plus haute que les autres parce que le bossage continu du niveau inférieur est comme le « piédestal » de tout l'édifice. La colonnade corinthienne de la façade sur cour, en saillie, est le point capital et le centre de la composition. Dans la partie supérieure, Cameron créa une nouvelle opposition des volumes en couvrant l'édifice rectangulaire d'une coupole plate reposant sur un tambour, entouré d'un péristyle externe de soixante-quatre colonnes.

Le corps central du palais est resté tel que le construisit Cameron. Les galeries et les ailes, elles, ont été reconstruites. Paul Ier, devenu empereur, décida de donner

Le palais. Chambre d'apparat de Maria Féodorovna.

Le palais.
Cabinet de toilette de Maria Féodorovna.

à Pavlovsk un rôle plus important en le transformant en résidence officielle. L'architecte italien V. Brenna suréleva d'un étage les galeries semi-circulaires et l'aile sud qu'il rattacha à l'église et à la galerie. Après l'incendie du palais en 1803, A. Voronikhine réaménagea l'aile nord. En 1822-1824, Carlo Rossi construisit au-dessus une bibliothèque qui vint modifier une fois encore l'aspect de l'aile droite.

Le palais : vue intérieure

Cameron ne participa pas aux décors intérieurs, mais il conçut la structure interne du corps central. La salle circulaire centrale, dite salle italienne, inscrite dans un carré, occupe toute la hauteur du premier et du deuxième niveau. Autour de ce cylindre, une suite de pièces ont été aménagées, à chaque étage, dans l'espace rectangulaire défini par le plan du palais. Des enfilades courent au rez-de-chaussée et au premier étage le long des façades latérales. Du côté de la cour se trouvent un vestibule haut et un vestibule bas ; du côté du lac, le premier étage est occupé par la grande salle grecque.

Tous les espaces du premier étage du corps central ont été aménagés par V. Brenna en deux étapes : d'abord à la fin des années 1780, puis avec magnificence entre 1797 et 1799 après l'avènement de Paul Ier. Au tout début du XIXe siècle, G. Quarenghi décora quelques pièces. Après l'incendie de 1803, le palais fut restauré par Voronikhine. C'est alors qu'intervint Maria Féodorovna, exigeant la restauration du décor antérieur. Entre 1805 et 1807, A. Voronikhine put aménager quelques nouvelles salles là où il n'y avait pas eu, précédemment, d'installations notables, dont le nouveau cabinet de Maria Féodorovna au rez-de-chaussée, la « lanterne ». L'intérieur le plus important réalisé par Carlo Rossi fut la bibliothèque. Elle fut achevée en 1824, quatre ans avant la mort de l'impératrice. Après sa disparition, le palais revêtit les traits d'un mémorial et aucun remaniement intérieur ne fut entrepris hormis les quelques petits travaux d'A. Stakenschneider. Un travail incroyable, en revanche, fut mené à bien par les restaurateurs après les destructions de la Seconde Guerre mondiale. Le palais est l'exemple le plus réussi des restaurations en Russie.

Le vestibule a été réalisé d'après le projet de Cameron. Il a reporté à l'intérieur les caractéristiques extérieures du palais : le sol est pavé des mêmes dalles de pierre que l'escalier d'entrée et les murs sont revêtus d'un parement à bossages continus. Dans des médaillons figurent les signes du zodiaque, les miroirs des portes latérales agrandissent l'espace et le plafond est une somptueuse voûte conçue dans l'esprit romain. Quand Voronikhine restaura cet espace après l'incendie, il le décora de statues égyptiennes caractéristiques de l'époque Empire.

Du vestibule, on entre directement dans le cœur même du palais, la salle ronde à l'italienne, dessinée par Cameron, décorée par Brenna et recouverte de ce faux marbre rose que l'on sait admirablement fabriquer en Russie. Le sol est une énorme étoile de marbre à douze branches. Aux quatre points cardinaux, des portes avec des incrustations de plusieurs essences de bois ménagent entre elles d'énormes niches semi-circulaires où se trouvent d'authentiques sculptures antiques. Au-dessus, de véritables médaillons romains en marbre sont encastrés dans les murs que couronne la frise aux figures de lions entrelacées de fleurs fantastiques. Le superbe lustre, exécuté par Voronikhine, jette sa lumière sur les innombrables détails dorés de la salle.

On arrive juste dans la salle à la grecque, conçue par Brenna et remaniée dans un style plus sévère par Voronikhine. Elle est entourée d'une colonnade de marbre vert foncé, d'ordre ionique, qui souligne le thème de l'Antiquité. La frise et les murs sont blancs. Il y a des sculptures dans des niches blanches. Le plafond, dans un lourd cadre architectural, est peint de caissons en trompe l'œil. De part et

Le palais.
La galerie de tableaux aménagée par V. Brenna.

d'autre de la salle à la grecque se trouvent des salons octogonaux, transformés en salons de réception dédiés à la Paix et à la Guerre, lorsque Paul Ier devint empereur.

Ces salles donnent accès aux enfilades de pièces qui appartenaient, au nord, à Paul Pétrovitch et à Maria Féodorovna, au sud. L'enfilade nord se compose d'un cabinet des Tapisseries, de la bibliothèque de Paul Ier, d'un petit cabinet et d'un cabinet de toilette. Dans l'autre enfilade, la bibliothèque de Maria Féodorovna jouxte le salon de la Paix. Puis viennent le boudoir, la chambre d'apparat et le cabinet de toilette. Toutes ces pièces ont été conçues dans le style classique monumental et reproduisent fidèlement un grand nombre de détails antiques. Les maîtres du lieu désiraient suivre les modèles d'agencement, de décor et d'ameublement qu'ils avaient vus en France. C'est à Pavlovsk que sont conservés les présents de Louis XVI et Marie-Antoinette.

Des appartements d'apparat ont aussi été aménagés dans les galeries et les ailes du premier étage. L'énorme salle du Trône carrée, au décor monumental somptueux, a été réalisée avec un faste digne des modèles de Piranèse. Une simple peinture d'architectures, exécutée d'après l'esquisse de P. Gonzaga, orne le plafond. Cette salle donne sur la galerie de tableaux, semi-circulaire, d'où l'on passe dans la longue salle des Chevaliers que la mise en place d'un grand nombre de statues a transformé en musée dans la seconde moitié du XIXe siècle. La salle des Chevaliers communique avec le chœur de l'église.

Il existe aussi, au rez-de-chaussée du corps principal, quelques pièces aménagées par Cameron : le nouveau cabinet et le cabinet commun, la salle de billard, l'ancienne salle à manger, la salle de bal et la salle française. Elles furent aménagées plus modestement mais plus confortablement à l'époque où Paul Pétrovitch n'était encore qu'héritier du trône et que son auguste mère limitait ses dépenses. Cameron choisit pour décor la couleur blanche, le graphisme des détails et l'architecture. À la demande des maîtres du lieu, Cameron fit un large usage du tissu et du papier peint, suivant la mode française de l'époque.

Le parc : conception et histoire

Avant l'arrivée de Cameron, le parc de Pavlovsk était un parc « anglo-chinois » au sens où l'entendaient les auteurs français de livres de jardinage des années 1770 : une composition pittoresque et un grand nombre de fabriques

Le palais. Détail de la porte de la galerie de tableaux.

exotiques. Cameron s'efforça de le transformer en un parc paysager anglais classique et de révéler les particularités du paysage, le « génie de l'endroit ». Il existait une grande variété de jardins de cette catégorie. À Pavlovsk, il s'agit d'un paysage idéalisé, chargé de poétique classique et rempli de modèles antiques de pavillons et de sculptures.

Le grand palais était, dans le dessein de Cameron, le centre de la composition générale. Toutes les « lignes d'extension » devaient converger vers lui. Il était baigné par la Slavianka, le principal « axe pittoresque » du parc divisé en plusieurs parties.

Le parc autour du palais

Une triple allée droite, à cinq rangées de tilleuls taillés rapportés de Hollande, partait de la cour. Elle menait à une petite place semi-circulaire, destinée aux parades de la garde, le champ de parade. De part et d'autre de cette triple allée s'étendaient différentes compositions paysagères. Le côté gauche, quand on tourne le dos au palais, était couvert d'une forêt où avaient été tracés des sentiers sinueux suivant la ligne de l'escarpement descendant la Slavianka. C'est là, dans un fourré, que l'on dissimula la « Laiterie ». Maria Féodorovna écrivait : *elle m'est toujours proche du cœur* et *semblable à la laiterie du parc de Son Altesse le duc de Wurtemberg*[2]. C'était une petite maison en caillasse au toit de chaume avec, à l'intérieur, une stalle pour deux vaches et une élégante salle meublée de tabourets blancs à dorures avec des coussins de plumes pour boire le lait frais. Derrière la Laiterie, dans le fourré, Cameron érigea en 1786 le « Monument à Frédérica », la sœur décédée de Maria Féodorovna. C'est également ici qu'elle fit placer une sculpture en souvenir de ses parents.

À la « douceur champêtre » et à la mélancolie du côté gauche s'opposaient le raffinement et la gaieté du côté droit. Comme dans les jardins rococo français ou allemands, le dessin du labyrinthe suscita un jeu ornemental complexe. Cameron plaça une volière à l'angle de la triple allée. L'espace entre chacune des salles qui la composaient était couvert par un filet derrière lequel volaient perroquets, rossignols, étourneaux et cailles. Une des salles était pleine de fleurs. Un poète l'appelait le « boudoir de fleurs ». Dans l'autre, on disposa des pierres tombales antiques rapportées d'Italie, *où le burin immortalise les larmes*. Un contemporain décrit son impression : *La mélancolie consume l'âme de l'arrivant [...], la douleur survient pour le plaisir.*[3]

Cependant, pour avoir une image complète de Pavlosk, il ne faut pas oublier que, dans l'allée entre la Laiterie et la Volière, les gardes poudrés de Paul défilaient au son du tambour en même temps que le « goût pour les Muses » se reflétait dans le parc. Cameron construisit en 1801 derrière le palais, au-dessus du lac, l'élégant temple ionique des Trois Grâces et dessina un petit jardin régulier. Les statues des Grâces étaient noyées dans un maquis de roses blanches. L'oriel de Maria Féodorovna et la « Lanterne » s'ouvraient sur ce temple. Si le parc proche du palais reflète les goûts des maîtres du lieu, plus loin Cameron avait une certaine liberté qu'il exprima pleinement en aménageant le jardin du vallon de la Slavianka.

Le vallon de la Slavianka

À une trentaine de kilomètres de sa source, l'étroite Slavianka s'engage dans une zone où les rives forment des escarpements abrupts. Le barrage qu'elle rencontre marque le début du parc de Pavlovsk. Au-dessus de la rive droite, au confluent du ruisseau de la Tysa, Brenna édifia une forteresse néo-gothique, la forteresse Bip.

L'escarpement s'interrompant juste après laissait ainsi la possibilité d'aménager un chemin longeant la rivière. Au-dessus s'élèvent les « Montagnes suisses », l'une des premières parties du parc aménagées par Cameron. Ces mamelons peu élevés alternent avec des petits vallons et sont couverts de forêts. Dans l'une d'elles, sur un rocher artificiel, Cameron érigea un obélisque classique en l'honneur de la fondation de la résidence. Il portait l'inscription « Pavlovsk a été commencé de construire en 1777 ». Plus loin, un pont de pierre à deux arches accédait à une petite île et fermait la perspective de la Slavianka. C'est à partir

2. « Lettres de Maria Feodorovna », in TALEPOROVSKI, *Le Parc de Pavlovsk*, Pétrograd, 1923, p. 61.

3. SAINT-MAURE E., *Anthologie russe*, Paris 1823, p. 247.

L'église du palais exécutée sur les dessins de Brenna.

Le parc. Le pavillon des Trois Grâces élevé en 1801 sur les plans de Cameron.

de ces constructions que se développait le « thème antique » du vallon de la Slavianka.

Après le pont, la Slavianka se déversait dans un grand étang dominé par le palais. Ses rives ont conservé le tracé serpentin des anciens sentiers. Le « petit bois familial », dont les arbres ont été plantés en l'honneur de naissances, de mariages ou d'autres événements familiaux survenus dans la maison impériale, s'étend sur une presqu'île. Il devait rappeler les antiques bois sacrés. Au milieu des arbres était placée l'« Urne du Destin » en jaspe vert.

Sur la rive gauche, la colline descendait vers le lac. C'est là que l'on édifia la colonnade d'Apollon avec la statue du dieu de la Lumière au centre. Elle s'écroula pendant la construction et on la laissa en l'état, ce qui parut bien plus sentimental. Elle fut à l'origine du culte d'Apollon, de la vénération du dieu de la Poésie et des Muses, et de l'harmonie de l'art antique. Des statues apparurent dans les autres parties du parc, dans la Nouvelle et dans l'Ancienne « Sylvie » ou dans le petit jardin privé. Ce rapprochement entre Apollon et Paul Ier rappelle la représentation de Catherine II en Minerve.

Au-delà du lac, le vallon de la Slavianka se fait plus étroit. Le pont aux Centaures, construit par Voronikhine, relie les rives. Après avoir traversé une autre île, le « corridor vert », des ponts, un barrage et une cascade, on parvient dans le vallon où Cameron éleva le temple de

Le parc. Les Trois Grâces, œuvre du sculpteur P. Triscorni d'après la sculpture antique conservée au Louvre.

Le parc.
Le pont des Centaures.

Le parc.
La colonnade d'Apollon construite de 1780 à 1783 abrite une copie de l'Apollon du Belvédère conservé au Vatican.

l'Amitié. La composition montre son art pour faire ressortir les particularités du relief. Son choix, pour le temple de l'Amitié, d'un emplacement où la Slavianka forme des méandres encore plus accentués attire l'attention sur la beauté du dessin de la rive. Le site retenu étant le plus bas du vallon, le pavillon se dresse comme au fond d'un fourré merveilleux dont les arbres, les buissons vert sombre et les peupliers aux feuilles tremblantes formeraient les bas-reliefs, la ligne des hauteurs sur fond de ciel marquant la limite supérieure de la composition.

Le type de fabrique de jardin en forme de temple-rotonde n'était pas nouveau pour le XVIIIe siècle. Le prototype probable en est le temple de Pan à Stowe, édifié par W. Chambers. Mais, à Pavlovsk, ce type de temple était associé à celui d'Apollon à Delphes. À l'origine, il devait s'appeler temple de la Reconnaissance, en souvenir de Catherine II qui avait fait don de Pavlovsk à son fils et à sa femme. Mais après l'arrivée en Russie, l'été de 1780, de l'empereur du Saint-Empire romain germanique Joseph II, sous le nom de comte Falkenstein, le temple fut baptisé temple de l'Amitié. L'empereur écrivait : *Après le déjeuner dans la villa du grand-duc, ou plus exactement de la grande-duchesse, ils m'obligèrent à prendre part à la pose de la première pierre du temple consacré à l'Amitié. Je ne pus refuser. Tout cela était accompagné de beaucoup d'amabilités et de protestations d'amitié éternelle.*[4]

Pour l'architecte, les références à l'Antiquité jouaient probablement un grand rôle. C'est d'ailleurs, à Pavlovsk, l'un des principaux accents « antiques ». Pour rester dans ce même registre, le pont qui enjambe l'autre rive de la Slavianka eut d'abord la forme d'un bac « volant », comme on l'appelait dans les documents de l'époque. Quand il fallut construire la cuisine, pour la préparation des petits déjeuners et des dîners qui avaient lieu dans le temple de l'Amitié, l'architecte donna à l'édifice l'aspect d'une « chaumière » de planches rabotées et de branchages.

Cameron n'avait pas conçu d'architecture importante au-delà du temple de l'Amitié. Il ne s'est servi que des éléments du paysage, soulignant la « sauvagerie » de cette partie de Pavlovsk, la dernière qu'il ait aménagée dans les années 1780. Plus tard, au début du XIXe siècle, il a proposé d'édifier des fabriques en aval de la Slavianka. Il construisit dans le vallon Rouge des ruines artificielles, semblables à celles du parc anglais de Stowe, et une fabrique tout à fait féerique.

V. Brenna, qui continua d'embellir Pavlovsk après Cameron, aménagea dans les années 1800, non loin du palais, des parties régulières du parc : les Grands Cercles et le Grand Escalier qui conduisait dans le vallon du temple de l'Amitié. Il dessina deux « zones » au plan complexe : l'Ancienne et la Nouvelle Sylvie, où l'on plaça de nombreuses statues. Le vallon même de la Slavianka fut

4. Kobeko D., *Le Tsarevitch Paul Pétrovitch*, Saint-Pétersbourg, 1882, p. 179.

Le parc. Le pavillon des bains froids. Construit en 1799 sous la forme d'une rotonde prrécédée d'une entrée avec fronton, il fut complété l'année suivante par une fontaine intérieure en forme de globe exécuté en bronze.

transformé. Brenna avait construit la citadelle Bip. À l'autre extrémité du vallon, il édifia Pil, une tour, un amphithéâtre, et suréleva la cascade. V. Taleporovski remarqua avec justesse : *Brenna regarde le parc de Pavlovsk avec des yeux tout à fait différents de ceux de Cameron et en rejetant la sentimentalité, la douceur et l'intimisme [...] ; il découpe en formes architecturales les rives de la Slavianka devant l'Amphithéâtre...*[5] Ce remaniement fut exécuté durant le règne de Paul Ier.

Après la mort de Paul Ier, le parc changea à nouveau. L'architecte français Thomas de Thomon construisit, entre 1805 et 1808, un mausolée en forme de temple romain dédié « À l'époux bienfaiteur », qui était l'une des premières constructions de style Empire en Russie. Ce style gagna l'extérieur de Pavlovsk. Des fabriques surgirent dans le parc. La plus remarquable fut bâtie par Voronikhine en 1807 à côté du terrain de parade où l'on avait déjà cessé d'entraîner les gardes : le « pavillon des Roses », agrandi et décoré de peintures en 1814 au retour du fils de Maria Féodorovna, l'empereur Alexandre Ier. Un jardin de roses fut aménagé autour du pavillon et un jardin pittoresque d'une composition exceptionnelle, dû à P Gonzaga, se développa et s'étendit sur quelques kilomètres, dans la zone du Bouleau blanc. Pietro di Gottardo Gonzaga, d'origine italienne, était avant tout un merveilleux homme de théâtre, particulièrement populaire en Vénétie. Il arriva en Russie au début des années 1790. Ses décors eurent un succès extraordinaire à Pétersbourg et à Moscou. Il organisa des fêtes à Pavlovsk et l'on peignit des plafonds et des murs d'après ses esquisses.

Gonzaga se révéla un remarquable maître ès jardins. En fait, il a apporté au paysage de Pavlovsk pittoresque et dramaturgie théâtrale. Commençant par installer un système d'étangs dans la zone nord du parc, il porta ensuite ses efforts sur la partie éloignée du cours de la Slavianka, le vallon Rouge. Mais c'est le Bouleau blanc, énorme portion de parc couvrant deux cent cinquante hectares, qui lui apporta une gloire immortelle dans l'histoire du jardin russe. Pour son projet d'une envergure sans précédent, il procéda comme s'il dessinait dans la nature des paysages accompagnés de petits bois, de champs, d'orées de forêts, de laies et de routes. Vingt-cinq ans, de 1803 jusqu'à la mort de Maria Féodorovna en 1828, il coupa, planta, replanta, tailla les arbres avec une persévérance et une passion extraordinaires. La zone du Bouleau blanc fut toujours

5. Taleporovski V., *op. cit.*, p.10.

exceptionnellement belle, mais elle était conçue pour l'automne. Les arbres étaient assortis de façon que le feuillage doré des bouleaux émergeant des troncs blancs, le vert sombre des sapins et les érables rouges créent une « toile » inspirée, aux coloris uniques. Gonzaga écrivait : *La forme et la couleur des arbres leur communiquent des différences très sensibles ; parmi eux il y a les arbres gais, les arbres élégants, les arbres tristes, les arbres fiers...*[6] Grâce à lui, la nature est soumise aux lois du décor de théâtre.

La vie quotidienne et les fêtes à Pavlovsk

Les lettres qu'échangeaient la grande-duchesse et le gouverneur de Pavlovsk, le zélé Karl Küchelbecker, reflètent l'état d'esprit qui régnait alors : ... *les arbres fruitiers sont en fleurs, les narcisses et les jacinthes sont en partie finis et les rangées [...] dans lesquelles le jardinier pressent déjà des fleurs merveilleuses et les roses en boutons me forcent chaque fois que je les vois à regretter que ce printemps en serre ne soit pas visible par Votre Altesse. Les beautés du climat italien que Votre Altesse voit actuellement ne vous auraient pas laissée indifférente à ces plantes luttant avec tant de difficultés* [c'est-à-dire le climat russe], *tout comme les restes précieux de l'Antiquité ne vous priveraient pas de la bienveillance pour les constructions d'architecture dans Votre jardin, élevées selon les règles des maîtres de l'ancienne Rome et de l'ancienne Grèce,* écrivait le gouverneur à Maria Féodorovna en voyage à l'étranger.

Je vous assure que l'Italie non seulement ne m'a pas détournée de Pavlovsk mais qu'elle m'oblige à l'aimer encore plus tendrement [...] Mon petit coin familial, la Colonnade, le Temple à Pavlovsk me font plus plaisir que toutes les beautés d'Italie...[7], répondit-elle.

Il y eut, en 1798, une fête insolite : la fête des « bûchers », organisée par les chevaliers de l'ordre de Malte selon l'ancien cérémonial médiéval qui signifiait le renoncement à toute vanité. On brûlait, symboliquement, toute pensée terrestre sur l' « autel des sacrifices », comme on appelait ces bûchers dressés selon la règle de l'Ordre, dont Paul Ier avait été élu grand maître. Avec l'arrivée des représentants de l'Ordre à Pétersbourg apparurent les règles, les effigies portant la symbolique de Malte, et enfin les solennités.

Depuis le matin du 23 juin 1798, les régiments de la garde étaient à Pavlovsk. Les chevaliers de Malte arrivè-

6. GONZAGA P., in TALEPOROVSKI V.

7. Correspondance de Maria Féodorovna et de Küchelbecker. Archives du palais-musée de Pavlovsk.

Le parc.
Le temple de l'Amitié.

Le parc. Le temple de l'Amitié. Construit de 1780 à 1783 sur les dessins de C. Cameron, l'édifice de plan centré est entouré de seize colonnes doriques cannelées. Les métopes de la frise portent des dauphins, symboles de l'amitié, alternant avec des couronnes de ceps de vigne.

rent au palais. Puis *on apporta quelques chargements de bois, de branches sèches et de branches de sapin, et l'on composa neuf bûchers*. Les régiments de la garde s'alignèrent sur trois côtés du champ, autour des bûchers, en laissant ouverte la venue du château. Vers huit heures du soir, la procession sortit, avec parmi eux Paul Ier. Les chevaliers portaient des torches et allaient deux par deux *solennellement et doucement [...], en chapeau à plume, cotte rouge et grand manteau noir [...] ; les chevaliers firent trois fois le tour des neuf bûchers*. Puis les bûchers furent allumés : *c'est alors que des tourbillons de fumée noire s'élevèrent des branchages de sapin. Quand elle se fut dissipée, les bûchers se mirent à brûler d'une flamme claire...*[8]

Après la mort de Paul Ier, de telles cérémonies ne se produisirent plus. Le pavillon des Roses devint le lieu traditionnel des fêtes. Celles de la Cour étaient un sujet constant de conversation dans les salons pétersbourgeois de la deuxième décennie du XIXe siècle. Voronikhine et Gonzaga collaborèrent aux spectacles du pavillon des Roses, auxquels les meilleurs artistes de l'époque prirent part. On y fêta, en 1814, le retour d'Alexandre Ier. Les décors de Gonzaga représentaient une localité champêtre avec des milices populaires russes qui partaient en campagne, des familles qui les attendaient et les mêmes milices, au retour de la guerre. C'était le sujet de la pièce. L'artiste conçut un paysage d'une perfection exceptionnelle. Les décors, qui restèrent en place un certain temps, créaient des surprises : *Je passai par le pavillon des Roses et je vis un merveilleux village avec une église, la maison du seigneur et une auberge villageoise. Je vis de hautes isbas paysannes, un petit logement avec des térems et, entre eux, des palissades et des haies derrière lesquelles verdissaient des plates-bandes et des jardinets [...]. Soudain commença sous mes yeux un étrange changement : il semblait qu'un rideau invisible s'étendait sur tous les objets et les dérobait à la vue. Plus je m'approchais et plus le charme s'évanouissait [...], encore quelques pas et je vis une toile tendue sur laquelle Gonzague avait dessiné le village ; je me reculai dix fois de quelques sagènes et je voyais tout à nouveau...*[9]

Dans les années 1820, il n'y avait déjà plus de fêtes somptueuses. Aux yeux des contemporains, l'image du palais de l'héritier mal-aimé de Catherine appartenait au passé. Pavlovsk devint le témoin des jours finissants, le coin du passé révolu, la résidence énorme, luxueuse mais patriarcale. *Quand le temps est mauvais, on reste dans le palais, on s'amuse à des jeux variés, on s'occupe en lisant et l'ennui, habitant permanent des salons, n'ose pas jeter un coup d'œil. Ce sont les moments où l'on travaille pour les pauvres. À dix heures du soir, c'est le dîner, et l'assemblée se sépare... Dans le grand monde, il est encore très tôt, il y a beaucoup de bruit, ici il est déjà tard et tout est calme...*[10]

8. *Ibid.*

9. GLINKA F., « Lettres de Pavlovsk à un ami » in *Le Messager russe*, 1815, n° 63, p. 26.

10. *Pavlovsk 1777-1877.*

Le parc.
Le bois de bouleaux.

Le parc. La tour Pil au premier plan, le cours sinueux de la Slavianka, le temple de l'Amitié et, au fond, le palais.

Le parc. La forteresse Bip construite de 1795 à 1798 par V. Brenna.

Chapitre douze

Peterhof

« Peterhof est la résidence d'été de la famille impériale. De la hauteur où Pierre le Grand le bâtit au bord du golfe, on peut voir la flotte russe dans la baie de Cronstadt ; car, là comme partout, on ne peut faire un pas sans se heurter au nom de Pierre le Grand. »

Victor d'Arlincourt
Le Pélerin. L'Étoile polaire, Paris, 1843

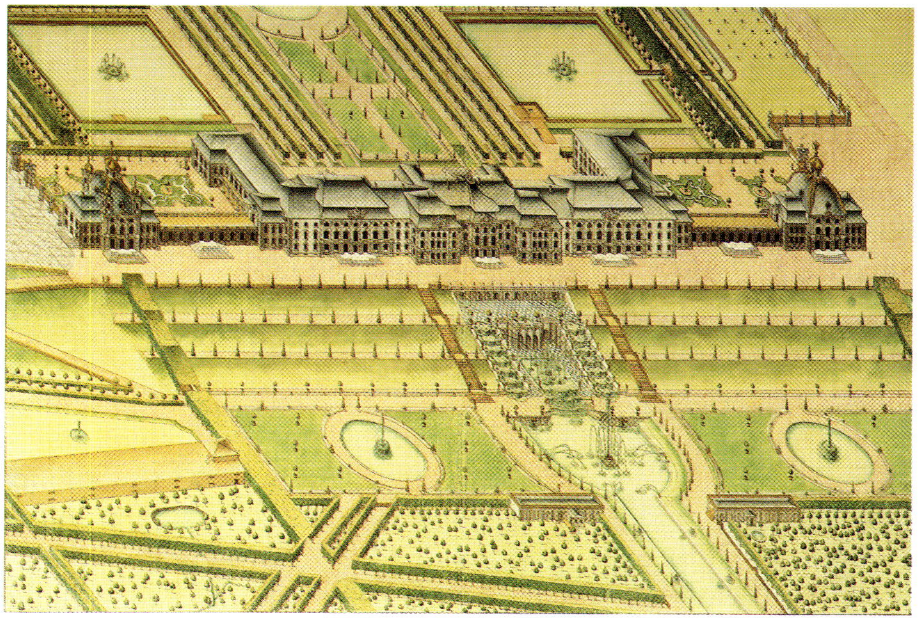

Élévation perspective du palais de Peterhof, P.A. de Saint-Hilaire, 1773. Le palais, agrandi par Rastrelli à partir de 1745, s'étend entre le jardin Supérieur, avec ses longues allées en treillage et le parc inférieur où l'on distingue : la grande cascade, la fontaine de Samson et le début du canal qui rejoint la mer, les deux grandes fontaines italienne et française, les topiaires, les voûtes taillées en berceau.

Le Grand Palais, façade sud, vue du jardin Supérieur.

Le jardin Supérieur du château de Peterhof dont l'aménagement commencé en 1714 sur un dessin de Pierre le Grand fut terminé en 1724 avec la participation de Le Blond jusqu'en 1719, puis de Braunstein. Trois fontaines en marquent l'axe : la fontaine Sans Nom, la fontaine de Neptune et la fontaine du Chêne.

Le jardin Supérieur du château de Peterhof. Sculptures autour de la fontaine du Chêne.

Le pavillon « aux armes » terminé en 1750.

Histoire de Peterhof : ses personnages

À l'aperçu de Peterhof, la pensée se tourne involontairement vers l'époque de Pierre le Grand [...] et si Peterhof est lié à l'empereur Pierre par sa fondation, la splendeur de Peterhof appartient incontestablement au regretté Père de Votre Majesté, notre empereur souverain Nicolas Petrovitch[1], écrivait l'auteur du premier guide détaillé de Peterhof, A. Gueirot, qui s'adressait à l'empereur régnant en 1868, Alexandre II.

Il y eut, au moins depuis la fin du XVe siècle, une route le long de la triste rive du golfe de Finlande, aux eaux peu profondes à cet endroit. Cette route, qu'utilisaient les rares habitants de ce coin peu peuplé, passait au milieu d'une forêt rabougrie. Elle existait vraisemblablement lorsque le territoire fut intégré au Moyen Âge aux biens de la République marchande du Grand Novgorod puis appartint à la principauté de Moscou avant d'être conquis par les Suédois, au début du XVIIe siècle. Ni les Russes ni les Suédois n'y ont jamais rien construit d'important.

L'emplacement de Peterhof fut choisi parce que l'empereur, alors que l'on construisait la forteresse navale sur l'île de Kotline, était allé à cheval le long de la rive jusqu'à l'actuel Peterhof et qu'il avait trouvé commode de s'embarquer ici pour rejoindre Kronstadt. À l'endroit précis où il embarqua fut fondé le palais de Pierre, Peterhof.

Le palais est mentionné pour la première fois en 1709. L'empereur ordonna de bâtir en cet endroit *des palais de plaisance d'un grand travail architectural en pierre*, comme le disait l'oukase[2]. Le premier petit palais fut bâti en 1710-1711. La résidence d'honneur fut achevée en un temps record, comme toutes les constructions au bord de la Baltique après la défaite suédoise de 1709. Les travaux furent confiés à I. Braunstein, élève d'A. Schlüter, le célèbre architecte prussien du début du XVIIIe siècle.

J.-B. Leblond, qui commença à travailler à Peterhof en 1716, arrivait de Paris et apportait avec lui la tradition des ensembles français réguliers. Malheureusement, il mourut en 1719. Le sens de son intervention à Peterhof est néanmoins éloquent. Le plan qu'il présenta ouvrait le chemin à la réalisation, dans les résidences de bord de mer, du « jardin d'eau » que voulait le tsar, où l'eau jouait le rôle principal, jaillissant des innombrables fontaines, ruisselant en cascades, coulant dans les canaux, s'élançant du haut des collines du jardin Supérieur, à travers le jardin Inférieur, jusqu'à la mer. L'existence de sources abondantes dans l'autre domaine impérial de Ropcha, situé à vingt kilomètres de Peterhof, permettait de réaliser ce « plan aquatique ». C'est à partir de Ropcha donc que l'on creusa, en direction de la résidence de bord de mer, un canal qui devait alimenter les jardins.

Le plan directeur de Leblond fut mené à bien. Après sa mort, l'architecte italien N. Michetti y travailla. Son arrivée, dans les premières années de Peterhof, permit de coordonner les travaux des maîtres allemands, français et italiens, liés aux traditions de leur pays d'origine. Des jardiniers hollandais prirent part à la réalisation des résidences impériales du premier quart du XVIIIe siècle. Ce cosmopolitisme n'est pas fortuit. Il montre bien qu'il n'y a pas eu imitation d'un modèle ou d'un autre. Au contraire Peterhof prouve que l'architecture russe choisit les « lettres » de son nouvel alphabet pratiquement dans toutes les expériences architecturales européennes de l'époque.

L'ensemble suscitait chez les contemporains une vive impression que rapporte le journal de Bergholtz, témoin des constructions du début du XVIIIe siècle. Le Kammerjunker assistait à une fête que l'empereur donna à Peterhof le 13 août 1723 pour une occasion « agréable et sentimentale ». C'est alors qu'arriva à Pétersbourg le célèbre canot, le premier petit bateau qu'avait construit Pierre lui-même dans sa jeunesse et qui fit naître en lui l'envie de construire une flotte. *Vers une heure et demie, nous arrivâmes à Peterhof... Aussitôt après notre arrivée, nous entrâmes dans un merveilleux grand canal qui coule tout droit devant le palais. Ce canal est long d'une demi-verste* [environ 500 mètres] *et si large*

1. GUEIROT. A., *Description de Peterhof*, Saint-Pétersbourg, 1868.

2. *Journal de Pierre le Grand*, t. I, Saint-Pétersbourg, 1770, p. 234.

Le Grand Palais.
Plafond de l'escalier
d'honneur par Torelli.

Le Grand Palais.
Escalier d'honneur
par Rastrelli.

Grand Palais.
La salle du Trône.
De l'aménagement de Rastrelli ont été seulement conservés les volumes et le parquet. L'actuel décor a été réalisé par Youri Velten entre 1777 et 1779.

Grand Palais. Ancienne salle d'audience dite salon doré, aménagée par Rastrelli.

que trois rangées de barques à voile peuvent y tenir. L'empereur lui-même y conduit la flottille […]. Tous les bateaux, environ cent quinze, s'alignèrent ensuite des deux côtés du canal. Quand tous abordèrent, l'empereur commença à guider […] les invités de marque partout, les uns dans le jardin, les autres dans les maisons ; les fontaines regorgeant d'eau étaient particulièrement belles.[3]

Une autre fois, Bergholtz amena à Peterhof quelques amis du Holstein et ils se promenèrent dans le jardin en l'absence de l'empereur. *Le jardin Inférieur, à travers lequel coule un canal en pierre, exactement en face du corps de logis principal, est rempli de parterres et de belles fontaines […] ; le jardin est entouré d'un grand nombre d'allées belles et gaies, tracées à travers les bosquets. Deux des plus belles, des deux côtés du jardin, conduisent […] à deux palais de plaisance qui se trouvent à égale distance du Grand Palais sur la colline. Celui de droite s'appelle Monplaisir ; dans son jardin, également entouré de bosquets, il y a un grand nombre de merveilleux buissons, d'allées et de parterres, un grand étang dallé de pierre où voguent les cygnes et d'autres oiseaux, une maison particulière pour les petits oiseaux et d'autres objets tout aussi plaisants. Le jardin et la maison de Marly sur le côté gauche de Peterhof […] sont déjà commencés.*[4]

Après la mort de l'empereur, sa veuve Catherine Ire continua à fréquenter Peterhof et à y organiser de nombreuses fêtes.

L'impératrice Anne aimait Peterhof. Elle y passait la plupart des étés. Sous son règne, on n'organisa pas souvent de grandes fêtes, car l'impératrice préférait une compagnie réduite et traînait déjà derrière elle un état-major de bouffons et de nains qui la divertissaient. Elle aimait les promenades à cheval, dans les allées du jardin, surtout si son favori Biron, remarquable cavalier, l'accompagnait. Parfois, ils tiraient les oiseaux du balcon du palais. C'est sous son règne que fut organisée la chasse impériale. À l'est du parc, une ménagerie de plus de dix kilomètres carrés entourée d'un mur fut créée. Sur une terrasse à proximité de la mer, on édifia le « temple », pavillon où l'on attirait les cerfs pour que l'impératrice puisse les tirer. On organisa aussi, dans la forêt, des chasses au coq de bruyère. Pour les grandes occasions, on avait en réserve des animaux exotiques, même des tigres et des buffles. La chasse impériale était une institution particulière qui dura un siècle entier, jusqu'au milieu du XIXe siècle. Enfin, on organisa dans le parc des manœuvres des régiments de la garde. On construisit une forteresse en terre et l'on montrait à l'impératrice *comment on attaque une ville ennemie et comment elle doit se défendre*. Les exercices militaires entrèrent ainsi dans la tradition de Peterhof.

L'impératrice Élisabeth Pétrovna donna un nouvel éclat à Peterhof. Les ordres qu'elle donna à son architecte traduisent bien ses goûts personnels : « dorer le plus possible » les salons. Quant aux fontaines, elle dit qu'elles « jouaient bas » et elle prescrit d'en examiner les raisons. C'est pourquoi l'on a remanié la quasi-totalité du système complexe

3. BERGHOLTZ F., *Journal*, troisième partie, Saint-Pétersbourg, 1834.

4. *Ibid.*, première partie, p. 131.

Grand Palais.
Ancienne
salle d'Audience.
Détail.

d'adduction d'eau dans les jardins de Peterhof. Des conduits en fonte ont remplacé ceux en bois de l'époque de Pierre. Les prescriptions d'Élisabeth étaient que les fontaines « jouent fort » et que l'or brille outre mesure.

Au demeurant, la vie de l'impératrice à Peterhof était partagée entre le besoin immodéré de la fête et le désir de rester une personne ordinaire. Pendant la guerre de Sept Ans, c'est à Peterhof qu'on apporta les étendards prussiens pris pendant la bataille. On réunit les unités de la garde, on lut les relations des victoires et l'on traîna à terre les étendards ennemis avant de les déposer au Grand Palais.

Au même moment, lasse des triomphes, Élisabeth Pétrovna faisait elle-même la cuisine dans une « cuisine hollandaise », construite spécialement à côté du petit palais de Monplaisir. Pratiquante, elle assistait aussi souvent aux offices religieux. On construisit sous son règne une église dédiée aux saints Pierre et Paul, attenante au Grand Palais et qui semblait une aile du bâtiment. Mais cela lui parut insuffisant et on lui installa pour l'été une chapelle de campagne, à côté de son cher Monplaisir. L'impératrice n'oubliait pas non plus le théâtre : on en construisit un sous son règne. Cependant, le plus important fut réalisé entre 1745 et 1755 par l'« Oberarchitekt », surintendant des Bâtiments d'Élisabeth Pétrovna, le comte Rastrelli, qui transforma Peterhof en un des ensembles baroques les plus considérables de Russie.

La Grande Catherine, n'aimant pas Peterhof, y venait rarement. Elle voulut une résidence bien à elle, distincte des constructions de l'époque de Pierre le Grand et d'Élisabeth Pétrovna, et fit aménager, à l'ouest des jardins réguliers, un énorme parc paysager avec des palais pour elle-même et l'héritier du trône. La nouvelle résidence s'appelait le « palais anglais », fruit de l'anglomanie qui avait saisi l'impératrice dans les années 1780. Un jardinier anglais expérimenté, D. Meder, fut invité à dessiner le parc. Mais Catherine décida de surpasser les admirateurs anglais de Palladio et confia la construction des palais du « Peterhof anglais » à un Italien, G. Quarenghi. La construction, commencée en 1786, ne fut achevée qu'en 1796, année de la mort de l'impératrice. Le parc existe encore aujourd'hui mais le palais de Quarenghi a malheureusement été détruit pendant la Seconde Guerre mondiale.

Il faut mentionner aussi une autre réalisation de l'époque de la Grande Catherine : la transformation de toutes les localités, le long de la route de Peterhof. Elle rédigea de sa propre main, à l'aide de livres sur les jardins paysagers anglais, une « instruction » particulière à l'intention des propriétaires de villégiatures : elle y encourageait l'imitation de la nature authentique et la création de vues pittoresques dont elle voulait remplir toute la région longeant le golfe de Finlande. On en resta au stade des « bonnes intentions ». Peterhof même, dans les années de

*Grand Palais.
La galerie des portraits, un des intérieurs les plus anciens du palais, aménagé en même temps que le cabinet de Pierre le Grand sur un projet de Le Blond continué par Michetti, fut terminé en 1726.*

Grand Palais. Chambre à coucher jouxtant le cabinet en chêne sculpté de Pierre le Grand. Elle a conservé le décor modeste qui répondait au goût du tsar

vieillesse de Catherine, ne fut pratiquement plus fréquenté par la Cour et perdit son éclat.

Mais Paul Ier était convaincu qu'il était en relations mystiques personnelles avec Pierre le Grand et que l'ombre du premier empereur lui prédisait son destin. Cela explique qu'il ait voulut faire de Peterhof un mémorial et qu'il ait installé son cabinet dans la pièce où étaient conservées les affaires personnelles de Pierre le Grand.

Les enfants de Paul traitaient Peterhof d'une tout autre manière. Alexandre Ier, qui partageait les goûts de sa grand-mère, Catherine II, vécut rarement dans la résidence. De temps en temps seulement il y organisait des fêtes. Les « promenades de Peterhof » étaient particulièrement célèbres. Elles avaient toujours lieu le 22 juillet, en l'honneur de sa mère Maria Féodorovna.

Nicolas Ier, son cadet, qui lui succéda sur le trône, préférait Peterhof à Tsarskoïe Selo et passait les mois d'été au bord de la mer. Une curieuse règle s'était établie. Si le monarque régnant séjournait souvent à Peterhof, son héritier choisissait habituellement Tsarskoïe Selo pour résidence préférée, et vice versa.

Pendant les trente années de règne de Nicolas Ier, de 1825 à 1855, le territoire de Peterhof n'augmenta que de quelques résidences nouvelles. Il faut citer l'ensemble Alexandria qui fut installé à la place de la ménagerie du XVIIIe siècle et nommé en l'honneur de l'épouse du tsar, Alexandra Féodorovna. L'Écossais A. Ménélas y construisit avec l'aide d'Ivanov le petit palais du Cottage, entouré d'un parc pittoresque rempli de constructions romantiques. L'architecte allemand K. Schinkel y éleva une chapelle, de style gothique, « en échange » d'une petite église de style byzantin, construite à Potsdam par l'architecte russe V. Stassov.

Il y eut, durant les années de règne de Nicolas Ier, une grande intimité entre les Cours de Berlin et de Saint-Pétersbourg. L'impératrice Alexandra Féodorovna était une princesse prussienne et la sœur de Nicolas Ier, grande-duchesse de Saxe-Weimar et d'Eisenach, finissait ses jours à Weimar. Beaucoup d'autres liens de parenté unissaient la famille impériale et les maisons souveraines des différents États de l'Allemagne d'alors, auxquels on doit cette « touche allemande » qui teintait le « romantisme officiel » de la Cour de Russie.

Grand Palais.
Cabinet de Pierre
le Grand.
Partie du panneau
« Catherine Ire » sculpté
par Nicolas Pineau.

Grand Palais. Cabinet de Pierre le Grand dont les boiseries de chêne ont été sculptées par Nicolas Pineau.

L'empereur rêvait d'être un « chevalier sans peur et sans reproches », viril et galant, ce dont témoignent les armes d'Alexandria, composées par V. Joukovski : une couronne de roses enfilée sur une épée.

Si Alexandria est une création de l'art russe des années 1820-1830, les deux autres ensembles réalisés à Peterhof sous Nicolas Ier, le parc des Colons et le parc des Prés, appartiennent aux deux décennies suivantes, les années 1830-1850. Le parc des Colons, anciennement « marais des chasseurs », est situé au sud du jardin Supérieur. Son nom lui vient de ce qu'une partie des terres avait été donnée à des colons allemands à leur arrivée en Russie, sous le règne de Catherine II qui encouragea leur immigration. La construction d'un village allemand à côté de son propre palais d'été doit être interprétée comme une gentillesse de Nicolas Ier envers sa femme. C'était l'un de ces tableaux idylliques du bonheur que l'on composait autour des résidences impériales et dont on a déjà vu des exemples à Tsarskoïe Selo, Gatchina et Oranienbaum.

On construisit dans le parc quelques fabriques avec des belvédères qui permettaient de voir toute la région environnante et ces espaces se couler peu à peu dans les lointains panoramas des champs au sud et de la mer au nord. Le pavillon de Tsaritsine, offert par l'empereur à son épouse et construit par Stakenschneider vers 1844, se remarquait par sa somptuosité. Nicolas voulait sans doute rappeler le faste des constructions élevées naguère en l'honneur d'Alexandre Ier, dans le parc de ses beaux-parents à Potsdam. C'est à cette allusion qu'il faut attribuer le choix de cette variante « italianisante » qui tentait de ressusciter l'architecture paysanne traditionnelle de Toscane et les antiques villas romaines qu'avaient élevées Schinkel et ses élèves dans le parc de Sans-Souci.

Au modèle choisi pour le pavillon de Tsaritsine – la maison pompéienne – on ajouta quelques éléments de villa toscane. Au centre de l'édifice se trouvait la salle avec un bassin de marbre et un éclairage zénithal comme dans les atriums antiques. On aménagea une petite cour qui rappelait les péristyles romains, dans laquelle on reconstitua un jardin intérieur, tel que le décrivent les auteurs antiques. On y utilisa différentes sortes de marbres apportés d'Italie, de Finlande ou de Sibérie, d'authentiques fragments de marbres romains et on y plaça un grand nombre de statues, véritablement antiques ou exécutées par des maîtres du XIXe siècle. En été, on disposait sur la terrasse, devant le pavillon, des plantes tropicales et l'on aménageait tout autour un « tapis de fleurs » agrémenté de statues de bronze, de banquettes de marbre et de colonnes de verre sur des piédestaux de marbre. Le pavillon lui-même était situé sur une île, au milieu de l'étang, et l'on s'y rendait en gondole vénitienne. On jouissait d'une vue extraordinaire depuis les tours du pavillon.

Parc Inférieur. L'Orangerie, construite par Braunstein et Zemtsov sur un projet de Michetti, fut commencée en 1722, terminée en 1725 et remaniée en 1769.

Sur une autre petite île de moindres dimensions, on édifia le pavillon Olguine, en guise de cadeau-surprise, pour l'arrivée de la grande-duchesse Olga Nikolaïevna et de son mari le prince de Wurtemberg. Ce pavillon, dans lequel la tour à trois niveaux, couronnée d'une terrasse ouverte, joue un rôle essentiel, est un élément intéressant pour l'histoire de l'architecture russe. Cette construction est semblable aux maisons d'habitation antiques de l'Italie du Sud.

Un peu plus au sud, le parc des Prés fut réalisé entre 1825 et 1857 par les mêmes jardiniers, P. Erler et P. Arkhipov, d'après le projet de Stakenschneider. Sa composition est aussi pittoresque. On a réuni de vastes prairies, des lacs avec des îles et des bosquets. On a repris ici le principe des massifs de verdure organisés en coulisses de théâtre, que Gonzaga avait mis en œuvre avec tant de succès à Pavlovsk. Stakenschneider y bâtit une petite maison de style russe et le pavillon du Petit Lac dans le même style que le pavillon de Tsaritsine et le palais du Belvédère, un périptère grec ionique, reposant sur un soubassement massif et précédé d'un portique formé de quatre cariatides.

Ces ensembles paysagers, remplis d'images romantiques « moyenâgeuses », comme Alexandria, ou d'édifices romano-italiens, comme les parcs des Colons ou des Prés, illustrent l'environnement dans lequel Nicolas Ier voulait mener sa vie privée. Cela ne signifie pas pour autant qu'il reniait les goûts des Romanov pour les parades, les manœuvres et les soldats. L'été, on pouvait voir dans ces jardins romantiques des tableaux inattendus. A. Gueirot en témoigne : *Beaucoup de choses contribuaient entre autres au regain d'activité de Peterhof en 1828 [...] : les exercices de campagne des élèves des établissements militaires, qui depuis cette époque, pendant six semaines chaque année, vivaient dans des tentes entre le palais haut* [le Grand Palais] *et les jardins anglais* [Alexandria, les Colons et les Prés]. *Le village Neuf qui se trouvait à cet endroit était transporté derrière Peterhof [...] et l'endroit occupé jusqu'alors par des champs labourés était livré au champ de manœuvres. La vie de camp, outre l'influence bienfaisante sur la santé de la jeunesse, lui faisait connaître les travaux militaires [...]. L'héritier, aujourd'hui Sa Majesté l'empereur régnant* [Alexandre II], *dans ses jeunes années, se trouvait habituellement dans les rangs du premier corps de cadets; il faisait toute la campagne à pied dans l'équipement militaire complet et, avec l'arrivée au camp de Peterhof, il était présent à l'appel, aux exercices et aux manœuvres. Il passait la nuit à la belle étoile. Le tsarévitch se contentait de la modeste cantine des cadets et mangeait [...] avec une cuillère en bois dans la soupière commune. Les enfants avaient l'habitude de conserver en souvenir les cuillères avec lesquelles le souverain ou le tsarévitch avaient mangé.* Et Gueirot de continuer à décrire avec enthousiasme l'effet que produisait *ce rapprochement temporaire de l'adolescent impérial avec les enfants des nobles pauvres.*[5] Parmi

5. Gueirot A., *Description de Peterhof*, p. 49-50.

Parc Inférieur. Fontaine de l'Orangerie. Triton déchirant la gueule d'un monstre marin, dessinée en 1726, refaite en 1875.

les nombreuses fêtes qui furent données à Peterhof, à l'époque de Nicolas Ier, les contemporains se souvinrent surtout des solennités en l'honneur de la grande-duchesse Olga Nikolaïevna, reine de Wurtemberg, qui eurent lieu la nuit du 11 juillet 1851. Cette fête marque l'apogée de la culture de cour du XIXe siècle.

Les jours fastueux de Peterhof prirent fin avec la mort de Nicolas Ier. Son fils Alexandre II et son petit-fils Alexandre III y vinrent plus rarement et y bâtirent peu. Alexandre II vivait habituellement dans le palais de la « ferme », construit pour lui en 1838-1839 par A. Stakenschneider qui engloba dans le nouvel édifice la « ferme » du parc que Ménélas avait élevée dix ans plus tôt. Ce palais se trouvait dans le parc Alexandria, non loin du Cottage. C'est cette partie de Peterhof qui, pendant la seconde moitié du XIXe siècle, fut la résidence privée, intime, soigneusement protégée de la famille impériale lorsqu'elle voulait séjourner au bord de la mer, non loin de la capitale. Nicolas II, le dernier empereur, maintint cette tradition. On construisit pour lui un autre palais, le dernier, au bord même du golfe de Finlande, le palais Inférieur. Il fut édifié en 1896 par l'architecte de la Cour, A. Tomichko dans l'esprit de l'éclectisme, mais malheureusement détruit durant la Seconde Guerre mondiale qui, on l'a vu, a porté au domaine de Peterhof un préjudice considérable encore sensible aujourd'hui.

Les constructions du milieu et de la seconde moitié du XIXe siècle ont joué un rôle important dans le développement de la ville. De toutes ces innombrables variétés de l'historicisme, le néo-gothique était le plus à la mode. Les maisons construites par l'architecte I. Charlemagne entre 1830 et 1840 pour les membres de la famille impériale, la poste élevée par N. Benois et A. Kavos de 1850 à 1854 , les écuries gothiques et le manège, édifiés également par N. Benois de 1848 à 1855, et la gare du Nouveau Peterhof, dernier édifice de la « série gothique » achevé en 1859. On assistait alors à une compétition aiguë entre deux tendances : l'une orientée vers le Moyen Âge européen, l'autre combinant les éléments empruntés à l'architecture russe ancienne et les motifs du gothique véritable. Il semble cependant que le « style russe » l'emporta, parce qu'il faisait appel à l'héritage national.

Parc Inférieur.
Fontaine Romaine.
La construction des deux fontaines prévues par Michetti dès 1720 dans cette partie du parc ne fut entreprise qu'en1738. Elles sont dite Romaines parce qu'elles rappelaient les fontaines de la place Saint-Pierre à Rome.

Parc Inférieur. Fontaine des Dragons ou de l'Échiquier. Commencée en 1722 par Zemtsov, elle ne fut terminée qu'en 1739 avec la participation de nombreux architectes.

N. Benois, issu d'une famille française pétersbourgeoise, lui opposait son gothique « authentique ». Et, bien que son manège et sa gare aient été décorés d'éléments empruntés aux cathédrales anglaises et françaises gothiques, qui n'avaient aucun rapport avec l'affectation de ces édifices, ils furent construits avec talent et ils étaient spectaculaires. Ils entérinaient la présence du néo-gothique de type européen dans l'architecture russe de la seconde moitié du XIXe siècle. Benois fut le fondateur d'un clan artistique qui joua un rôle capital dans la culture russe au tournant de notre siècle et qui comprenait toute une pléiade d'architectes, de peintres, de sculpteurs et d'historiens d'art. On a récemment inauguré, à côté du Grand Palais de Peterhof, le musée de la famille Benois.

Le Grand Palais

Sous son aspect actuel, le Grand Palais de Peterhof est un monument du baroque russe du milieu du XVIIIe siècle, une production de Bartolomeo Rastrelli. Toutefois, son histoire commence plus tôt : il reste, à l'intérieur, des parties plus anciennes. C'est en 1714 que le premier palais en pierre de Pierre le Grand, appelé le palais Haut, fut fondé sur la pente d'une colline qui surplombait la mer, là où aujourd'hui commence le jardin Inférieur. En 1716, J.-B. Leblond trouva peu satisfaisant ce qui avait été fait jusqu'alors et présenta son plan de demeure impériale, qui fut partiellement réalisé en un an et complété par le nouvel architecte du palais, N. Braunstein, qui dirigea les travaux après la mort de l'architecte français. L'édifice brûla en 1721 et c'est l'Italien N. Michetti qui entreprit les travaux d'agrandissement. De chaque côté du corps central – les anciens appartements du palais Haut –, on éleva des ailes symétriques, reliées par des arcades. On poursuivit la décoration intérieure de la résidence préférée de Pierre, jusqu'à sa mort en 1725. On importa des tapisseries françaises pour orner les murs de la grande salle qui se trouvait au centre de l'édifice. Le peintre italien B. Tarsia fut invité afin d'en décorer le plafond. L'impératrice Anna Ivanovna continua à vivre dans les pièces de son auguste « oncle Pierre » quand elle résidait à Peterhof. Puis Élisabeth Pétrovna ordonna à Rastrelli de tout refaire et c'est sous son règne que le palais reçut sa physionomie actuelle.

Les ailes et les galeries construites par Michetti furent détruites ; les murs du corps central furent englobés dans la nouvelle construction, sauf la façade primitive qui ne fut pas conservée. Vers 1751, le palais était devenu un long édifice dont la partie centrale à trois niveaux, couverte d'un haut toit, était flanquée de deux galeries en rez-de-chaussée. Ces galeries se terminaient à l'est par l'église et à l'ouest par un pavillon en tous points semblable à

Parc d'Alexandria. Le Cottage offert par Nicolas Ier à son épouse fut construit par A. Menelas de 1826 à 1829 selon les modèles anglais en vogue.

l'église, si ce n'est qu'à la place de la croix orthodoxe il y avait l'aigle bicéphale, emblème impérial de la Russie. On l'appelait le « pavillon aux armes ». Les deux emblèmes en couronnement des deux pavillons avaient une signification particulièrement importante : ils symbolisaient la foi et la fidélité, l'orthodoxie et l'autocratie. Le fait est à souligner, car cette symbolique était d'actualité dans tous les palais impériaux de l'époque baroque. C'est ainsi qu'à Tsarskoïe Selo on retrouve l'église à l'est et le pavillon « aux armes » à l'ouest.

Le Grand Palais, comme toutes les constructions de Rastrelli, impressionne par son ampleur, ses dorures, son revêtement aux couleurs contrastées – blanc et jaune – et la grande quantité de détails décoratifs. Mais cette quantité n'ôte rien aux qualités de l'architecture. Le projet de Rastrelli n'a pas été transformé. Cependant, à l'ouest, du côté du jardin Supérieur, un corps de logis beaucoup plus bas, élevé entre 1779 et 1785 par G. Velten dans le style classique, fut ajouté perpendiculairement au palais. L'architecte I. Charlemagne le rhabilla dans le goût néobaroque entre 1838 et 1840. Il a beaucoup souffert pendant la dernière guerre, mais une restauration soigneuse vient de restituer aux façades leur aspect primitif.

Le plan intérieur du Grand Palais est assez complexe, ce qui est inhabituel dans les autres constructions de Rastrelli. Cela s'explique par le fait que l'architecte dut inclure dans l'édifice le palais de Pierre le Grand dont on distingue facilement l'emplacement : au centre même de l'édifice, les pièces sont beaucoup plus petites que les salles des parties latérales. Il n'y a pas de ces enfilades qui longent toute la façade sans discontinuité, comme au palais de Tsarskoïe Selo. Le principe de l'enfilade existe bien sûr, mais les enfilades sont ici beaucoup plus courtes. En revanche, la salle qui donne accès à l'église est particulièrement solennelle, comme la salle qui précède l'énorme salle de bal, dans la partie opposée de l'édifice.

Le décor intérieur date d'époques différentes. Les salles de Rastrelli ont été, pour la plupart, remaniées. Cependant, les quatre plus importantes ont conservé les caractéristiques du maître baroque : l'escalier d'honneur, la salle d'audience, la salle de bal et l'église. Comme au palais d'Hiver et à Tsarskoïe Selo, l'architecte recourt à une abondante sculpture dorée, scintillante, sur un fond de murs blanc brillant. De fines baguettes dorées soulignent toutes les membrures de l'architecture et les arabesques dorées dans lesquelles s'entrelacent la végétation et les cartouches, les rosettes, et les figures des *putti* dodus donnent à chaque salle un éclat exceptionnel. Le décor est encore enrichi par les innombrables flambeaux, les miroirs aux riches cadres et les peintures allégoriques des médaillons des murs et des plafonds inscrits, eux aussi, dans des cadres dorés. Malgré l'identité absolue du style de tous ces

Parc d'Alexandria. Détail d'un des arcs en fonte de la façade du Cottage avec au fronton les armes d'Alexandria, une épée traversant une couronne de roses.

Parc d'Alexandria. Vue d'ensemble du Cottage.

décors, la similitude des détails n'a rien de pesant. Elle offre, au contraire, un condensé, en quelque sorte, de l'« art baroque » vivifiant et optimiste de Rastrelli.

L'époque de la Grande Catherine se présente sous deux formes très distinctes qui traduisent bien les sentiments et les goûts de l'impératrice entre 1760 et 1770. Entre 1763 et 1770, l'architecte français, J.-B. Vallin de la Mothe, invité en Russie au moment de l'avènement de la nouvelle impératrice, transforma les appartements situés au cœur de l'édifice : la grande salle qui se trouvait exactement au centre et qu'on appelait jusqu'alors la « salle à l'italienne » et les deux cabinets qui la flanquaient. On aurait pu attendre de lui un travail dans le sens du classicisme. Or son œuvre est totalement différente ; il a créé des salles dans l'esprit rococo le plus extravagant. C'est, on l'a vu, dans un environnement artistique de ce genre que voulait vivre la jeune Catherine II, grisée par ses succès au lendemain du coup d'État qui l'avait portée au pouvoir.

À Peterhof, les salles d'apparat somptueuses de l'époque baroque prennent, dans les années 1760, un caractère complètement excentrique. La salle à l'italienne est transformée en « salle de portraits » ou de « tableaux ». On l'appelait aussi le « cabinet des modes et des grâces ». Ce titre lui convenait parfaitement : plus de trois cents portraits de jeunes femmes, habillées des vêtements les plus variés, incontestablement belles et visiblement gaies, pleines de coquetteries rocaille, couvrent les murs de cette salle assez grande. Ils sont tous dus au pinceau de P. Rotari. L'ancien plafond a été conservé mais il ne présente pas un intérêt majeur. De là on accède, aujourd'hui encore, aux deux pièces également décorées par Vallin de la Mothe pour la jeune Catherine II : les salles chinoises. D'après une description de Peterhof au XIXe siècle, les murs, *toute la décoration et les meubles sont authentiquement chinois* ; en fait, dans ces pièces qui s'appellent le « boudoir » et le « cabinet chinois d'Orient », il n'y a pas de choses véritablement orientales et encore moins d'éléments de décor authentiquement orientaux, à l'exception des services en porcelaine et des statuettes. C'est encore une chinoiserie du XVIIIe siècle, une « Chine imaginaire » créée par le Français pour le monarque russe. Les grands panneaux de laque noir et or, encadrés d'arabesques géométriques que l'on considérait au XVIIIe siècle comme chinoises, jouaient un grand rôle. Ils ont été réalisés en Russie à l'aide d'authentiques laques chinoises ou de peintures sur porcelaine et sur soie.

Mais, au début des années 1770, la Grande Catherine n'était déjà plus la même ; changée par l'expérience du pouvoir et le triomphe des victoires. La « princesse rocaille », sensible aux aménagements extravagants, peut-être en contrepartie de son excessif sérieux, s'était transformée en une « impératrice classique ». L'architecte pétersbourgeois

Parc d'Alexandria.
L'escalier d'honneur
du Cottage peint en
trompe-l'œil « dans
le goût gothique » par
D. B.Scotti en 1828.

Parc d'Alexandria.
Le salon du Cottage.

Parc d'Alexandria.
Détail de la cheminée du salon du Cottage avec, en reflet, la pendule figurant la cathédrale de Reims où le cadran tient lieu de rosace.

G. Velten aménagea à nouveau les espaces liés aux fonctions de représentation : la salle du Trône, la salle à manger d'apparat, la première avant-salle, consacrée à la victoire navale de Tchesmé et appelée « salle de Tchesmé », les salons officiels – salles du Divan et des Perdrix –, la chambre à coucher d'apparat, dite « de la Couronne », et la salle de bains. C'est ici le règne du fini, de la retenue et de la statique. Peinture et sculpture sont soumises au même schéma général. Les thèmes sont officiels et édifiants. Dans la salle du Trône, les bas-reliefs glorifient la justice et la sagesse ; dans la salle à manger, ils racontent l'abondance et la gaieté. Après l' « esclandre doré » du baroque de Rastrelli, après l'extravagance du rococo, ces espaces produisent une impression un peu glaciale, mais il y a quelque chose d'apaisant dans cette majesté qui n'ôte en rien le sentiment de fraîcheur du premier classicisme.

La salle du Divan, la salle des Perdrix, la chambre à coucher, la salle de bains sont tout à fait différentes. Leur disposition est plus accueillante, bien que fort éloignée des caprices des intérieurs de style rocaille. Il y a peu de décor sculpté ou architectural, hormis les corniches et les portes dorées, quelques lambris et des alcôves. L'attention, en fait, s'est principalement portée sur les draperies. Les tissus utilisés étaient effectivement somptueux : soie de Chine peinte, que l'on fabriquait au début du XVIIIe siècle, et divers matériaux français tissés d'après

Parc d'Alexandria. La salle à manger du Cottage. L'ameublement et le décor furent exécutés sur les dessins de A. Menelas

les dessins de F. de Lassalle. Le garnissage des murs, les rideaux, les coussins, combinés aux larges divans, aux fauteuils profonds, aux innombrables girandoles et aux bras où brûlaient les chandelles, produisent une impression de confort recherché.

Les cascades et les fontaines

La Grande Grotte, avec ses cascades qui s'étiraient sur une longueur d'environ quarante mètres, fut construite devant le Grand Palais, dès l'époque de Pierre le Grand. Juste en dessous de la grotte, on aménagea un port pour accueillir le yacht de l'empereur, le *kovch* (la coupe), qui terminait le canal venant de la mer. Tous ces ouvrages devaient consolider la colline sur laquelle était élevé le palais. La construction commença en 1715. Dès son arrivée en Russie, J.-B. Leblond continua les travaux en apportant au projet ses propres modifications. N. Michetti, qui lui succéda, augmenta de manière conséquente le nombre de sculptures qui décoraient la cascade. Pierre le Grand, en effet, désirait donner à la cascade le caractère d'un monument destiné à célébrer sa victoire sur les Suédois. Finalement, c'est un énorme complexe qui vit le jour avec deux grottes, trois cascades et des dizaines de fontaines et de sculptures. À proximité du palais, on aménagea une terrasse avec une balustrade ; en dessous, l'arcade d'une grotte ; plus bas, une plate-forme entourée d'une balustrade avec des fontaines au centre ; encore plus bas, une grotte plus profonde et au-delà une grande fontaine ronde. Sur les côtés dévalent les cascades d'eau ; celle du centre se déverse dans une vasque ovale, reliée au canal. Tout cela produisait, et produit encore, un effet saisissant.

Une grande partie des sculptures de la Grande Cascade fut primitivement fondue en plomb dans les ateliers de B. Rastrelli l'Ancien, le père de l'architecte, de F. Vassi et de l'entrepreneur anglais G. Thomas. Un grand nombre de statues ont été réalisées d'après les dessins de J.-B. Leblond, N. Michetti et M. Zemtsov, qui construisirent le palais. La série entière des allégories des Saisons fut commandée en Hollande. La statuaire de la Grande Cascade est donc le fruit du travail collectif de maîtres qui appartenaient à des écoles nationales diverses. Cependant, le projet général répondait aux goûts de Pierre le Grand qui est intervenu personnellement, à plusieurs reprises, dans le cours des travaux.

Le centre de toute la composition était la fontaine de Samson, créée d'après la maquette de Rastrelli l'Ancien. Les époques suivantes n'ont rien changé au thème, bien que toutes les sculptures aient été refaites à neuf. Les statues de plomb étaient déjà en mauvais état à la fin du XVIIIe siècle. On les coula en bronze entre 1799 et 1806. Les meilleurs sculpteurs de l'époque prirent part au travail :

M. Kozlovski, I. Prokofiev, F. Chtchedrine, I. Martos, J. Rachette et F. Choubine. Beaucoup d'entre eux optèrent pour le premier baroque. Ce fut le cas de M. Kozlovski dans sa variante *Samson déchirant la gueule du lion*.

Trois terrasses, aménagées sous Pierre le Grand, descendent de part et d'autre des cascades vers le jardin Inférieur. N. Michetti suggéra alors de les mettre en valeur par des rangées de fontaines jaillissant de masques dorés, mais cette idée ne fut réalisée qu'à l'orée du XIXe siècle, par A. Voronikhine. Il les transforma en gradins de petites cascades indépendantes en pierre, avec un bassin rond d'où s'élançait un jet d'eau. Plus tard, les terrasses furent refaites en marbre et en granit par A. Stakenschneider.

Devant les terrasses, on plaça symétriquement au milieu de parterres de fleurs deux grandes fontaines rondes avec d'énormes vases au centre. Elles s'appellent la « Française », à l'est, et l'« Italienne », à l'ouest, en souvenir des maîtres français et italiens qui les aménagèrent dans le premier quart du XVIIIe siècle.

Le dispositif de fontaines et de jeux d'eau se continue jusqu'à la mer. Le long du Grand Canal, on répartit des fontaines de formes différentes. Les sculptures étaient édifiantes. Elles illustraient les paraboles tirées d'un livre populaire dans la Russie du début du XVIIIe siècle : *Le Miroir de la vie humaine*. On y trouvait par exemple : « Les Deux

Parc d'Alexandria. La chapelle gothique consacrée à saint Alexandre Nevski fut commencée en 1831 par A. Menelas sur les dessins de l'architecte allemand K. Schinkel et terminée après sa mort par I. Charlemagne.

Les écuries gothiques furent construites par N. Benois de 1848 à 1855. C'est un des édifices les plus importants de la ville.

L'église Saint-Pierre-Saint-Paul.

Serpents », « La Montagne et la Souris », « La Poule et l'Épervier ». En 1735, vingt-deux fontaines avaient déjà été installées à proximité du Grand Canal. Chacune d'elles n'avait pas moins de vingt jets d'eau et aucune des figures qui composaient ces jets n'était répétée.

Parmi les fontaines conservées dans le jardin Inférieur, il faut citer la Favorite, Adam et Ève. La première fut exécutée d'après le modèle de la fontaine de Versailles appelée « Les Canes et le Barbet ». À Peterhof, un petit chien court dans la vasque après quatre canards, grâce à un mécanisme particulier. On y ajouta un effet acoustique : des clochettes imitaient le coin-coin des canards et les aboiements du chien. La sculpture primitive en bois fut coulée en bronze en 1730. À l'exception d'une figure, elle fut détruite pendant les années de guerre et reconstituée d'après les dessins du XVIIIe siècle. Les fontaines d'Adam et d'Ève sont placées dans un grand bassin rond. Du piédestal central jaillissent quinze jets d'eau. Les statues d'Adam et d'Ève furent réalisées en 1718 à Venise, par G. Bonazza, d'après les œuvres d'A. Rizzo qui se trouvaient alors au palais des Doges. Des fabriques en treillage, datant des années 1720, entourent ces fontaines.

Les deux « fontaines-bancs », qui ont été installées en 1853-1854, sont un ajout heureux d'A. Stakenschneider à l'ensemble du jardin Inférieur. Deux longues banquettes de marbre blanc portent des vasques de même matériau avec, dans l'une, la statue d'une Danaïde réalisée par P. Vitali d'après l'original de Rauch et, dans l'autre, une Nymphe, copie d'un antique.

Ces fontaines sont au centre du jardin Inférieur. Un autre ensemble de jeux d'eau se trouve au sud du palais de Monplaisir. Dans l'axe de l'édifice, au pied de la colline, une grande place a été aménagée, avec deux fontaines et en face, sur le versant de la colline, une cascade. Elle fut dessinée dès la première moitié du XVIIIe siècle, d'après le projet de N. Michetti. La pente était alors en terrasses ; sur la place elle-même était planté un tapis de fleurs ; les bords de la place et les pentes étaient agrémentés de bosquets taillés. Aujourd'hui, on ne peut voir que les deux « fontaines romaines » à bassins octogonaux, appelées ainsi parce que, lors de leur construction en 1739 par I. Blanc et I. Davidov, on estimait qu'elles rappelaient les fontaines de la place Saint-Pierre à Rome. Refaites à plusieurs reprises par des architectes de renom, dont Rastrelli, ces fontaines reçurent leur aspect définitif en 1817.

La cascade des Dragons est l'une des constructions les plus intéressantes du jardin Inférieur. Elle fut imaginée par Pierre le Grand, à l'image de la Petite Cascade du parc de Marly qui avait produit sur lui une impression si forte pendant son voyage en France. N. Michetti avait élaboré les projets, mais la construction traîna en longueur parce que les architectes qui en étaient responsables changeaient.

Parc Inférieur. Fontaine dite « de la Pyramide » parce que les jets d'eau ont été conçus de façon à former une pyramide. Dessinée par Michetti en 1721 et en service dès 1724, elle fut remaniée tout au long du XVIIIe siècle.

Petit Palais de Monplaisir. Logis des bains, façade est. Construit en 1714 et terminé en 1722, le palais fut la première demeure de Pierre le Grand à Peterhof. Au centre, un pavillon en rez-de-chaussée avec un haut toit brisé est relié par de longues galeries aux petits pavillons latéraux.

Enfin, le projet de I. Blanc fut accepté en 1738. Un an plus tard, on décida de la transformer en « fontaine chinoise » et de la doter de figures de dragons. Dans la variante définitive, on créa une montagne en pierres non taillées, au milieu de laquelle l'eau glisse en rideaux sur quatre niveaux. En haut, les jets jaillissent de la bouche de dragons en métal. Chaque niveau fut peint en losanges blancs et noirs en forme d'échiquier. De chaque côté, les cascades retombent dans des escaliers étroits, le long desquels se dressent des statues de marbre.

Dans la partie orientale du jardin, c'est la fontaine de la Pyramide qui attire l'attention. Elle fut élevée, elle aussi, dans les années 1720 et achevée au début du siècle suivant. À l'origine, elle était en bois. On en fit une pyramide à gradins, en marbre, dans un bassin rectangulaire assez large, entouré d'une haute balustrade de marbre. Plus au nord, à proximité du palais de Monplaisir, on installa les « fontaines-surprises ». Elles commençent à jaillir au moment où l'on ne s'y attend pas et là où on ne l'imagine pas. Les premières apparurent en 1723. Sans cesse restaurées, beaucoup d'entre elles furent reconstruites entre 1780 et 1790. Grâce au travail des restaurateurs, ces « fantaisies » marchent à nouveau aujourd'hui. Il y a, entre autres, le « parapluie chinois » sur le pourtour duquel l'eau jaillit soudainement, le « petit divan » devant lequel de temps en temps un « rideau d'eau » surgit du pavement, la fontaine du « banc » conçue de la même manière, sans oublier les fontaines du « petit sapin », du « petit chêne » et des « tulipes » dont les feuilles et les fleurs en métal libèrent, à l'improviste, des jets d'eau. De nombreuses fontaines furent construites autour de Monplaisir et de la ménagerie qui se trouve à côté : le « Soleil » avec des disques qui tournent, la « cloche » avec la statue de Bacchus, la « coquille » du jardin chinois et bien d'autres.

Toutes les parties de Peterhof sont dotées de constructions d'eau. La partie occidentale du jardin n'en est pas privée. Aux abords du palais de Marly, on trouve la plus longue de toutes les cascades : la Montagne dorée, à douze niveaux, entourée de seize statues de marbre. Avec les quatre fontaines de petite dimension, aux figures de tritons, et les grandes fontaines de la ménagerie, de forme ronde, elle constitue tout le décor du « jardin de Bacchus »,

Petit Palais
de Monplaisir. Plafond
de la grande salle peint
en 1718 par P. Pillement
avec des décors en stuc
de Rastrelli l'Ancien.

Petit Palais
de Monplaisir.
La grande salle.

Petit palais de Monplaisir. Le Cabinet chinois dit des Laques exécuté en 1722 par des artisans russes sous la direction de G. Brumkorst sur un dessin de Braunstein, à l'image de ce que Pierre le Grand avait vu au palais de Monbijou à Berlin.

créé sur ordre de Pierre le Grand, encore sous l'impression de sa visite à Marly. N. Michetti reproduisit exactement le modèle français, mais le projet subit comme d'habitude des modifications, en particulier sous l'action de M. Zemtsov.

Après cette longue énumération des fontaines de Peterhof il nous reste à évoquer les petits palais construits dans le jardin Inférieur, près du rivage : Monplaisir et Marly.

Monplaisir

C'est Pierre le Grand qui choisit l'emplacement de ce palais. On a conservé ses esquisses de l'aménagement intérieur et du petit jardin régulier qui l'entoure. L'édifice répondait à ses goûts : ses dimensions n'étaient pas grandes, les pièces étaient confortables et, surtout, il était situé au bord de l'eau. En face se déployait le panorama du golfe de Finlande et, au loin, Pétersbourg avec, telle une aiguille dorée, la flèche du clocher de la cathédrale de la forteresse Pierre-et-Paul. Dans les anciens guides, Monplaisir est souvent appelé « la petite maison d'architecture hollandaise », allusion au séjour de Pierre le Grand dans un chantier naval d'Amsterdam. S'il est difficile d'en trouver le modèle dans l'architecture hollandaise, le choix des motifs décoratifs dans l'aménagement intérieur est assez proche des modes hollandaises du début du XVIIIe siècle.

Le palais fut commencé en 1714 et la partie centrale, achevée en deux ans. Le responsable du chantier était I. Braunstein. On évoque Rastrelli père pour le travail de stucage. Leblond participa à la décoration intérieure et Pierre le Grand lui-même suivait de près l'aménagement du palais. Plus d'une fois, il donna l'ordre de réaliser des travaux supplémentaires parce que de nouvelles idées lui venaient. Russes ou étrangers, beaucoup d'artistes furent appelés, sculpteurs, peintres, laqueurs : P. Pillement, J. Michel, G. Brumkorst, A. Cardassier, A. Zakharov, N. Lioubetski, D. Soloviev. En 1723, les travaux étaient achevés. Le palais fut peu modifié après la mort de l'empereur. Dès le XVIIIe siècle, il fut perçu comme un monument commémoratif qui montrait sa vie et ses goûts.

Au centre du pavillon, la grande salle d'apparat est encadrée par trois pièces de moindre importance. Le sol est dallé de plaques de marbre, blanches et noires, en forme d'échiquier et les murs, ornés de simples panneaux de chêne où se détachent les cadres noirs de tableaux hollandais et flamands provenant de la collection de Pierre le Grand. Tout cela correspond bien à la définition de la « petite maison hollandaise ». Mais, la partie supérieure de la salle a un tout autre caractère. Une puissante corniche avec des cartouches décoratifs sépare les murs de la haute voûte. Les grands personnages mythologiques des angles font évoquer, par leur côté italien, la participation de

Petit Palais de Monplaisir. Les galeries reliant le corps central au pavillon latéraux sont fermées par des vitres qui donnent une exceptionnelle impression de légèreté à l'ensemble.

Parc Inférieur. Fontaine surprise, XIXe siècle.

*Parc Inférieur.
La fontaine du « Soleil »,
1723.*

*Parc Inférieur.
La fontaine du
« Parapluie », 1796.*

Rastrelli l'Ancien à l'aménagement de la salle. De part et d'autre, des stucs de P. Pillement, les quartiers de la voûte sont peints de thèmes allégoriques.

Des six petites pièces du pavillon central – le buffet, la cuisine et le Cabinet chinois à l'est –, le cabinet de la Mer, la chambre et le secrétariat, à l'ouest –, le plus exotique est le Cabinet chinois, appelé aussi « des Laques ». Quant aux galeries, elles sont ornées de panneaux de chêne comme dans la grande salle ; le plancher est aussi en marbre blanc et noir ; les plafonds bas couverts de peintures ornementales sur fond clair. Sur les murs est accrochée la suite de la collection des tableaux hollandais. Les petits pavillons latéraux, couronnés d'une lanterne, ont été décorés dans le même esprit.

À proximité de l'aile est du palais, on a élevé d'autres bâtiments. La chambre de bains, par exemple, avec son bassin carré, sa fontaine et ses bains, fut construite par G. Quarenghi en 1800 à l'emplacement d'un bâtiment en bois. Dans la seconde moitié du XIXe siècle, des bains furent aménagés pour les courtisans qui vivaient à Peterhof. Le bâtiment des Cuisines, également en rez-de- chaussée, comprenait cuisine et logements pour les cuisiniers. Construit entre 1726 et 1732, B. Rastrelli y éleva en 1748 une salle pour les banquets d'apparat, décorée de tapisseries avec représentations de paysages tropicaux. De l'autre côté du palais, à l'ouest, le même Rastrelli édifia le « palais Catherine », un grand corps de bâtiment par rapport à l'échelle intime de Monplaisir. C'est un édifice monumental caractéristique du baroque russe du milieu du XVIIIe siècle, aux proportions assez lourdes, à l'abondant décor en façades. On y aménagea quelques salons. En 1760, on y installa une « cuisine hollandaise » pour l'impératrice Élisabeth qui aimait cuisiner elle-même.

Un jardin régulier fut aménagé autour du palais dès les années 1714-1716. On y créa des fontaines : la Gerbe d'où jaillissent une multitude de jets d'eau et les quatre Cloches avec leurs statues dorées. En 1718-1719, on installa à côté du jardin une ménagerie avec un étang pour les cygnes et les canards, et des volières pour les autres oiseaux.

Marly et l'Ermitage

Le palais de Marly, le jardin régulier qui l'entoure, les étangs et les fontaines constituent un ensemble indépendant, dans le jardin Inférieur de Peterhof. Comme Monplaisir, il traduit très bien les particularités du goût de Pierre le Grand en matière d'architecture et de jardins.

La grande cascade et la fontaine de Samson de Peterhof, vers 1800. Gravure de Tchesky, d'après un dessin de Chotochnikov.

Le centre de toute la composition de la Grande Cascade était la fontaine de Samson, créée d'après la maquette de Rastrelli l'Ancien. Dans la première moitié du XVIIIe siècle, le sujet était interprété comme une dédicace au « Samson russe (Pierre Ier) mettant glorieusement en pièces le lion rugissant (Charles XII) » de la Suède. Les autres sculptures constituent un véritable hymne glorifiant le symbole politique.

Parc Inférieur. L'Ermitage construit de 1721 à 1723.

Le plan fut dessiné par Braunstein à la fin de l'année 1720. L'hiver suivant, le gros œuvre était terminé et, en 1723, on avait achevé l'aménagement intérieur. De cette époque jusqu'à la Seconde Guerre mondiale, le palais n'a subi aucune modification. Et, aujourd'hui, les restaurateurs lui ont rendu toute sa splendeur.

Toute la partie ouest du jardin Inférieur est séparée de la mer par un haut remblai. De l'autre côté, elle est limitée par les pentes de la hauteur où est aménagé le jardin Supérieur. Cette disposition crée une impression d'intimité particulière à Marly. Le palais lui-même n'est pas très grand. C'est un cube situé entre deux étangs : d'un côté, le grand étang rectangulaire, de l'autre un petit étang semi-circulaire. Marly a toujours été perçu comme un palais qui domine un calme miroir d'eau que coupent en diagonale de longs petits ponts ajourés avec des balustrades ornées d'arabesques en fer forgé.

À l'intérieur, le palais est divisé en un grand nombre de pièces, par rapport à son échelle, puisqu'il y en a neuf à chaque étage. Elles sont toutes de petites dimensions, bien sûr. Le décor intérieur est très sobre mais de bonne qualité : sols de marbre, portes et fenêtres en chêne, poêles à carreaux de faïence. À l'origine, quelques pièces étaient tendues de tissu ou recouvertes de panneaux de bois. La cuisine était « à la hollandaise », à carreaux de faïence bleus et blancs. On y trouve encore un grand nombre de tableaux et de meubles de la première moitié du XVIIIe siècle.

Non loin de Marly mais à proximité du rivage se dresse l'Ermitage, construit par I. Braunstein entre 1721 et 1724, et qui ne comprend, lui aussi, qu'un seul étage. Au rez-de-chaussée, le service desservait la salle haute, où avaient lieu sous Pierre le Grand et surtout sous le règne d'Élisabeth, sa fille, des déjeuners et des soupers intimes. En bas se trouvent le vestibule, la cuisine, les garde-manger et, au centre, une pièce carrée qui renferme le mécanisme permettant de monter à l'étage la table de banquet ovale, déjà dressée. La salle de réception occupe tout l'étage. Les murs sont entièrement couverts de tableaux dans des cadres dorés, placés selon le principe de l'accrochage « en tapisserie ». Ce décor est apparu en 1756-1757, quand B. Rastrelli embellit l'Ermitage.

Parc Inférieur. Salle à manger de l'Ermitage. Le rez-de-chaussée comprenait un vestibule que des portes en chêne sculpté séparaient de la cuisine, des offices et du local abritant le mécanisme de la « table volante ». Ce mécanisme permettait de monter la table jusqu'au milieu des convives à l'étage. Elle apparaissait, couverte de mets, sans que la présence de serviteurs fut nécessaire. Une « chaise volante », conçue selon le même principe, montait chaque invité dans la salle de réception. Elle fut détruite à la fin du XVIIIe siècle, en raison de son état de délabrement, et remplacée par un escalier.

Le Cottage

Le Cottage, avec ses éléments proches du néo-gothique, est en rapport avec le courant « pittoresque », né au tournant du XVIIIe et du XIXe siècle en Grande-Bretagne et bien représenté dans l'architecture russe. Si l'on consulte les ouvrages anglais du premier quart du XIXe siècle, on découvrira beaucoup d'équivalents au Petit Palais de Nicolas Ier dans les modèles que les architectes proposaient aux gentlemen anglais. On y trouve réunis les traits de la « renaissance » de l'architecture villageoise et néo-gothique, qui forment une composition complètement romantique pour le XIXe siècle.

L'architecte écossais Adam Ménélas qui, successivement, travailla pour la Grande Catherine, Paul Ier, Alexandre Ier et Nicolas Ier, construisit le Cottage dans les dernières années de sa vie, entre 1826 et 1829. À l'origine, le palais était symétrique mais, lors d'agrandissements en 1841, A. Stakenschneider rompit la composition de Ménélas en ajoutant une salle à manger, avec une terrasse extérieure à charpente en fonte. Pourtant, cela ne gâta pas le charme du Cottage. Il reste le meilleur témoignage architectural en Russie de l'époque de Nicolas Ier. De plus, il montre bien le côté quotidien, intime, de la vie de Cour. La conservation de ses aménagements intérieurs et une heureuse restauration y contribuent.

Au centre de l'édifice, distribuant les appartements et attirant immanquablement l'attention, l'escalier d'honneur dessert tous les étages. Il est orné de grisailles exécutées par le célèbre peintre de l'époque G. Scotti, qui s'efforça de produire une impression gothisante en prenant pour modèle l'escalier du château des Walpole, Strawberry Hill, près de Londres. On arrive à l'escalier en venant du vestibule. On a, à gauche, l'appartement de l'impératrice Alexandra Féodorovna. Les pièces font le tour du palais : le cabinet de toilette, la chambre, le cabinet, le salon et la bibliothèque contiguë au grand salon, la salle à manger et le petit salon qui ne dépendent pas des appartements personnels de l'impératrice. Toutes ces pièces, relativement petites, sont personnalisées par leur ameublement. Comme la majorité des intérieurs du milieu du XIXe siècle, elles sont remplies d'une masse de meubles, d'écrans, de tableaux, de chandeliers, de pendules, de vases, d'étagères à porcelaine, de bibliothèques, de plantes diverses en pot ou en espalier, de rideaux et de portières. Le mobilier fut réalisé d'après les dessins de Ménélas par le fournisseur de la Cour, G. Hambson. Les intérieurs sont dans l'« esprit gothique », avec des plafonds moulurés compliqués imitant les voûtes caractéristiques du Moyen Âge tardif anglais. Les croisillons des fenêtres, les niches et une grande partie des meubles étaient couverts d'ornements gothiques. Les objets jouent ici un

Parc Inférieur. Fontaine d'Ève. Réplique par Giovanni Bonnanza de la statue d'Ève exécutée par Antonio Rizzi pour le palais des Doges à Venise. La réplique réalisée en 1718 ne fut mise en place que plus tard.

grand rôle en tant que décor architectural. L'ameublement du Cabinet gothique de l'impératrice est particulièrement réussi, avec sa bibliothèque, sa table, ses hauts fauteuils. Une pendule remarquable en bronze représente, avec précision, la cathédrale de Reims dans laquelle le cadran occupe la place de la rose de la façade.

Les appartements de Nicolas Ier et les chambres des enfants se trouvaient au premier étage, comme le cabinet de l'empereur aménagé lui aussi en style gothique, avoisinant son cabinet de toilette et sa garde-robe. Les chambres des filles et des garçons, sans décor particulier, n'en sont pas moins séduisantes : ce sont des intérieurs « ordinaires », accomplis à la perfection et remplis des riens qui font la vie quotidienne russe du milieu du XIXe siècle. Le « balcon des Études » où travaillaient le prince héritier et ses frères est intéressant. Les murs sont peints à la manière d'une tente militaire ; on peut en voir un au palais de Charlottenhof à Potsdam.

Le second étage est occupé par les chambres de service et le cabinet maritime de Nicolas Ier, décoré, lui aussi, dans un « esprit martial ». Les murs sont tendus de tissu qui évoque une tente de campagne. De là, l'empereur pouvait surveiller au télescope les manœuvres de la flotte, dans le golfe de Finlande. D'après la tradition, c'est dans cette pièce que Nicolas Ier attendait les nouvelles de l'approche de l'escadre anglo-française vers Kronstadt, durant la guerre de Crimée dont l'échec hâta sa fin.

Le Cottage est peut-être le monument le plus significatif élevé à sa mémoire. Il garde les souvenirs de son comportement : retenue, désir de se montrer familier des sentiments humains, culte de la guerre et sens aigu de la famille. Ces sentiments n'influencèrent ni sa politique ni ses actes. Mais la foi en soi et en sa puissance, la sérénité émanent de ces intérieurs. Ils reflètent l'état de la Russie impériale pendant les derniers moments de sa prospérité historique, à la veille de sa chute.

Parc Inférieur. Allée de Marly.

Parc Inférieur. Pavillon de Marly remarquable par sa position entre deux étangs.

Parc Inférieur. Fontaine dite de la Montagne dorée commandée en 1721 par Pierre le Grand à I. Michetti, à l'image de ce qu'il avait vu en France à Marly. Elle ne fut terminée qu'en 1735.

Détail sur les sculptures de l'attique de la fontaine de la Montagne dorée.

Parc Inférieur.
Fontaine de la Cloche.
Commandée en 1721,
la fontaine ne fut mise
en place qu'en 1732.

Parc Inférieur.
La digue de Marly qui
sépare le parc du golfe
de Finlande.

Parc Inférieur.
La digue de Marly.

Conception du livre : Alexandre Orloff
Rédaction des légendes : Brigitte de Montclos
Conception graphique : François Caracache

Page de garde
Vue sur le quai des Palais et sur la Néva, avec les maisons Saltykov et Betsky. Eau-forte.

Références des traductions utilisées
page 178
Joseph Brodsky, prix Nobel de littérature 1987
Loin de Byzance
Traduction française, Librairie Arthème Fayard, Paris 1988

page 194
Ivan Tourgueniev
Poèmes en prose, juin 1882
Traduction R. Hofmann, Paris 1959

Crédits photographiques

Remerciements

En tout premier lieu, je voudrais exprimer ma profonde gratitude à Boris Ometov, ancien directeur du service gouvernemental d'inspection et de protection des Monuments historiques et culturels de Saint-Pétersbourg, ainsi qu'à son équipe et particulièrement à Elena Grinevitch. Rien n'aurait été possible sans l'aide précieuse de Boris Ometov et sa vaste connaissance du patrimoine culturel et de l'histoire architecturale de Saint-Pétersbourg.

Ce projet a été mené à bien en collaboration avec la Division du patrimoine culturel de l'UNESCO. Je tiens à remercier pour leur soutien et leur assistance le directeur général de l'UNESCO, Federico Mayor ; le très regretté Abdelkader Errahmani, ancien directeur de PATRICOM et chef de la promotion à la Division du patrimoine culturel, ainsi que Lydie Perdereau ; Giancarlo Riccio, directeur adjoint du Centre du patrimoine mondial, ainsi que Christine Gossa, Marie-Christine Bercot, Paola Antolini, Alla Mourachova et tout particulièrement Elena Orlova ; à la Délégation permanente de la Fédération de Russie auprès de l'UNESCO, je remercie le délégué permanent Mikhail Fedotov, Evgueny Yagotkine, l'ancien délégué, Vladimir Lomeiko et Albert Roganov.

Je voudrais remercier également le maire de Saint-Pétersbourg Anatoli Sobtchak et A. Konstantinov, représentant du comité municipal de Saint-Pétersbourg pour la culture ; Evgueny Belodoubrovsky de la Fondation culturelle de Saint-Pétersbourg ; les directeurs du centre de soutien de l'UNESCO à Saint-Pétersbourg, Serguei Denissov et Valeri Veliky ; Serguei Klokov, ancien membre de la Commission de l'URSS pour les affaires de l'UNESCO et Igor Schabdourasoulov du Département pour la culture de la Fédération de Russie.

J'aimerais exprimer ma gratitude pour leur coopération à toutes les personnes suivantes : au Musée national de l'Ermitage, le directeur Mikhail Piotrovsky, Giorguii Vilinbakhov et Dimitri Waryguine ; au Musée russe, le directeur Vladimir Gussev et Ivan Karlov, aux annexes du Musée russe ; Serguei Lubimtsev, le directeur du palais Stroganoff et Serguei Kouznetsov ; au Château des Ingénieurs, le directeur Elena Kalinitskaya, au palais de Marbre, Ludmilla Listskaya et Irina Tkatcheva ; au Musée national du théâtre et de la musique, Natalia Metelitsa ; au Théâtre Marinski, le directeur artistique Oleg Vinogradov et Maxime Krastine ; à l'Académie des arts, Victor Vechnitsov et Mikhail Anikouchine ; au musée du palais d'Été de Pierre Ier, le directeur Galina Khvostova ; au palais du grand-duc Vladimir, le directeur Larissa Anissimova ; au musée du palais Menchikov, le directeur Ninel Kalazina ; au palais Anitchkov, Nikolai Loubouchkine ; au palais Bielosselski-Bielozerski, Albert Magalachvili ; au musée du palais Élaguine, le directeur Larissa Peterskaya ; au palais Youssoupov, le directeur Galina Svechnikova ; au Musée national de la forteresse Pierre et Paul, le directeur Natalia Dementieva ; au palais de Tauride, Valentina Bachylova ; à l'hôtel Polovtsov, le directeur Zakhar Souponitsky ; au musée de l'Hôtel Kchessinskaya, le directeur Marta Potiforova ; à la Maison Meltser, Franz Sedelmayer ; au monastère Alexandre Nevsky, Igor Mazour ; à la cathédrale Nikolsky, Youri Koudinkine ; au Musée de la cathédrale Saint-Isaac et à la cathédrale de la Résurrection-du-Sauveur-sur-le-Sang-versé, le directeur Georguii Boutikov ; au Musée national de Tsarskoïe Selo, le directeur Ivan Saoutov et Nikolaï Nagorsky, Victor Faïbissevitch, Alexandre Jouravlev, Larissa Bordovskaya, Galina Khodassevitch ; au Musée national de Pavlovsk, le directeur Youri Moudrov et Leonid Lubimov ; au Musée national de Gatchina, le directeur Nikolaï Tretiakov et Galina Kondakova, Lydia Strijova ; au Musée national du palais et du parc d'Oranienbaum, le directeur Nikolaï Karmazine ; au musée de Peterstad, Elena Denissova ; au musée Katalnaya Gorka, Tatiana Kislachko ; au musée du palais chinois, Vladimir Klimentiev ; au Musée national du palais de Peterhof, le directeur Vadim Znamenov et Elena Kosterova, Svetlana Kouzmitch ; au musée du Cottage, Valentina Tenikhina et Natalia Schranskaya ; au musée du palais de Monplaisir, Elena Mikhaleva ; aux musées des palais de l'Ermitage et de Marly, Elena Boundina. Je tiens à remercier spécialement les nombreux membres du personnel de ces musées et palais qui m'ont accompagné et attendu patiemment pendant que j'effectuais mon travail.

J'aimerais également exprimer ma gratitude toute particulière à tous ceux dont le soutien et les encouragements m'ont permis de mener à bien ce projet : mes parents, les familles Kasem-Beg, von Schweder, De Gioanni, Kaufman, Porotsky, avec un remerciement spécial à Michiko Kokubun et à Vera et Natan Petchatnikov pour leur chaleureuse hospitalité et leur soutien enthousiaste depuis l'origine du projet, ainsi que Dora Friedman, William Brui, Nadia Rosanova, Galina Demitrienko, Elena Bespalova, Marina Kouznetsova, Boris Petrov, Sophie Julien, Ray-Güde Mertin, Jean-Pierre et Sylvie Pappis, Tom Tiberii, Bruce Mac Mahon, Lee Kok Kwang, Nobuki Kuroda, Ellen de Ludinghausen, Pierre Merle, Rosamond Bernier et John Russel.

Pour terminer, j'aimerais remercier l'Agence indépendante de Saint-Pétersbourg pour ses excellents services de coordination, ainsi que Aeroflot, Air Len et Kodak-Pathé France pour leur généreux soutien.

Alexandre Orloff

Photogravure
Nord Compo, Villeneuve d'Ascq, France
Impression
Pozzo Gros Monti, Turin, Italie

Dépôt légal : novembre 1995